W0045094

Susan Simon Cohen und Edward M. Cohen
Meine Mutter macht mich ganz verrückt

Susan Simon Cohen und
Edward M. Cohen

Meine Mutter macht mich ganz verrückt

Wie Töchter
mit Müttern besser umgehen können

Aus dem Amerikanischen von
Dagmar Roth

Kabel

Die amerikanische Originalausgabe
erschien 1997 unter dem Titel
»Mothers who drive their daughters crazy«
bei Prima Publishing
in Rocklin, CA

Für Blanche und Betty

ISBN 3-8225-0446-7
© 1997 by Susan Simon Cohen and Edward M. Cohen
Copyright der deutschsprachigen Ausgabe:
© Kabel Verlag GmbH, Hamburg 1998
Gesetzt aus der Stempel Garamond
Satz: KCS GmbH, Buchholz/Hamburg
Druck und Bindung: Friedrich Pustet, Regensburg
Printed in Germany

Inhalt

Unsere Ziele und Vorgehensweise

Als die Schauspielerin Linda Lavin ihre Rolle als Alice in einer Fernsehserie beendete, liebten sie Millionen Fans. Solange die Serie lief, hatte sie sehr gut verdient, und aufgrund von Wiederholungen hatte sie weitere beträchtliche Einnahmen zu erwarten. Sie bekam einen Vertrag mit einem Sender für Hauptrollen in Fernsehfilmen und kehrte nach New York zurück, weil sie sich nach all diesen Erfolgen nun am Broadway durchsetzen wollte.

Lavin hatte hart gearbeitet, um so weit zu kommen. Sie war stolz auf sich und hatte allen Grund dazu. Sie kannte ihr nächstes großes Ziel und wußte, wie es zu erreichen war. Der Erfolgsautor Neil Simon hatte ein neues Stück verfaßt, »Broadway Bound«, dessen Hauptfigur auf dem Vorbild seiner Mutter beruhte. Lavin wollte diese Rolle unbedingt. Die Person im Stück war fünfzig; Lavin war fünfzig. Simon sagte nein. Er war der Ansicht, sie sei zu jung für die Rolle. In den dreißiger Jahren, in denen das Stück spielte, hätten Frauen um die Fünfzig älter gewirkt als die fünfzigjährigen Frauen von heute, behauptete er. Lavin wandte ein, daß Simon sich an seine eigene Mutter erinnere, und die eigene Mutter erscheine uns immer älter, als sie tatsächlich sei. Diese beiden klugen Menschen lachten gemeinsam über die Macht, die unsere Eltern ein Leben lang über uns haben.

Lavin bat inständig um die Rolle, telefonierte unermüdlich, akzeptierte kein Nein. Schließlich bestand sie darauf, daß Simon sie zum Vorsprechen einlud – ein seltenes Zugeständnis von einem Star ihres Formats, aber sie wußte, was sie tat.

Sie hatte sich eine der damaligen Zeit entsprechende Perücke anfertigen lassen und wählte ihre Kleidung sorgfältig aus; die Frau, die in Simons Büro erschien, hatte keine Ähnlichkeit mehr mit dem Superfernsehstar, und natürlich bekam sie die Rolle. Aber damit nicht genug, Simon war von ihrer Darstellung so begeistert, daß er während der ersten Woche der Proben einen langen Monolog für sie schrieb, den er ins Zentrum des Stückes rückte.

Lavin eroberte den Broadway im Sturm. Die Kritiken waren überschwenglich. Das Publikum liebte sie. Die Vorstellung war ständig ausverkauft. Alle hielten sie für eine sichere Kandidatin als beste Schauspielerin für den »Tony-Award«, und tatsächlich bekam sie die Auszeichnung. Diese Frau auf dem Höhepunkt ihrer Karriere wußte genau, daß sie auf dem Gipfel stand, weil sie es verdient hatte.

Dann kam der Tag, an dem ihre Mutter die Vorstellung besuchte. Lavin ist inzwischen fast sechzig, aber immer noch fällt beim Erzählen der Geschichte ein Schatten über ihr Gesicht. Die Vorstellung war gut, das Publikum feierte sie mit stehenden Ovationen, und sie hatte gehört, daß ihre Mutter gelacht hatte. Nach der Vorstellung herrschte in Lavins Garderobe großes Gedränge. Doch was war das erste, was ihre Mutter beim Eintreten sagte, wobei sie die Stimme über den allgemeinen Tumult erhob?

»Du mußt was mit diesem Perückenansatz machen! Ich saß in der ersten Reihe, allen muß das aufgefallen sein!«

»Kein ›Anständige Vorstellung‹, kein ›Prima Leistung‹, nicht einmal ›Danke für die guten Karten‹«, erzählt Lavin. Sie versucht zu lachen – aber ihre Augen füllen sich mit Tränen, und sie sieht aus wie ein Kind, das benachteiligt wurde. Das gemahnt uns schmerzlich daran, daß das Verhalten einer Mutter der Tochter gegenüber alles, worum die Frau heute so tapfer kämpft, zunichte machen kann.

Kommunikation mit Ihrer Mutter:
Was ist gesund, was nicht

Zu allen Zeiten haben Mütter und Töchter aneinander vorbeigeredet und heftige Auseinandersetzungen miteinander ausgefochten. In engen Beziehungen kommt es zwangsläufig immer wieder zu einem Auf und Ab. Deshalb ist noch keine der beteiligten Parteien neurotisch, böse oder gestört.

Ist aber der Umgang mit Ihrer Mutter durch ewig gleichbleibende, verfestigte Verhaltensmuster geprägt – Verhaltensmuster, die in Ihrer Kindheit entstanden sind – und hat nichts mit der bestehenden Realität zu tun, klagen Sie letztendlich irgendwann: »Sie macht mich noch verrückt!« Vielleicht werfen Sie Ihrer Mutter vor, daß sie sich in alles einmischt, daß sie stört oder sich unvernünftig verhält. Mit welchen Worten Sie sie auch charakterisieren, höchstwahrscheinlich leiden Sie aufgrund dieser Situation an Frustration, Wut und leider auch an Selbsthaß.

Die gesunde Mutter schafft zuerst eine auf Sicherheit und Geborgenheit basierende Bindung zur Tochter, dann läßt sie, Schritt für Schritt, Jahr für Jahr, Weiterentwicklung um Weiterentwicklung, ihr Kind los. Sie ist aufmerksam, sie hört zu, sie reagiert auf Sie, wie Sie wirklich sind – nicht auf ihre an Sie gerichteten Erwartungen, nicht auf ihre Phantasievorstellungen, nicht auf ihr eigenes Selbstbild, das sich in Ihnen widerspiegelt. Sie behandelt Sie als die Frau, die Sie sind, nicht als das kleine Mädchen, das Sie einmal waren, und Sie sehen in ihr die Frau, die sie ist, nicht die Frau, die sie Ihrer Meinung nach gewesen ist, als Sie noch ein Kind waren.

In der Beziehung zweier gesunder erwachsener Frauen (die zufällig Mutter und Tochter sind) nehmen die beiden Frauen einander, wie sie wirklich sind, und gehen entsprechend aufeinander ein. In der Beziehung von Mutter und Tochter, zwischen denen ein fortwährendes Spannungsverhältnis besteht, wird der gegenseitige Umgang stark von Phantasievorstellungen, unausgesprochenen Gefühlen und,

mehr als alles andere, von aus der Vergangenheit resultierenden Mängeln beeinflußt.

Aufgrund der Intensität und Bedeutung der Mutter-Tochter-Beziehung fällt es beiden Beteiligten oft schwer herauszufinden, warum Schwierigkeiten auftreten. Gefühle behalten häufig die Oberhand über den Intellekt. Die Probleme
werden lähmend.

Warum wir
Persönlichkeitskategorien entwickelt haben

In diesem Buch haben wir versucht, schwierige Mütter zu
kategorisieren, da sich auftretende Spannungen um so besser
lösen lassen, je konkreter das Problem definiert wird. Viele
der von uns befragten Frauen litten am meisten darunter, daß
sie sich überfordert und allein fühlten. Schmerz und Schuldgefühle belasteten die Töchter derart, daß sie die ablaufenden
Muster nicht mit dem nötigen Abstand betrachten konnten,
sie konnten das, was sich abspielte, nicht eindeutig benennen,
ihre Gefühle nicht von den Gefühlen der Mutter unterscheiden, ihr Verhalten nicht von den Reaktionen der Mutter
abgrenzen.

Wir hörten den Töchtern zu und bildeten anschließend
aus ähnlich lautenden Berichten jeweils eine Gruppe, faßten
die Bereiche zusammen und bestimmten die einzelnen Kategorien. Wenn Sie Ihre Mutter in einer dieser Kategorien wie-
dererkennen, gelingt es Ihnen, mehr Objektivität zu erreichen, die ablaufenden Muster zu durchschauen und alles ein
wenig gelassener zu sehen. Sie werden feststellen, daß Sie
nicht allein sind: Andere Töchter machen ähnliche Erfahrungen. Versuchen Sie, das Verhalten Ihrer Mutter mit den dafür
verantwortlichen Ursachen in Verbindung zu bringen. Lernen Sie, den abgeschossenen Pfeilen auszuweichen, sich nicht
mehr verletzt zu fühlen, alles nicht ganz so persönlich zu
nehmen und das Konfliktpotential zu senken.

Lernen Sie, Ihre
Mutter so zu akzeptieren, wie sie ist

»Im Umgang mit meiner Mutter«, berichtet Elena, eine sechsundzwanzig Jahre alte Tänzerin, »habe ich stets das Gefühl, als hätte ich es mit jemandem von einem anderen Stern zu tun. Ich will mit ihr über echte, momentan ablaufende Dinge reden. Sie hört dabei Stimmen aus der Vergangenheit. Warum renne ich mit dem Kopf gegen die Wand? Ihre Reaktion hat nichts mit der Gegenwart, nichts mit der Realität zu tun. Sie verhält sich nach völlig eingefahrenen Mustern, an denen sich nichts ändert – ich zumindest kann sie bestimmt nicht ändern. Warum auch immer, sie akzeptiert sich selbst nie, mich nicht, meinen Mann nicht, absolut nichts in meinem Leben. Ich weiß nicht, woran es liegt, aber eines kann ich Ihnen mit Sicherheit sagen: Es ist nicht meine Schuld!«

Mit diesen Worten machte Elena einen großen Schritt in Richtung Freiheit. Sie war nicht froh darüber, daß ihre Mutter sich so festgefahren hatte. Elena hätte sich eine Mutter gewünscht, die sich über die Erfolge ihrer Tochter freuen kann. Leider ist das aufgrund der Persönlichkeitsstruktur der Mutter sehr unwahrscheinlich. Aber da es Elena gelang, ihre Mutter mit einigem Abstand zu sehen und deren Verhaltensmuster zu erkennen, fühlte sie sich zumindest nicht mehr für das Verhalten ihrer Mutter verantwortlich und war frei von Schuldgefühlen.

Florence Miller Radin, Psychotherapeutin in San Mateo, Kalifornien, sagt: »Erwachsene Kinder, die versuchen, das Verhältnis zu unzulänglichen, ungeliebten oder lieblosen Eltern irgendwie ›hinzukriegen‹, lassen sich mit Menschen vergleichen, die in ein vegetarisches Restaurant gehen und Roastbeef bestellen. Die Eltern, von denen sie verständiges elterliches Verhalten verlangen, haben das von ihren eigenen Eltern nie bekommen. Sie haben ein solches Verhalten sozusagen nicht auf Lager, und sie können es auch ihren Kindern zuliebe nicht liefern.«

Sobald Sie das in der Beziehung zu Ihrer Mutter erkannt haben, wird alles ein wenig leichter. Die Mutter so zu sehen, wie sie ist, sie vollständig zu sehen, zu sehen, was Sie an ihr mögen und was nicht, zu sehen, womit Sie zurechtkommen und womit nicht, sie als Mensch mit Fehlern zu sehen und nicht als allmächtig – das sind Riesenschritte in Richtung auf Wohlbefinden und inneren Frieden. Dadurch verringert sich die Macht, die sie über Ihr Leben hat, und Sie können Verantwortung für Ihr eigenes Verhalten übernehmen, dem Ausmaß an Schmerz, den sie verursachen kann, Grenzen setzen und darüber hinaus leichter die Gegenwart von der Vergangenheit trennen.

Wenn Sie Ihre Erwartungshaltung an das, was sie Ihnen geben kann und was nicht, zu ändern beginnen, lernen Sie möglicherweise, über ihre Fehler achselzuckend und mit einem Lächeln hinwegzugehen. Und das wichtigste, eventuell können Sie dadurch die Beziehung aufrechterhalten und mit ihren schlechten wie mit ihren guten Seiten leben, damit Sie nicht auch noch auf das, was Sie selbst von ihr haben und was Ihnen eigentlich gefällt, verzichten müssen.

Klarheit über die
Mutter-Tochter-Beziehung gewinnen

Nachdem wir die Mütter anhand der Berichte der Töchter und der Ähnlichkeit ihrer Eigenschaften zu Gruppen zusammengefaßt und die jeweilige Gruppe ihrem typischen Verhalten entsprechend benannt hatten, gliederten wir zum Zwecke weiterer Klarheit unsere Arbeit in verschiedene Punkte.

1. In jedem Kapitel betrachten wir sowohl gute wie problematische Beziehungen. Unserer Ansicht nach steckt in jedem Kind der Impuls nach Weiterentwicklung und Unab-

hängigkeit. Jedes Baby kämpft um den nächsten Schritt – den Kopf im Bettchen heben, krabbeln, laufen, sprechen. Wenn man ein Baby sieht, kann man nur staunen über das angeborene Verlangen der Menschen, immer weiter fortzuschreiten. Der natürlichen Entwicklung messen wir große Bedeutung bei, denn nur wenn man sich diese vor Augen führt, kann man verstehen, warum und wo etwas aus dem Ruder läuft.

2. Wir versuchten zwar, jeden Typ von Mutter zu kategorisieren, aber die Kategorien überschneiden sich. Es gibt Mütter, die in unsere Kategorie der kritischen Mutter fallen, die aber gleichzeitig Merkmale der kontrollierenden Mutter aufweisen. Häufig kommen auch noch Eigenschaften der konkurrierenden Mutter hinzu. Eine sich aufdrängende Mutter kann sich aalglatt winden, ihre Taktik nach Belieben ändern und Sie damit völlig konfus machen. Das ist einer der Gründe, warum der Versuch, sie zu definieren, frustrierend sein kann.

3. Die meisten Mütter sind weder völlig gestört noch Musterbeispiele psychischer Gesundheit. Auch gesunde Mütter haben Ängste. »Gar nicht so üble« Mütter machen schlechte Zeiten durch. Der liebevollste Mensch macht Fehler. Durch das Identifizieren Ihrer Mutter und den Vergleich mit anderen Müttern sind Sie besser dafür gerüstet, die gefährlichen Tendenzen und verdächtigen Anzeichen aufzuspüren und diese unabhängig von ihren guten Eigenschaften zu sehen.

4. Manche Mütter sind geradezu phantastisch, wenn es um Säuglinge geht, aber längst nicht mehr so phantastisch, wenn das Wickelkind zum Kleinkind heranwächst. Manche Mütter sind einfach großartig im Zeigen von Zuneigung, können aber überhaupt nicht mit Feindseligkeiten umgehen. Manche Mütter werden nicht damit fertig, wenn ihre Töchter in die Pubertät kommen. Manche werden ausgerechnet dann ausnehmend besitzergreifend, wenn das Kind soweit ist, das Nest zu verlassen. Eine Mutter kann in einer Lebensphase ein positives Rollenvorbild sein, in einer anderen dagegen völlig versagen.

5. Im Verlauf des Buches betrachten wir die Entwicklung der Tochter, beginnend mit dem Säuglingsalter bis ins Erwachsenenalter, unter dem Aspekt der je nach dem Typ der Mutter voraussichtlich auftretenden Schwierigkeiten. Die Untertitel der einzelnen Kapitel verdeutlichen diesen roten Faden, und wir hoffen, daß Sie aufgrund dieser Abfolge verstärkt Verständnis für Ihre eigenen Bedürfnisse bekommen und erkennen, ob diese erfüllt worden sind oder nicht. Wenn Sie die verschiedenen Seiten ihrer Mutter sehen und erkennen, wie sie sich in verschiedenen Entwicklungsstadien Ihnen gegenüber verhalten hat (manchmal positiv, manchmal negativ) und wenn Sie verstehen, wie früh gesäter Samen aufging (zum Guten oder zum Schlechten), dann sollten Sie die gegenwärtige Beziehung zu Ihrer Mutter klarer sehen können. Zu wissen, welche Bedürfnisse Sie in den einzelnen Entwicklungsstadien hatten, hilft Ihnen, sich ein Bild davon zu machen, an welchen in der Vergangenheit erlittenen Entbehrungen Sie in der heute bestehenden Beziehung weiter festhalten.

Die Beziehung zu Ihrer Mutter ändern

Zwar erfordert dieser Prozeß die gründliche Auseinandersetzung mit der Vergangenheit, aber die eigentliche Frage lautet: Was können Sie heute tun? Wir glauben, daß Sie Ihre Beziehung zu Ihrer Mutter ändern *können* und daß Sie Ihre Beziehung zu Menschen, die Ihnen sozusagen als Ersatz für sie dienen, ändern *müssen*.

Dieses Buch wendet sich an erwachsene Töchter, die mit ihren Müttern noch immer in einem ausweglosen Beziehungsgeflecht gefangen sind und die unentwegt eingefahrene Verhaltensmuster wiederholen, die sie an der Entwicklung eigener Alternativen hindern und somit ein selbstbestimmtes Leben praktisch unmöglich machen. Es beschäftigt sich im wesentlichen mit Ihrer Beziehung als erwachsene Frau zu

14

Ihrer Mutter: wie eine nicht funktionierende Beziehung Ihre Möglichkeiten begrenzt, wie sie Ihre Beziehungen zu anderen Menschen untergräbt.

Um mit einer schwierigen Mutter zurechtzukommen, braucht es mehr, als ein paar mundgerecht formulierte Floskeln zur »Verbesserung der Kommunikation«. Das Problem mit derartigen Patentratschlägen ist, daß Sie sich zwar entsprechende Sätze einprägen können, Ihre Mutter aber einfach das Thema wechselt und Sie wieder einmal zusehen müssen, wie Sie die Kontrolle zurückerlangen. Unser Ansatz besteht nicht darin, die Mutter auszumanipulieren. Vielmehr möchten wir Ihnen helfen, Ihre Mutter zu verstehen, damit Sie sich selbst besser verstehen, damit Sie sich ein bißchen von der Vergangenheit freimachen und mit Ihrem Geliebten, Freund, Ehemann, mit Ihrer Freundin oder Tochter voll und ganz in der Gegenwart leben können.

Letztendlich halten wir uns an die Grundsätze, die einer Problemlösung in jeder Beziehung zugrunde liegen, und jeder unserer Ratschläge zu einem bestimmten Typ von Mutter läßt sich im Grunde auf alle Problemfälle anwenden:

1. Erkennen Sie, daß ein Problem besteht, und prüfen Sie Ihre damit einhergehenden Gefühle.
2. Betrachten Sie die Gegenwart losgelöst von der Vergangenheit, damit Sie den Konflikt klar erkennen können.
3. Gestehen Sie sich ein, was Sie selbst zu der Situation beitragen.
4. Beschäftigen Sie sich mit dem Vorteil, den Sie selbst durch die problematische Beziehung haben, und mit dem Verlust, den Sie nach Lösung des Konflikts erleiden werden.
5. Setzen Sie sich mit der Angst auseinander, die Sie aufgrund einer durch Sie initiierten Veränderung empfinden werden.
6. Setzen Sie die von Ihnen gewonnenen Einsichten in Taten um, indem Sie einen Schritt nach dem anderen machen und auf jeden kleinen Schritt einen größeren folgen lassen.

Wenn Sie das beherzigen, befinden Sie sich auf dem Weg zu einer besseren Beziehung zu Ihrer Mutter sowie zu Ihrem Vater, Ihren Geschwistern, Ihren Freunden, Ihrem Mann und Ihren Kindern.

Aufgrund der Macht, die Ihre Mutter in Ihrem Leben besessen hat, dürfen die Probleme in dieser Beziehung nicht unterschätzt werden. Wir dürfen nie vergessen, daß sie die Frau ist, die Sie, als Sie ein Baby waren, tröstete, wenn Sie weinten, die Sie genährt hat, wenn Sie hungrig waren, die Sie schlafen legte, wenn Sie müde waren, die Ihnen Geborgenheit gab, wenn Sie sich fürchteten. Die Frau, die sie heute ist, von der übermächtigen Person, die sie einmal gewesen ist, zu unterscheiden ist mit der schwierigste Schritt zur Lösung der zwischen Ihnen bestehenden Konflikte.

Dieses Buch zu lesen, um anschließend mit dem Finger auf sie zu zeigen und zu jammern: »Sieh nur, was du mir angetan hast!«, ist keine Lösung des Problems. Wenn sie Ihnen das immer noch antut, wenn Sie anderen antun, was sie Ihnen einmal angetan hat, wenn Sie feststellen, daß jetzt andere Ihnen das antun, was sie Ihnen einmal angetan hat, dann ist eine ernsthafte Selbsterforschung vonnöten. Sie mögen das Verhaltensmuster nicht initiiert haben, wenn Sie aber aus irgendwelchen Gründen daran festhalten, wird die gegenseitige Beziehung sowohl Mutter und Tochter wie auch allen anderen Menschen, die in ihrem Leben eine Rolle spielen, schaden.

Trennung und Strategien zur Veränderung

Was ist das oberste Ziel? Es besteht in der Freiheit, Sie selbst zu sein und Ihre eigenen Entscheidungen zu treffen. Dieses Ziel wird durch *Trennung* erreicht; im Laufe dieses Trennungsprozesses entwickeln Sie Ihre psychische, physische und emotionale Individualität. Eine Trennung gestattet Ihnen, den Einfluß der Mutter zu verringern. Sie lernen, Ihre

Persönlichkeit von der der Mutter zu unterscheiden, Ihre Wünsche von denen Ihrer Mutter abzugrenzen und die Kontrolle über Ihr eigenes Leben zu übernehmen.

Sosehr eine Mutter den Wunsch verspüren mag, ihr Kind als Schmusepüppchen zu sehen, es verhält sich doch von Anfang an als individueller Mensch. Das Baby möchte die Aufmerksamkeit der Mutter; es reagiert auf ihre Stimulation und ist sich der Reaktionen der Mutter bewußt. Schrittweise lernt das Kind, seinen Körper als etwas Eigenständiges zu erkennen – eine verblüffende Einsicht –, und es lernt außerdem, daß sich seine Bedürfnisse von denen anderer unterscheiden. Der Trennungsprozeß ist eine mühsame und komplexe Aufgabe, die praktisch mit der Geburt beginnt und sich im Laufe eines Lebens allmählich vollzieht.

Dieser Prozeß kann jedoch blockiert werden, und dann steht die Tochter, oft als erwachsene Frau, vor dem Problem, die Sache wieder in Gang bringen zu müssen. Dieses Phänomen wollen wir untersuchen – die Anstrengungen, die erwachsene Töchter unternehmen, um sich aus einer ihr bisheriges Leben beherrschenden Verstrickung zu lösen. Das gelingt durch Kennenlernen der eigenen Bedürfnisse, durch Hören auf die innere Stimme, durch Grenzenziehen, was die Einmischung von außen angeht.

In jedem Kapitel schlagen wir einige Strategien vor, die Ihnen helfen können, die Beziehung zu Ihrer Mutter und zu Menschen, die ihr ähnlich sind, zu ändern und Ihnen bewußt zu machen, daß nicht alles, was gut oder schlecht ist, von ihr ausgeht, daß ihr Lob oder ihre Kritik nicht ausschlaggebend ist für die Bewertung Ihrer Leistungen, daß Sie Ihr eigenes Leben führen – nicht das Ihrer Mutter. Besondere Bedeutung hat der Aufbau von Beziehungen ohne ihren Schatten, der ständig darüberschwebt, denn wenn das der Fall ist, sind Sie zu einem Verhalten gezwungen, das lediglich der Aufrechterhaltung Ihrer Verbindung zur Mutter dient.

Trennung und die damit verbundenen persönlichen Veränderungen sind alles andere als eine Kleinigkeit. Wenn Sie bedenken, daß Sie diese Ziele ohne irgendwelche merklichen Veränderungen seitens Ihrer Mutter erreichen können, dann wird der Erfolg sogar zu einem wahren Triumph. Stellt sich dieser Triumph ein, dann besteht er vielleicht in einem Lächeln oder einem Achselzucken, wenn sie sich wieder wie gewohnt verhält, in einem Gefühl von Freiheit, wenn ihre Kritik, ohne Spuren zu hinterlassen, an Ihnen abprallt. Mag sein, daß Sie ihr nicht sagen können, was Sie gewonnen haben; sie wäre wohl nicht gerade glücklich, wenn sie es wüßte.

Dennoch werden Wärme und Stolz Sie erfüllen, wo zuvor nichts als Wut und Selbsthaß waren. Sie haben das Gefühl, als habe man Ihnen eine unerträgliche Last von den Schultern genommen, so daß Sie nun mit leichterem, freierem Schritt in die Zukunft gehen können.

KAPITEL EINS

Die narzißtische Mutter
Das Bedürfnis des Babys, sich zu spiegeln

Als Wendy, fünfunddreißig, Teilhaberin wurde – die jüngste in der Anwaltskanzlei, in der sie arbeitete –, gingen sie und ihr Mann Andy zur Feier des Tages zum Essen aus und bestellten Champagner. Er brachte einen Toast auf sie aus. Sie konnte gar nicht aufhören zu strahlen.

Dann sprach Wendy die gefürchteten Worte: »Ich möchte am Wochenende gerne nach Connecticut fahren und es Mom und Dad erzählen, statt es ihnen einfach nur so am Telefon mitzuteilen. Ich würde dabei gerne ihre Gesichter sehen!«

Andy nickte ergeben und wußte nur zu gut, was passieren würde.

Schon bei der ersten Begegnung war ihm klargeworden, daß Wendys Mutter nichts gut genug war für die geliebte Tochter. Die Mutter war gegen ihre Heiratspläne gewesen. Das Brautkleid, das sich Wendy ausgesucht hatte, hatte ihr nicht gefallen. Die Gegend, in der ihre erste Wohnung lag, war nicht fein genug gewesen. Wo immer sie auch im Urlaub hingefahren waren, Wendys Mutter war früher schon einmal dort gewesen, und es hatte ihr gar nicht gefallen. Wendy sagte immer, ihre Mutter verhalte sich nur so, weil sie sie so sehr liebe.

»Das soll Liebe sein?« stöhnte Andy.

Jedesmal, wenn Wendy sagte: »Besuchen wir doch Mom und Dad am Wochenende«, wußte Andy, worauf das hin-

auslief. Wendy würde irgendwelche nagelneuen Sachen anziehen, und ihre Mutter würde sie kurz ansehen und sagen, sie sei zu dünn oder zu dick. Ihr Vater war freundlich und meinte es gut, aber Wendy ging es hauptsächlich um ihre Mutter, für die sie sich etwas ausgedacht hatte – irgendeine lustige Geschichte über eine alte Freundin oder eine Anekdote aus dem Büro.

Andy sagt: »Mein Herz zittert jedesmal, wenn Wendy neben mir im Wagen sitzt mit diesem erwartungsvollen Lächeln und dieser Vorfreude auf die Freude ihrer Mutter, denn die reagiert immer gleich. Auf eine subtile, eisige Art und Weise versagt ihre Mutter ihr jede Anerkennung, und danach tut Wendy wieder so, als hätte sie nichts anderes erwartet.«

Zuerst sah es so aus, als ginge bei diesem speziellen Besuch alles gut. Sie saßen im Wohnzimmer ihrer Eltern und knabberten Käse und Cracker, als Wendy mit einem schüchternen Lächeln verkündete: »Ich muß euch etwas sagen, Mom und Dad. Ich bin befördert worden. Ich bin jetzt Teilhaberin.«

Beide Eltern schauten erst einander an, dann blickten sie voller Stolz auf ihre Tochter. Andy atmete ein wenig freier. Wendy spürte, wie ihr Freudentränen in die Augen stiegen. Es herrschte ein Moment zufriedener, einträchtiger Stille, als seien alle zu glücklich, um Worte zu finden. Dann ließ sich ihre Mutter vernehmen: »Also, zuallererst gehe ich mit dir einkaufen. So, wie du herumläufst, kannst du dich jetzt nicht mehr im Büro blicken lassen!«

Natürlich lachte sie dabei ihr Kleinmädchenlachen, ganz so, als hätte sie eben das Netteste von der Welt gesagt, und ihr Gatte, der sie anbetet, fiel in ihr Lachen ein. Andy blieb der Mund offenstehen, und er wartete darauf, daß Wendy ihrer Mutter sagte, sie solle sich zum Teufel scheren. Aber Wendy murmelte lediglich mit einem unsicheren Lächeln, diesen unmöglichen Hosenanzug habe sie heute, ohne weiter nachzudenken, auf die Schnelle angezogen.

Als sie endlich im Auto saßen und nach Hause fuhren, war Wendy völlig überzeugt davon, daß ihre Mutter das nur gesagt habe, weil sie so großen Anteil am beruflichen Erfolg ihrer Tochter nehme. Schließlich habe ihre Mutter doch recht. Wendy müsse ihr Image ändern, von nun an komme es entscheidend darauf an, daß sie stets gut und gepflegt aussehe – wie ihre Mutter. Laut Wendy war es wunderbar, eine Mutter zu haben, die ein so großartiges, bewundernswertes Rollenvorbild war.

»Und vergiß nicht ›liebevolles‹«, höhnte Andy, dem allerdings sofort bewußt wurde, daß er das besser nicht gesagt hätte, denn nun war er der Bösewicht. So endete die Fahrt mit einem Streit, und als sie zu Hause ankamen, war Wendy völlig niedergeschlagen, blieb die ganze Nacht auf und stopfte Käsekuchen in sich hinein.

Eigenschaften der Narzißtin

Die typischste – und am meisten Schaden anrichtende – Eigenschaft der Narzißtin ist ihre Blindheit gegen den Einfluß, den sie auf Sie ausübt, denn sie ist viel zu sehr damit beschäftigt, sich selbst zu bewundern. Wendys Mutter behandelt ihre Tochter als eine Erweiterung von sich selbst, nur dazu da, um auf ihre Bedürfnisse Rücksicht zu nehmen; sie ist sich nicht bewußt, daß ihre Tochter eine eigenständige Person mit eigenen Gefühlen ist. Anstatt zu merken, daß sie mit ihrer Kritik an Wendys Kleidung ihre Leistung mit einem Schlag zunichte gemacht hat, sieht sie sich selbst als herzlich und fürsorglich – und besteht auch noch darauf, für ihre Großherzigkeit geliebt und bewundert zu werden!

Wenn Ihre Mutter diesem Typ angehört, haben Sie das Gefühl, Sie befänden sich in einem Labyrinth. Alle Welt erzählt Ihnen, was für eine wunderbare, großartige und einfühlsame Frau Ihre Mutter sei, doch alles, was Sie empfinden, ist, daß Sie ständig von ihr herabgesetzt werden. Die Narzißtin scheint stets im Recht zu sein und scheint immer alles richtig zu machen, so daß Sie irgendwann Ihren eigenen inneren Gefühlen nicht mehr trauen. Anstatt sich von ihr angegriffen und zutiefst verletzt zu fühlen, verstricken Sie sich schließlich in einem unentrinnbaren Gewirr von Schuldgefühlen. Sie lassen es an Ihrem Mann aus, Sie lassen es an Ihren Kindern aus, und Sie lassen es natürlich an sich selbst aus. Der destruktive Einfluß der Narzißtin beherrscht Ihr Leben, und Sie können nicht einmal zornig auf sie werden!

»Als ich in die neue Wohnung einzog, schenkte mir meine Mutter eine Vase«, erzählt Stephanie, vierundzwanzig. »Ich habe sie an einen anderen Platz gestellt.« Als ihre Mutter zu Besuch kam, waren ihre ersten Worte: »Du hast meine Vase weggestellt. Mir hat sie da drüben aber besser gefallen!«

»Wie reagiert man da?« fragt Stephanie. »Mein erster Gedanke war, hat sie das wirklich gesagt? Hat sie es so gemeint, wie es sich angehört hat? Wenn ich mich dagegen wehre, wirft sie mir vor, ich sei kleinlich, und es folgt unweigerlich einer unserer ständigen Kräche. Geht sie dann, ruft mich kurz darauf eine meiner Tanten an und erzählt mir, wie undankbar ich sei, meine Mutter sei am Boden zerstört, und dabei habe sie es doch nur gut gemeint, sie sei so liebevoll und großzügig und habe mir doch dieses wunderschöne, geschmackvolle Geschenk gemacht. Und natürlich weiß meine Tante ganz genau, wo sie es gekauft hat – in einem eleganten Geschäft, ganz klar. Und natürlich hat die Vase ein Vermögen gekostet, und dann komme ich daher und werfe ihr weiß Gott welche Ungeheuerlichkeiten an den Kopf, anstatt auf ihren Rat zu hören, wie ich meine Wohnung geschmackvoll einrichten kann, und ob Sie es glauben oder nicht, wenn ich nach so einem Gespräch den Hörer auflege, weiß ich tatsächlich nicht mehr, ob ich verrückt bin oder nicht. Aber jedesmal, wenn ich diese verdammte Vase ansehe, breche ich in Tränen aus!«

Die Narzißtin hat eine doppelläufige Flinte in ihrem Arsenal, denn nicht nur, daß sie völlig von sich eingenommen ist und nicht auf Ihre Bedürfnisse eingeht, sie hat Sie darüber hinaus seit Ihrer Geburt gelehrt, daß nur *ihre* Bedürfnisse zählen und daß Sie, wenn es Ihnen nicht gelingt, diesen gerecht zu werden, die schlimmste Sünde begangen haben, die eine Tochter überhaupt begehen kann.

Können Sie sich vorstellen, eine narzißtischere Mutter zu haben als Marlene Dietrich? In ihrer Biographie über ihre Mutter (*Meine Mutter Marlene*, Bertelsmann, München 1992) zeichnet Maria Riva das vernichtende Bild einer Frau, die stets Rollen spielte, sich stets für den Applaus anderer produzierte. In der Mutterschaft sah Dietrich eine weitere großartige Rolle. Plötzlich mußten ihr Mann, die Verwandten und Freunde sie »Mutti« nennen. Alle hatten ihr für ihre liebevolle Hingabe an das Baby Bewunderung zu zollen. Dietrich bestand darauf, ihr Baby zu stillen, aber für den Rest ihres Lebens litt ihre Tochter Maria unter Schuldgefühlen, weil ihre Mutter ihre jugendlichen Brüste der Gier der Tochter geopfert hatte!

Die gesunde Mutter und das Baby

Für ein Neugeborenes gibt es nichts Faszinierenderes als die Mutter. Sie kommuniziert mit ihren Händen, mit ihrer Stimme, mit ihrem Körper. Ihr Geruch wird vertraut und tröstlich. Ihre Augen leuchten. Ihre Zähne tauchen auf und verschwinden wieder. Ihre Nase zuckt. Mama lacht, gurrt, singt. Sie strahlt vor Liebe.

Die gesunde Mutter ist entzückt, wenn wir eigene Laute von uns geben. Sie ermutigt uns, Neues auszuprobieren, und sie bringt die Welt zu uns. Sie redet, sie hört zu, sie ist aufmerksam, sie reagiert. Sie ist unser Spiegel.

Durch das Spiegeln in der Mutter erfahren wir zuerst, wer wir sind. Die Mutter sagt und zeigt uns, daß wir geliebt werden, bedingungslos und auf ewig, einfach, weil wir in ihren Armen liegen und Dinge tun, von denen wir vorher nicht einmal wußten, wie man sie macht. Alles, was wir tun, bewundert sie als großartige Leistung. Wir sind der Mittelpunkt ihrer Aufmerksamkeit, ihrer Hingabe und ihrer Freude. Das ist eine Lektion, die wir nie vergessen.

Die gesunde Mutter garantiert uns, daß wir unsere Wünsche und Bedürfnisse anmelden, Befriedigungen erlangen, Macht durchsetzen können. Sie gibt ihren Worten einen Tonfall, den das Kind so leicht zu verstehen lernt wie die Bedeutung der Wörter. Durch Spiegelung, durch Reaktion, durch Freude, durch Ermutigung lehrt uns unsere Mutter, wie wir kommunizieren und daß das, was wir mitteilen und fühlen, wichtig ist. Das Spiegeln in der Mutter ist das Fundament, auf dem wir unser Selbstgefühl aufbauen. Werden unsere Gefühle wohlwollend aufgenommen und wird von Anfang an darauf eingegangen, dann lernen wir, ihnen zu trauen.

Die narzißtische Mutter und das Baby

Die narzißtische Mutter begegnet ihrem Neugeborenen mit unbefriedigten Sehnsüchten. Sie wird oder wurde nicht geliebt. Sie führt vielleicht eine schlechte Ehe und fühlt sich unausgefüllt. Sie ist vielleicht ängstlich und besitzt kaum eine eigene Persönlichkeit oder Selbstwertgefühl. Sie betrachtet das Baby als jemanden, der diese Lücken füllen soll, nicht als wundervolles neues Geschöpf, das lernen und sich entwickeln muß. Die völlige Abhängigkeit des Babys verleiht der Mutter ein Gefühl von Bedeutung und Macht, das sie nie zuvor gekannt hat. Mutter zu sein bedeutet, daß sie endlich bewundert, verehrt und nicht mehr aus den Augen gelassen wird, als seien ihr Verhalten und ihre Bedürfnisse das Wichtigste auf der Welt. Wurde sie selbst als Baby nicht ausreichend bemuttert, dann erlebt sie diese Empfindungen auch tatsächlich zum allerersten Mal – nur in der anderen Position.

Eine Mutter, die ihr Kind als Spiegel benutzt, anstatt ihm selbst als Spiegel zu dienen, ist eine narzißtische Mutter. Das Problem entsteht, wenn das süße kleine Baby anfängt zu weinen und nicht aufhört. Die Mutter wird böse. Warum? Weil das Baby sie nicht glücklich macht! Die Narzißtin möchte eine Puppe, die sie in den Armen halten und mit der sie schmusen kann. Sie will kein kleines Kind, das auf Entdeckungsreise gehen möchte und Unordnung anrichtet. Sie will keinen Teenager, der eigene Vorstellungen entwickelt.

Die unerfüllten Bedürfnisse der Mutter stehen im Mittelpunkt dieser auf einem Rollentausch basierenden Beziehung und sind sozusagen die Luft, die das Baby atmet. Höchstwahrscheinlich gibt es später, wenn die Tochter selber eine Tochter hat, ebenfalls diesen Rollentausch.

Was liegt dem Verhalten der Mutter zugrunde?

Die Mutter von Marlene Dietrich hatte ein sehr schweres Leben. Sie wurde als junges Mädchen zur Heirat mit einem notorisch untreuen Lebemann gedrängt, den die Familie verheiraten wollte, bevor er in einen Skandal verwickelt wurde. Nach seinem Tod blieb sie mit zwei kleinen Töchtern zurück. Bei der zweiten Hochzeit mit einem älteren Mann, der ihr Sicherheit bot, trug sie schwarz. Die nächsten angeheirateten Verwandten nannten sie nur »das arme Kind«; die entfernteren Verwandten wollten nichts mit ihr zu tun haben, weil sie nicht standesgemäß war.

Ist es ein Wunder, daß sich diese benachteiligte Frau ihrer Tochter zuwandte, damit diese all ihre Sehnsüchte erfüllte? Ist es ein Wunder, wenn die hübsche, gerissene, willensstarke Dietrich zu der Überzeugung gelangte, sie müsse Mittel und Wege finden, um ihre Bedürfnisse anderswo zu befriedigen? Sie tat dies, indem sie ihren Körper zu einem Kunstwerk modellierte, indem sie sich mit Speichelleckern umgab, die sie bewunderten, indem sie sogar aus ihrer Tochter eine unterwürfige Schmeichlerin machte.

Ein solches Verhalten kann man bei einem Kind einer nichtgebenden Mutter als einen Akt des Überlebens und der Stärke sehen, denn dadurch, daß sich Marlene zu einer Narzißtin entwickelte, daß sie von der Welt forderte, was ihr als Kind vorenthalten wurde, rettete sie sich selbst. Mit der Geburt ihrer Tochter hatte die Dietrich ihrem geschädigten Selbst die Mutter geschenkt, die sie nie gehabt hatte.

Wird das Muster einmal geprägt, läßt es sich nur sehr schwer wieder ändern. Mit den Jahren dreht sich in der Familie alles nur um die Bedürfnisse der Mutter. Ihren Krisen, ihren Ängsten, ihren Stimmungen gilt die gesamte Aufmerksamkeit. Diese Mutter braucht wahrhaftig kein berühmter Filmstar zu sein. Sie kann wehleidig sein, damit man sich ständig um sie kümmern muß, oder eine arbeitssüchtige Karrierefrau. Sie kann depressiv sein und sich tagelang in ihr Zimmer zurückziehen, bis sie sich von der sie drückenden Last befreien will. Und wer würde sich besser zum Abladen eignen als die Tochter?

»Die Ehe meiner Eltern war schrecklich«, berichtet Amy, dreißig. »Mein Vater bettelte um die Liebe meiner Mutter. Er bekam sie nicht, aber sie erklärte sich damit einverstanden, der Kinder wegen bei ihm zu bleiben. Sogar als ich noch klein war, schüttete sie ihr Herz bei mir aus. Sie sagte, wenn ich nicht wäre, wüßte sie nicht, was sie tun würde. Ich war ihre ganze Kraft.«

Diese Mutter-Tochter-Beziehung kann intensiv, dramatisch, hoffnungslos ineinander verflochten und für die Tochter durchaus reizvoll sein. So sehr gebraucht zu werden und sich so erwachsen zu fühlen ist verlockend.

»Es bestand die stumme Übereinkunft«, sagt Amy, »daß, wenn ich ihr nahe bleibe, ihr zuhöre, sie beruhige und

immer tue, was sie sagt, sie mich dafür auf immer lieben
wird, daß es dann immer diese offene Aussprache über den
Küchentisch hinweg geben wird, bei der wir einander fest
an den Händen halten. Ich wollte ihre Liebe mehr als alles
andere, deshalb fügte ich mich natürlich in dieses Arrange-
ment.«

Es dauerte Jahre, bis Amy merkte, daß sie nicht geliebt, sondern benutzt wurde.

»Meine Mutter war diejenige, die die Sache fest im Griff
hatte«, sagt Amy heute. »Sie war die Königin, ich war ihre
Marionette.«

Was steht der Tochter einer narzißtischen Mutter bevor?

Die wahrhaft liebende Mutter schenkt uns ihre Liebe, einfach weil es uns gibt, nicht aufgrund irgendwelcher Leistungen oder von Wohlverhalten. Dieses beständige Behüten und
Für-das-Kind-Dasein vermittelt uns das grundlegende
Selbstwertgefühl, auf dem sich alles andere aufbauen läßt.
Dieses Gefühl kann einem niemand mehr nehmen, egal, welche Fehler oder Irrtümer noch vor einem liegen.

Die Tochter einer Narzißtin jedoch gelangt zwangsläufig
zu dem Schluß, nur das, was sie gelernt hat, bringe ihr Liebe
und Bestätigung ein.

Dietrichs Tochter Maria Riva lebte in einer für ein Kind
völlig künstlichen Umgebung. Sie paßte sich bei formellen
Abendessen, bei denen sie ausschließlich von Erwachsenen
umgeben war, vollkommen an, sprach nur, wenn sie angesprochen wurde, und dann nur das, was ihre Mutter zu hören
wünschte. Dieses kleine Mädchen lernte untadelige Manie-
ren und kam mit einer Unmenge Tafelsilber und Weingläsern
in fünf verschiedenen Größen zurecht. Sie saß mit steifem

Rücken am Tisch, lächelte höflich und behielt ständig ihre bezaubernde Mutter im Auge, aß, wenn die Mutter zu essen begann, und benutzte die Gerätschaften, die die Mutter jeweils benutzte. Und ihr war nie klar, daß man sie um ihre Kindheit betrog.

Da eine solche Tochter kein Selbstwertgefühl entwickeln kann, wird sie vollkommen von der Mutter abhängig. Je weniger sicher und liebenswert sie sich fühlt, um so stärker wendet sie sich der Mutter zu und negiert sich selbst. In ihren Augen hat sie eine schöne, kluge und liebende Mutter.

Andrea, Ende Zwanzig, sitzt vorne auf der Stuhlkante, elegant und chic, sie zupft Fusseln von ihrem Rock. Sie ist klug und nimmt kein Blatt vor den Mund, sie ist schnell mit Kritik bei der Hand und spricht über ihre Vergangenheit, als rede sie über eine dritte Person:

»Ich fühlte mich, als sei ich eine Puppe meiner Mutter, nicht echt, wie etwas, das man beiseite legen kann, wenn man genug davon hat. Die ganze Liebe, die ich von ihr bekam, war auf die Außenwelt ausgerichtet. Sie erzählte den Leuten dauernd, wie wunderbar ich sei, aber ich wurde nie gestreichelt, es gab keine Zärtlichkeiten und Küsse. Ich hatte dabei immer das Gefühl, als verkünde sie: ›Seht her, was ich zustande gebracht habe!‹ Wahrscheinlich denken Sie, ich hätte doch wütend sein müssen, aber dem war nicht so, denn als ich das erste Mal von ihr weg war, damals, als ich aufs College ging, fühlte ich mich wie in einer schrecklichen Leere, als würde ich tiefseetauchen und mir wäre der Sauerstoff ausgegangen. Solange ich auf der High-School war, habe ich nicht getrunken, ich fing auf dem College damit an, und das war eine Riesensache, weil meine Mom keinen Tropfen Alkohol anrührte. Sie vermutete, daß ich trank, weil ich stark zugenommen hatte, aber selbst wenn ihr das nicht aufgefallen wäre, sie hätte es gewußt. Meine Mom weiß immer alles über mich. Ich brauche ihr gar nichts zu sagen, sie weiß trotzdem Bescheid.«

Die Tochter einer narzißtischen Mutter wächst mit dem Gefühl auf, geliebt zu werden hänge von ihrem Verhalten und insbesondere von den Reaktionen anderer auf ihre Leistungen ab. Nur die Bestätigung durch die Mutter verleiht ihr Wert, deshalb muß sie um diese Anerkennung kämpfen, und zwar immer wieder und wieder, denn Kinder, die die Wunschvorstellungen eines Elternteils zu erfüllen haben, sind überzeugt davon, diesen zu enttäuschen. Die Tochter hat keine andere Möglichkeit, als ein Abwenden der Mutter zwangsläufig als eine Reaktion auf irgendeinen mysteriösen Fehler zu interpretieren, den sie begangen hat, oder noch schlimmer, als Reaktion darauf, daß sie so eine schlechte Tochter ist.

Anstatt sich zu sagen, Mutter ist hassenswert, richtet die Tochter einer narzißtischen Mutter ihre Wut gegen sich selbst und sagt: »Ich bin hassenswert.«

Eine Tochter beschrieb es folgendermaßen:

»Man befindet sich in einer Situation, in der man die Liebe der Mutter braucht, weil man nie bedingungslos geliebt wurde; man kann nicht wütend auf sie werden, denn sie gibt so wenig Liebe, daß man fürchtet, diese leicht zu verlieren; und aufgrund der Grenzen der Mutter kann man nie die Liebe bekommen, die man braucht. Man steckt fest, ist konfus, sieht keinen Ausweg und hat gelernt, eine Beziehung zu anderen auf eine Art und Weise aufrechtzuerhalten, die den Rest des Lebens vergiftet, und dabei hat man das Gefühl, man selbst sei ganz allein daran schuld.«

Diese Töchter leiden als erwachsene Frauen an Gefühlen der Leere, des ständigen Unbefriedigtseins, der Minderwertigkeit; sie fühlen sich schuldig und kommen sich dumm vor, weil sie den Finger nicht auf die Wunde legen können, an der sie leiden. In ihren Beziehungen besteht von ihrer Seite aus eine Abhängigkeit, sie leiden an Depressionen und Melancholie. Sie versuchen, die Lücke mit zuviel Essen, zu vielen

Einkäufen, zu vielen Männern zu füllen – aber nichts hilft, solange sie sich nicht eingestehen, was ihnen wirklich fehlt.

Drei Generationen:
Das Erbe einer narzißtischen Mutter

Nina, inzwischen Ende Dreißig, hat ihre Großmutter Rebecca nie gekannt, aber Claire, Ninas Mutter, hielt deren Legende lebendig. Rebecca war einfach großartig; sie war Collegeabsolventin, damals, in den zwanziger Jahren, eine erstaunliche Leistung für eine Frau. Sie zählte zu den ersten Suffragetten und sorgte für Schlagzeilen als erste Frau, die ohne Anstandsdame quer durch die Vereinigten Staaten trampte – ein tollkühnes Unternehmen mit dem Ziel, den Mut und die Entschlossenheit der Frauen zu demonstrieren.

Rebecca war es aber nicht gelungen, diese bewundernswerten Eigenschaften an ihre Tochter weiterzugeben. Claire hatte zwar viele Talente und war auch ehrgeizig, aber in den Geschichten, die sie über die tollen Leistungen ihrer Mutter erzählte, schwang stets unterschwellig mit, daß sie sich ihrer eigenen Mängel nur allzu traurig bewußt war.

Claire ging vorzeitig vom College ab und lief mit einem älteren Mann, Dean, davon. Dean war damals gut bei Kasse, war fesch und sah gut aus; am kleinen Finger trug er einen rubinroten Ring, und das war für Rebecca ein Grund, ihn ein Leben lang abzulehnen. Erzählte Claire die Geschichte von dem Ring am kleinen Finger, hatte Nina jedesmal das Gefühl, Rebecca müsse eine boshafte, unangenehme Seite gehabt haben, über die nie wirklich gesprochen wurde.

Claire und Dean zogen nach Kalifornien – so weit weg von Claires Mutter, wie es nur ging. Claire stimmte ihr Leben ganz auf Dean ab, der alle Welt beeindrucken wollte, brachte zwei Kinder, Paul und Nina, zur Welt und merkte bald, wieviel Wahrheit in der Redensart steckt, wer jung heiratet, heiratet seine Mutter. Das Leben mit Dean unterschied sich im Grunde in nichts vom Leben mit Rebecca. Alles drehte sich nur um seine Träume von Erfolg, um seine Leistungen, seine Bedürfnisse. Sie und die Kinder dienten ihm lediglich als Requisiten. Wieder befand sich Nina in der Dienerinnenrolle und verharrte in Ehrfurcht vor einem Menschen, von dem sie abhängig war, nur hatte sie sich ihn diesmal selbst ausgesucht. Als das Geld ausging, stellte sich Dean wütend gegen seine Frau.

Claire kehrte mit den beiden kleinen Kindern in den Osten zurück. Es wäre ein leichtes gewesen, wieder bei ihrer Mutter unterzukriechen und klein beizugeben (»Du hattest recht, Mutter. Ich tue es nie wieder. In Zukunft höre ich immer auf dich.«), aber Claire widerstand dieser Versuchung. Sie baute sich ein eigenes Leben auf und brachte sich und die Kinder als Reporterin und später als Redakteurin durch. Nina erinnert sich noch gut, daß sie einmal stolz auf ihre Mutter gewesen war, als diese jeden Tag begeistert zur Arbeit ging, denn ihr Beruf machte ihr Spaß, und sie freute sich über ihre Erfolge und die damit verbundene Anerkennung.

Aber irgendwie reichte das alles nicht. Womit hätte Claire auch Rebeccas Tramptour durch Amerika übertreffen können? Sie kam in eine Phase, in der sie mit Migräne, deprimiert und erschöpft von der Arbeit nach Hause kam. Jeden Abend zog sie sich in ihr Bett zurück und begann ihren Kummer mit Alkohol und Pillen zu bekämpfen. Traurig mußte Nina mit ansehen, wie ihre Mutter zusammenbrach. Sie hatte das Gefühl, sie müsse Claire aufheitern und ihren Kummer lindern. Ihr Bruder Paul rebellierte gegen die Trostlosigkeit zu Hause. Er entzog sich und ging einfach weg – hinaus auf die Straße, zu seinen Freunden, verkehrte in anderen Familien. Claire ließ ihre Ängste und Frustrationen an ihm aus; Mutter und Sohn kämpften ständig um Kontrolle.

Nina spielte die Rolle der Friedensstifterin. Sie flehte

Claire an, Paul gegenüber nachsichtiger zu sein, dann wieder flehte sie Paul an, sich auf Claire einzustellen. Sie trug Botschaften vom einen zum anderen und entschärfte oft die harten Worte von beiden Seiten. Aufmerksam achtete sie auf jedes Anzeichen von Spannung, denn sie hatte das Gefühl, nur sie könne eine Explosion verhindern. Sie wurde zu einem Seismographen, zu einer Unterhändlerin; immer auf die Bedürfnisse anderer ausgerichtet, kam sie nie auf den Gedanken, ihre eigenen Bedürfnisse könnten von Wichtigkeit sein oder irgend jemanden auch nur interessieren.

Nina demonstrierte eindrucksvoll, wie Kinder aus einem Problem einen Gewinn machen können, wie sie sich in den destruktivsten Situationen um positive Lösungen bemühen, denn sie wählte einen Beruf, der für sie wie geschaffen schien. Als sie noch auf der High-School war, arbeitete sie schon für einen Talentsucher, und sie wußte, daß sie sich in diesem Bereich durchsetzen konnte. Sie studierte Jura und Betriebswirtschaft, doch hauptsächlich kam ihr ihre intuitive Fähigkeit zugute, mit überempfindlichen Künstlern umzugehen, denn sie wußte, wie man die Rolle als Person im Hintergrund zu spielen hatte, wie man Wogen glättete und dafür sorgte, daß alles glattlief, und was zu tun war, wenn es galt, den Kopf für andere hinzuhalten.

Das war eine Möglichkeit, ihre innere Wut zu verleugnen, und beruflich funktionierte es gut. Je stärker sie ihre Gefühle unter Kontrolle behielt, um so geschickter führte sie Verhandlungen. Sie stieg zur Topagentin auf und genoß bald den Ruf, sich besonders intensiv um ihre Klienten zu kümmern, das Beste für sie herauszuholen und sich nie aus der Fassung bringen zu lassen.

Trotz ihres Erfolges war Nina unglücklich, unruhig, ängstlich. »Ich hatte mein Leben gestaltet, mich selbst geformt, meine Talente weiterentwickelt, und alles war nur darauf ausgerichtet, daß ich mich auf die Bedürfnisse anderer einstellte«, sagt sie. »Wo blieb ich dabei?«

Claire allerdings war begeistert. Die Dollars rollten. Ein wenig vom Glanz der Karriere der Tochter fiel auch auf sie. Durch Ninas Erfolg bekam Claire neuen Schwung und Energie und begann ein neues Leben. Sie heiratete einen vermögenden Anwalt, Bert, der sie in ein schönes Vorstadtheim setzte. Nina sagt heute: »Sie war sein Ausstellungsstück. Ich war ihres.«

Claire ging ganz in ihrer Rolle als Ehefrau und charmante Gastgeberin auf. Bert war überglücklich. Nina ebenfalls. »Das zeigt, wie wenig wir die Menschen kennen, die wir lieben. Da litt ich, weil ich nur für die Anerkennung anderer lebte, besonders für die ihre. Trotzdem fand ich es wundervoll und toll und absolut richtig, daß sie sich so für Bert ins Zeug legte. Ich weiß noch, daß sie für ihre Partys eine köstliche Lachsmousse zubereitete. Zur Dekoration in der Mitte der Mousse schälte sie eine Tomate – das muß man sich mal vorstellen, eine Tomate so zu schälen, daß die Haut an einem Stück bleibt –, und aus der Haut formte sie eine Rosenknospe. Nie hätte sie einer Küchenhilfe erlaubt, das für sie zu tun, das war ihr Kunstwerk, und ich hielt das für eine tolle Leistung. Ich mit all meinem Erfolg brächte es nie fertig, eine Tomate an einem Stück zu enthäuten! Erstaunlich ist, daß wir beide verzweifelt versuchten, unsere Bedürfnisse zu befriedigen, aber keine hatte auch nur die leiseste Vorstellung, wie sie das anstellen sollte.

Alles blieb in jenen Jahren unter der Oberfläche. Ich stand ihr nah, war voller Bewunderung für sie, war völlig unter ihrer Fuchtel und hatte keine Ahnung, wie unglücklich ich war. Bis ich Charlie heiratete. Da zerbrach das Idyll.«

Gemäß der Familientradition wählte Nina einen Mann, der wie ihre Mutter war, ausschließlich auf sich bezogen, bedürftig, exaltiert, beeindruckend. Er war Maler, und sein Leben erstickte das von Nina. Zwar war sie Hauptverdienerin, gesprochen wurde aber fast ausschließlich über seine Arbeit, er stand ständig im Mittelpunkt. Claire *verabscheute ihren Schwiegersohn vom ersten Augenblick an.*

»Wäre sie nicht so vehement dagegen gewesen, hätte ich ihn vielleicht nie geheiratet«, meint Nina. »Aber ich mußte weg von ihr und dachte, dies sei der richtige Weg. Mir war nicht klar, daß ich lediglich den einen Narzißten durch einen anderen ersetzt hatte.«

Mit den Jahren wurde es schwierig. Charlie haßte Claire so sehr wie sie ihn. Wieder fühlte sich Nina verpflichtet, die Vermittlerin zu spielen, wie früher zwischen ihrem Bruder und ihrer Mutter. »Man hatte den Eindruck«, sagt Nina, »als hätte sich unsere Familie in dreißig Jahren nicht um einen Zentimeter vom Fleck bewegt.«

Die Situation entlud sich eines Abends beim Essen, als Charlie sich über seine Karriere und die damit zusammenhängenden Probleme ausließ. Claire ging über seine Klagen hinweg und sagte munter: »Oh, Charlie, soweit ich weiß, hast du doch gar keine Karriere!«

»Sie hielt das für einen Witz«, berichtet Nina, »aber der arme Charlie, der, bei allen seinen Fehlern, wie besessen arbeitete und eine Menge in seine Malerei investiert hatte, war völlig am Boden zerstört. Ich schaute über den Tisch zu meiner Mutter hinüber, als sähe ich sie zum ersten Mal in meinem Leben. Es war dieses sich Hinwegsetzen über einen anderen Menschen – ihre Blindheit gegenüber der Tatsache, daß er verletzt sein würde –, das mich so schockierte. Sie radierte ihn einfach aus, wenn auch mit einem Lachen und voller Charme, genau wie es Rebecca früher mit Dean gemacht haben muß wegen seines rubinroten Rings am kleinen Finger.«

Das ist das deutlichste und destruktivste Merkmal einer narzißtischen Mutter; sie ist derart ausschließlich auf ihre eigenen verqueren Bedürfnisse konzentriert, daß ihr gar nicht in den Sinn kommt, daß Sie am Boden zerstört sein könnten, wenn sie rücksichtslos über Sie hinwegtrampelt.

»Mit mir hat sie das ein Leben lang gemacht, und mir

war das nie aufgefallen«, fährt Nina fort, »aber als sie sich
Charlie gegenüber so verhielt, war das der Wendepunkt
für mich.«

Nina zog sich völlig von Claire zurück; sie traf sie nicht
mehr, sie sprach nicht mehr mit ihr und versuchte, ihr
Leben auf ihre Ehe bezogen neu zu ordnen. Es funktionierte nicht, denn Charlie versank in Selbstzerstörung. Er
wurde Alkoholiker und hörte auf zu malen; seine Bedürfnisse erstickten alles andere in der Beziehung. Wollte Nina
ihre Probleme lösen, reichte es nicht, sich von Claire zu
befreien. Dann mußte sie sich ebenso von allen Ersatz-
Claires befreien.

»Als ich Charlie verlassen hatte«, sagt sie, »wurde mir
bewußt, daß Claire in bezug auf ihn recht gehabt hatte.
Narzißtische Mütter sind oft brillante Frauen, und wenn
nicht, hält man sie dafür. Sie sind oft großartig. Sie sind
schlank, wenn man selbst rundlich ist. Und ganz sicher
haben sie die Fähigkeit, einen anderen Narzißten, der
ihnen in die Quere kommen könnte, von weitem zu erkennen. Das sind allerdings nicht unbedingt die Qualifikatio-
nen für eine gute Mutter. Das Problem ist, daß man das als
Tochter unmöglich erkennen kann. Erst als ich einmal die
Außenstehende war und erfaßte, wie destruktiv sie sich
Charlie gegenüber verhielt, wußte ich, daß ich mich ihrem
gefährlichen Einfluß auf mein Leben entziehen mußte.«

Trennung: Der erste Schritt

Die New Yorker Psychotherapeutin Roberta Schultz sagt:
»Es gibt keine Möglichkeit, zu einer narzißtischen Mutter
durchzudringen, denn vermutlich war deren eigene Mutter
noch gestörter, und die einzige Möglichkeit, wie sie mit dieser Situation fertig werden konnte, bestand darin, die Bedürfnisse anderer zu ignorieren und sich um sich selbst zu
kümmern. Das Verhaltensmuster ist also die Folge eines

Selbstschutzes aus der Kindheit, und die Tochter ficht einen vergeblichen Kampf aus in der Hoffnung, daran etwas ändern zu können. Sobald der Tochter dies jedoch klargeworden ist, kann sie das Verhalten der Mutter vielleicht akzeptieren – auch wenn es ihr nie gefallen wird.«

Eine Möglichkeit, das Verhalten der Mutter akzeptieren zu lernen, besteht darin, daß Sie dieses Verhalten unabhängig von Ihrer eigenen Person betrachten, damit es nicht mehr Ihr Leben bestimmt. Dieser erste Schritt ist der schwierigste und schmerzlichste in diesem Trennungsprozeß – der Moment, in dem man mit Abstand und mit offenen Augen sieht, was eigentlich vorgeht. Wenn Sie diesen Schritt gemacht haben, befinden Sie sich auf dem besten Weg, um aus dem Teufelskreis auszubrechen.

Solange Sie in diesem Teufelskreis gefangen sind, neigen Sie dazu, sich blind zu stellen. Sie möchten die Sicherheit des seit jeher Vertrauten beibehalten und wiederholen deshalb auch in jeder anderen Beziehung das Muster. Damit Sie Ihr Leben ändern und einen befriedigenderen Weg einschlagen können, müssen Sie zuerst mit offenen Augen scharf hinsehen und die Situation erkennen!

Für Maria Riva, Dietrichs Tochter, die mit zwanzig bereits Alkoholikerin war und eine gescheiterte Ehe hinter sich hatte, kam dieser Moment beim Lesen eines Buches, *Der neurotische Mensch unserer Zeit* von der Psychoanalytikerin Karen Horney. Riva hatte ihr Aha-Erlebnis, als sie feststellte, daß ihre geheimsten Wunden von einer völlig Fremden unvoreingenommen entblößt und erklärt werden konnten. Ihr wurde bewußt, wenn über ihre Verzweiflung und ihren Selbsthaß geschrieben werden konnte, dann war sie damit nicht allein.

Die erste »Erkenntnis« muß nicht unbedingt beim Lesen eines Buches oder im direkten Umgang mit der Mutter eintreten, sie kann sich auch in einer entsprechenden Situation in einer anderen Beziehung einstellen. Etwas öffnet Ihnen schlagartig die Augen, und Sie beginnen, die Spur des Verhaltensmusters bis zur Beziehung zu Ihrer Mutter zurückzuverfolgen. Dies ist eine Möglichkeit, solange Sie dabei das Muster erkennen, das in Kraft ist – daß man sich über Ihre Bedürfnisse hinwegsetzt –, und nicht mehr länger denken: »Irgend etwas stimmt nicht mit mir!«

Mia, dreiundzwanzig, studierte an einer großen Universität im Mittelwesten und arbeitete an ihrer Abschlußarbeit in Philosophie. Sie hatte sich den ganzen Sommer für ihre wissenschaftliche Arbeit freigehalten und bereitete sich auf die mündliche Prüfung vor, während ihr Freund Ethan durch Europa reiste.

Drei Wochen nach seiner Abreise rief Ethan sie an und tat so, als handele es sich um einen Notfall. Er müsse sie unbedingt sehen. Er müsse etwas furchtbar Wichtiges mit ihr besprechen. Nichts sei so wichtig, daß sie es nicht stehen- und liegenlassen und eine Woche mit ihm verbringen könne. Sie versuchte, ihm klarzumachen, daß sie eine Menge Fristen und Termine habe. Knall auf Fall eine Woche wegzufahren werfe sie in ihrem Zeitplan zurück und ruiniere ihren Ruf bei den Assistenten und an der Fakultät. Trotzdem bestand er hartnäckig darauf, sie müsse kommen, er brauche sie. Es gebe niemanden auf der Welt, mit dem er sonst darüber sprechen könne. Es sei absolut notwendig!

Wie üblich tat Mia, was Ethan verlangte. Als sie am ersten Abend zusammensaßen, verkündete er, ihre Beziehung sei zu Ende, er habe eine andere Frau kennengelernt, die er wahnsinnig liebe. Aber ihm liege ungeheuer viel daran, daß Mia seine neue Liebe kennenlerne, er brauche ihre Zustimmung, er müsse wissen, daß sie trotzdem noch Freunde seien!

»Was mich wirklich verblüffte«, sagt Mia, »war, daß ihm überhaupt nicht in den Sinn gekommen ist, ich könnte verletzt oder wütend sein. Er war derart mit sich selbst beschäftigt, daß er schlicht davon ausging, ich müsse glück-

lich sein – einfach, weil er hatte, was er wollte. Bevor das
passiert ist, ist mir nie aufgefallen, wie ähnlich Ethan mei-
ner Mutter war. Sie hat auch nie bemerkt, daß ich unab-
hängig von ihr existiere. Auch sie merkte nie, wenn sie
mich verletzte. Sie war blind gegenüber meinen Bedürfnis-
sen, meinen Reaktionen, meiner Existenz. Das bedeutet,
als Person ausgelöscht zu werden. Man existiert nur als
Spiegel für einen anderen. Und wenn man das oft genug
gesagt bekommt, glaubt man daran und sucht andere
Leute, denen man als Spiegel dienen kann.

Ich nahm den ersten Flug nach Hause. Ich war total
geschockt, ich konnte es Ethan nicht einmal erklären, und
zum ersten Mal in meinem Leben war es mir auch ver-
dammt egal, ob er mich verstand oder nicht. Aber ein paar
Dinge sind mir dadurch klargeworden, die mir nie vorher
bewußt gewesen sind: erstens, daß das nicht meine Schuld
war; zweitens, daß ich gravierende Änderungen in mei-
nem Leben vornehmen mußte; und drittens, daß meine
Mutter nicht der richtige Ansprechpartner dafür war!«

Wenn unsere Bedürfnisse in der frühen Kindheit nicht erfüllt
worden sind, wenn etwas schiefgelaufen ist, wenn ein Rollentausch stattgefunden hat, kann es passieren, daß wir unser
Leben lang versuchen, aus Unrecht Recht zu machen – in
unserem Liebesleben, im Beruf, in unserer Selbstauffassung.
Wir fühlen uns zu Menschen hingezogen, die unseren Erfahrungen in der Vergangenheit entsprechen, wir manipulieren
sie in die Rollenverteilung, die wir brauchen, wir spielen alte
Szenen nach in dem Bemühen, Befriedigung und Entlastung
zu finden – aber solange wir in diesem Teufelskreis gefangen
sind, gelingt uns das nie.

Wir wiederholen den ewig gleichen Kreislauf aus vielerlei
zwingenden Gründen: weil wir nichts anderes kennen, weil
wir es als eine berechtigte Strafe für einen Fehler ansehen,
den wir irrtümlicherweise uns selbst zuschreiben, weil es uns
eng an Menschen bindet, die wir verzweifelt brauchen, weil

es uns an Zeiten erinnert, zu denen wir uns sicher fühlten, weil wir uns einreden, dieses Mal gehe bestimmt alles gut.

Strategien zur Veränderung

- Rennen Sie nicht mit dem Kopf gegen eine Wand. Eine direkte Konfrontation mit einer Narzißtin führt zu nichts. Sie wird sich nicht ändern; das Verhalten ist zu tief verwurzelt, ihre Bedürfnisse sind wie einbetoniert. Mit wahrer Engelsgeduld schaffen Sie es vielleicht, daß sie ein paar Verhaltensweisen ändert. Mag sein, Sie erreichen, daß sie ein bißchen netter zu Ihnen ist. Aber eine Änderung ihrer Gefühle oder Ängste können Sie vergessen. Sie wird auf ewig die Schloßherrin und Sie ihre Hofdame sein.

- Kehren Sie zum Ursprung zurück. Der einzige Weg, über die Vergangenheit hinwegzukommen, besteht darin, zum Ursprung zurückzugehen, die Dinge so zu sehen, wie sie waren, und eine andere Einstellung dazu anzunehmen. Nehmen Sie dabei die Hilfe Dritter in Anspruch – eines Buches, eines Freundes, einer Schwester, eines Therapeuten. Sie können Ihnen helfen, klarer zu sehen.

- Sprechen Sie über Ihre Gefühle! Reden bringt Sie auf neue Gedanken, schafft Überraschungen, fördert begrabene Erinnerungen zutage. Fügen Sie die Stücke der Collage zu einem wirklichkeitsgetreuen Bild zusammen. Je mehr Sie über Ihre Gefühle sprechen, um so mehr können Sie diese mit Ursachen in der Kindheit in Verbindung bringen, und um so weniger wird Ihre Gegenwart durch die Vergangenheit belastet. Das Problem klar und deutlich beim Namen zu nennen ist bereits eine Hilfe an sich. Sie finden einen Ausweg aus dem Labyrinth, beginnen, zwischen Ursache und Wirkung zu unterscheiden, und sehen objektiv, welche Beziehungsmuster ablaufen. Von außen eine Bestätigung zu bekommen für das, was Sie sehen und fühlen, kann in hohem Maße befreiend sein. Es bedeutet, daß Sie auf Verleugnung und Selbstzweifel verzichten und Ihren berechtigten Zorn akzeptieren können, und stärkt Ihre Fähigkeit zu richtiger Einschätzung und Bewertung, und, das wichtigste, es gestattet Ihnen, loszulassen und weiterzukommen.

KAPITEL ZWEI

Die kontrollierende Mutter
Das Kleinkind kämpft um Autonomie

Die Zeit der intensiven Mutter-Baby-Bindung hält nicht ewig an. Der Mutter wäre es vielleicht am liebsten, wir würden auch weiterhin nur in ihren Armen kuscheln, aber das Baby kämpft, ohne das angestrebte Ziel zu kennen, um eine Veränderung. Es will sich von der Mutter entfernen, eine gewisse Autonomie erlangen. Dieser Impuls ist so natürlich wie das Atmen. Anfänglich läßt er sich nicht unterdrücken, und das bringt – wenn die Mutter zu den kontrollierenden Müttern zählt – eine Menge Probleme mit sich.

Francesca, zweiundvierzig, berichtet: »Die Leute strahlen förmlich, wenn sie mir erzählen, wie wundervoll meine Mutter war. Wie sie mich stundenlang – stundenlang! – auf ihren Schoß setzte und mir die Haare bürstete. Was immer ich anhatte, es war perfekt, die Farben harmonisch aufeinander abgestimmt. Sie häkelte Decken für mich und nähte meine Kleidchen und wechselte meine niedlichen Hemdchen, sobald ein einziger Fleck darauf war. Ich kann mich an diese Dinge nicht erinnern, aber es schaudert mich innerlich, wenn ich an dieses arme Kind denke, das ich war, das gezwungen wurde, stillzusitzen und sich die Haare kämmen zu lassen, das keine Bewegung machen konnte, ohne daß sich Mom über eine Falte im Kleid aufregte. Ich brauchte Jahre, bis ich anfing, mich mit ihr anzulegen, aber als es schließlich soweit war, entschädigte ich mich für sämtliche Kämmsitzungen – aber wie!«

Ironischerweise ist Francesca eine erfolgreiche Designe-
rin für Kinderkleidung geworden.

Eigenschaften der kontrollierenden Mutter

Von frühester Kindheit an packt die kontrollierende Mutter
Ihr Leben und Ihren Alltag voll mit ungeschriebenen Verhal-
tensmaßregeln und Vorschriften – viele scheinen nur ihr allein
sinnvoll. Sie macht sich nicht die Mühe, Ihnen zu erklären,
warum diese »Das-macht-man«- und »Das-macht-man-
nicht«-Regeln existieren – damit würde sie Ihnen wenigstens
beibringen, wie man Entscheidungen trifft und Regeln auf-
stellt, so daß Sie sich eine eigene Meinung bilden könnten,
sobald Sie mit einer neuen Situation konfrontiert werden.
Statt dessen sprudeln die Dogmen der kontrollierenden Mutter aus einer unbekannten Quelle und werden mit geradezu
lächerlicher Beharrlichkeit angewandt.

»Meine Mutter hatte direkt neben dem Telefon einen klei-
nen Block liegen«, erläutert Jodi, fünfunddreißig, »und
dazu einen Bleistift, der exakt so lang war wie der Block,
und diesen Bleistift durfte man nur da am Telefon für die-
sen speziellen Block benutzen. Nahm man den Bleistift
weg, bekam sie einen Wutanfall, selbst wenn man einen
anderen dafür hingelegt hatte. Sämtliche Oberflächen
mußten sauber und ordentlich, alles mußte in Reih und
Glied ausgerichtet sein. Nahm man einen Kissenbezug aus
dem Wäscheschrank, mußte man aufpassen, daß die ande-
ren Bezüge nicht das kleinste bißchen verrutschten. Sie
hätte sonst durchgedreht, geschrien und endlos Theater
gemacht. Das Haus stand immer unter Spannung, die
Explosion kam immer unerwartet. Ich hatte wahnsinnige
Angst, etwas falsch zu machen.«

Die kontrollierende Mutter ist Expertin für untadelige Tischmanieren, gute Umgangsformen, geregelten Stuhlgang, richtige Ernährung, passende Frisuren, den Anlässen entsprechende Kleidung, vorschriftsmäßiges Verhalten auf der Straße, gepflegte Ausdrucksweisen, für Ihre geheimen Gedanken, Ihre geheimen Sehnsüchte, Ihre gefährlichen geheimsten Wünsche. Solange Sie ein kleines Mädchen sind, versuchen Sie, ihren Vorstellungen gerecht zu werden. Sie meinen, sie wisse, wovon sie redet. Im Laufe der Jahre werden Sie klüger und fühlen sich durch ihre Vorschriften schon ein wenig stärker gegängelt, und dann kommt die steinige Zeit der Pubertät. Vielleicht rebellieren Sie. Vielleicht reagieren Sie auch mit dem Rückzug in sich selbst. Tatsache ist, daß es keine Rolle spielt, wie Sie in diesem Alter reagieren. Der Tribut wurde bereits entrichtet. Und wenn Sie noch so wütend und trotzig reagieren, sie hat Ihnen bereits das Gefühl eingeimpft, Sie könnten ohne sie nicht existieren, was immer Sie tun, welchen Weg auch immer Sie gehen, die Katastrophe warte schon.

Sie stürzen sich in Liebesaffären und Ehen, Sie treffen wahnwitzige Entscheidungen hinsichtlich Ihres Berufs – nicht, weil das Ihr erklärter Wille wäre oder Sie irgendwelchen innersten Wünschen nachgäben, sondern weil die Stimme Ihrer Mutter immer noch in Ihrem Kopf herumspukt. Das Problem besteht darin, daß ein Teil von Ihnen ihre Stimme genau da behalten möchte, weil Sie gelernt haben, sich statt auf sich selbst eher auf sie zu verlassen.

Was liegt dem Verhalten der Mutter zugrunde?

Sie behauptet, Sie zu lieben und sich nur um Ihr Wohlbefinden zu sorgen. In Wirklichkeit verlangt sie, daß Sie niemals die Lösungen, die sie für ihre Probleme gefunden hat, in Frage stellen, denn diese Lösungen sind ganz wesentlich, ja, unerläßlich für *ihr* Wohlbefinden. Eine Mutter, die Ihnen ihre Ängste aufbürdet, die Sie mit ihrer Angst lähmt, die versucht, Ihnen Unabhängigkeit und Entdeckergeist abzugewöhnen, liebt nicht; sie hat nichts weiter als Angst. Und sie fürchtet nicht das, was Ihnen zustoßen könnte, sondern läßt es vielmehr zu, daß ihre verinnerlichten Ängste ihr Leben dominieren – und das Ihre ebenfalls!

Um zu überleben und ihre psychische Gesundheit zu bewahren, muß sie in jedem Moment ihres Lebens versuchen, das in ihrem Inneren herrschende Chaos zu kontrollieren. Zu ihren Narben aus der Kindheit kommt ihre unausgesprochene Wut hinzu. Gefühle werden übermächtig, wenn sie im tiefsten Winkel der eigenen Phantasiewelt versteckt werden und so keine Möglichkeit besteht, daß sie von der Realität korrigiert werden. Insbesondere unterdrückte Wut kann außerordentlich zerstörerische Auswirkungen haben. Die sich ständig kurz vor der Explosion befindliche kontrollierende Mutter hat nicht die geringste Vorstellung, wie sie mit dem, was sie erlebt, umgehen soll.

Alle glauben, sie sei so selbstsicher, aber die Wahrheit sieht anders aus. Sie lebt in solcher Angst, daß sie völlig unflexibel und bis zur Sturheit fürsorglich wird. Führt sie eine schlechte Ehe – und das ist oft der Fall –, dann versucht sie, ihren Mann zu kontrollieren, bevor er sie kontrollieren oder verlassen kann. Da sie die von ihr für nötig erachtete Kontrolle über ihre äußere oder innere Welt nicht erlangen kann, sieht sie in ihrer Tochter die einzige Sicherheit, die sich ihr bietet. Der Vertrag, den sie anbietet, basiert auf folgender Vereinbarung: Wenn Sie bei ihr bleiben und auf sie hören, machen, was sie sagt, jede ihrer Anordnungen befolgen, ihr zu jedem Bereich Ihres Lebens Zutritt gewähren – dann wird sie Sie immer lieben. Für das Kind, das die Liebe der Mutter dringend braucht, scheint das ein gutes Geschäft.

Diese Mutter kann auch liebevoll sein, nämlich dann, wenn sie den in ihrem Inneren herrschenden Aufruhr gerade im Griff hat. Es ist gut vorstellbar, daß diese Mutter glücklich ist, wenn sie mit ihrer Tochter auf dem Schoß dasitzt und ihr unentwegt die Haare bürstet, bis jedes Härchen ordentlich an seinem Platz ist. Vielleicht war Liebe der Auslöser für das Haarebürsten. Aber sobald sich das kleine Mädchen zu wehren beginnt, wächst die Spannung der Mutter, ihre Impulse ändern sich, und ihr bleibt nichts anderes übrig, als zu sagen: »Nur noch ein paar Strähnen. Die müssen wir noch entwirren. Wir wollen doch nicht, daß die Nachbarn denken, du seist ein schlampiges kleines Mädchen!« Wieder einmal überschatten innere Ängste die Liebe. Diese Ängste haben nichts mit dem Kind, nichts mit den Haaren des Kindes, nichts mit den Reaktionen der Nachbarn zu tun. Die Mutter versucht vielmehr, ihre eigenen inneren Ängste und emotionalen Hinterlassenschaften aus der Vergangenheit unter Kontrolle zu halten.

Irgendwann kann die Tochter der kontrollierenden Mutter nicht mehr länger stillsitzen. Wie auch immer, sie mobilisiert all ihre Kräfte und befreit sich aus ihrer Passivität oder erhebt zumindest Anspruch darauf, und dann wird der Einsatz erhöht. Mit jeder kleinsten Unabhängigkeitserklärung löst die Tochter erneut die alten Ängste der Mutter vor dem Verlassenwerden aus und beschwört damit die mögliche Gefahr herauf, daß das Gefühl der Mutter, Kontrolle und Sicherheit zu besitzen, zerstört wird.

Die gesunde Mutter und das Kleinkind

Eine gute Mutter weiß sehr genau um den Bewegungsdrang, den ihr Kind ausleben muß. Sie ermutigt ihre Tochter bei deren ersten Ausflügen in Richtung Unabhängigkeit und droht niemals mit Liebesentzug, wenn das Kind die Welt auf eigene Faust entdecken will. Auch die gute Mutter kann im Hinblick auf ihre heranwachsende Tochter durchaus ambivalente Gefühle hegen, aber im großen und ganzen unterstützt sie diese Entwicklung.

Caryn, vierzig, Mutter von Jennifer, die inzwischen ein Teenager ist, erklärt: »Mit das faszinierendste an der Mutterschaft war, daß ich dadurch die Chance erhielt, mein Leben zu überprüfen und festzustellen, wie meine Mutter es mit mir gemacht hat, und zwar sowohl das Positive wie das Negative, und dadurch besser zu begreifen, was mich geformt hat. Im Moment bin ich ganz zufrieden mit mir, weil Jen sich so phantastisch herausmacht, aber ich kann mich nicht erinnern, daß ich mich für eine besonders gute Mutter gehalten hätte, als sie noch klein war. Wer denkt das schon von sich? Man macht einfach weiter, tut, was man tun muß, steht es irgendwie durch. Man hat ja auch kaum die Zeit, um sich groß Gedanken darüber zu machen, was richtig oder falsch ist, man gehorcht dem Instinkt.

Aber es gab einen Vorfall, als wir auf dem Spielplatz waren, da war sie so ungefähr drei und völlig begeistert und überschwenglich, weil sie sich so schnell aufrappeln und über den ganzen Platz sausen und eine Menge Neuland erkunden konnte. Sie fiel hin und landete zum Glück im Gras, war also nicht verletzt. Sie war nur ein bißchen verlegen, als sie aufblickte und mich und die anderen Mütter sah, wie wir uns alle besorgt von den Bänken erhoben hatten. Jen rappelte sich also allein wieder auf, klopfte sich den Staub ab, schaute mit dem beruhigendsten Lächeln der Welt zu uns herüber, flötete: ›Dummes Mädchen!‹ und machte munter weiter. Ich hörte ihre fröhliche Stimme den ganzen Tag, und abends begleitete sie mich in den Schlaf. Immer, wenn ich mir später Sorgen um sie gemacht habe, hörte ich diese Stimme. Ich hätte als Kind nie so reagiert.

Sie schalt sich nicht, weil sie einen fürchterlichen Fehler begangen hatte. Sie übertrieb das Ausmaß des Schadens nicht ins Unermeßliche. Sie fühlte sich nicht schuldig, auch nicht gedemütigt, weil es ihr vor anderen Leuten passiert war. Die Angst der Mütter auf der Bank übertrug sich nicht auf sie. Sie brachte es fertig, sich nach dem Sturz zu fangen, die Situation richtig einzuschätzen, die Verlegenheit herunterzuspielen und gleichzeitig zuzugeben, daß ihr ein Fehler passiert war. Sie hatte etwas ›Dummes‹ gemacht – nichts Tragisches, Erniedrigendes, Schmerzliches. Sie konnte es zugeben, sich über sich selbst lustig machen und darauf vertrauen, daß man sie trotzdem liebhaben würde.

Wo hat sie das gelernt? Wenn ich mir das Knie geschrammt hatte, habe ich furchtbar geheult, den Schmerz sogar halb vorgetäuscht. Jedesmal, wenn ich Eis auf mein Hemd gekleckert hatte, fühlte ich mich gedemütigt. Warum? Wegen der dramatischen und übertriebenen Reaktionen meiner Mutter. Irgendwie hatte Jennifer gelernt, diese Dinge spielend zu bewältigen. Das bestärkte mich in dem Gefühl, daß ich meine Angst nicht auf sie übertragen habe wie meine Mutter ihre früher auf mich.

Jahre später, da war sie fünf oder so, hatte sie sich in ihrer Phantasie eine Clique von Spielkameraden ausgedacht, mit denen sie sich unterhielt, wenn sie auf der Straße ging. Es gefiel ihr, wenn sie so tun konnte, als sei sie ohne mich unterwegs. Auf dem Heimweg von der Schule wollte sie unbedingt allein gehen, ich mußte etliche Schritte hinter ihr bleiben. Hin und wieder schaute sie zurück, um zu sehen, ob ich noch da war, und ich winkte. Am Bordsteinrand blieb sie immer stehen, so daß ich sie im Auge behalten konnte, und die Leute starrten diesen Knirps an, der da allein auf der Straße in der Stadt herumspazierte. Viele Frauen warfen mir bitterböse Blicke zu, als wollten sie sagen: ›Wie können Sie bloß so leichtsinnig sein?‹ Aber es war klar, sie probierte aus, allein zurechtzukommen, wenn auch unter dem Schutz ihrer imaginären Freunde, und ich wußte, daß es wichtig für sie war, deshalb ließ ich sie gewähren.«

Klingt das nach Ihrer Mutter? Wenn Ihre Mutter zu den kontrollierenden Müttern zählt, dann lautet die Antwort: »Ganz bestimmt nicht!« Die kontrollierende Mutter gestattet ihrer Tochter niemals soviel Freiheit, ermutigt sie nie zu Unternehmungen dieser Art und ist nicht stolz auf die Zeit, die sie allein mit Spielen und Entdecken verbringt. Die kontrollierende Mutter möchte nicht nur wissen, was man tut, sie besteht vielmehr darauf, am besten zu wissen, wie man was zu tun hat.

Die kontrollierende Mutter und das Kleinkind

Die Welt eines Babys besteht hauptsächlich aus Mutter und Vater; sie bieten Wärme, Nahrung, Liebe und Körperkontakt. Es hat zwar durchaus seinen Reiz, ruhig in diesen tröstlichen Armen bleiben zu dürfen, aber der Drang, sich zu entwickeln, sich zu entfernen, Dinge auf eigene Faust zu erkunden, aufregende Geheimnisse zu entdecken, zum Beispiel wie Finger und Zehen funktionieren (und Türen und Steckdosen), ist nicht weniger verlockend.

Natürlich gibt es Gefahren. Kinder können in Schwierigkeiten geraten. Sie richten Chaos an. Je abenteuerlustiger ein Kleinkind, um so größer die Chance von Aufregungen. Die gesunde Mutter setzt Grenzen, sie schafft Ordnung, ohne überzureagieren, und bringt uns bei, der Welt ohne übertriebene Angst gegenüberzutreten. Die kontrollierende Mutter dagegen fühlt sich nur sicher, wenn sie die Aufsicht führt, und hat folglich Probleme damit, das Streben ihres Kindes nach Unabhängigkeit zu unterstützen.

Carols Mutter verlangte, daß ihre Behauptungen als gegeben hingenommen wurden: »Kinder darf man sehen, aber nicht hören. Man bringt immer zu Ende, was man angefangen hat. Man springt nicht ins Bett. Man ißt seinen Teller leer.« Ihre Mutter verhielt sich zwanghaft in allem, was den Haushalt, ihre äußere Erscheinung, die Tischmanie-

ren, das Benehmen insgesamt betraf, und machte sich ständig Sorgen, was wohl die Nachbarn denken.

»Sie war derart damit beschäftigt, andauernd hinter mir her zu sein«, berichtet Carol, zweiunddreißig, »an mir herumzuverbessern und mich angeblich zu behüten und zu einem besseren Menschen zu machen, daß die Frau es tatsächlich geschafft hat, ihre emotionale Leere jahrelang zu ignorieren. Bis zum heutigen Tag redet diese Frau davon, wie glücklich sie als junge Mutter gewesen sei; sie habe etwas zu tun gehabt und sich ausgefüllt gefühlt. Was sie meint ist, daß sie Macht hatte. Sie hatte eine Aufgabe, auf die sie sich voll konzentrieren und daher ihre Dämonen in Schach halten konnte. Aber war sie eine gute Mutter? Sie war der Überzeugung, ein Kind müsse man alle drei Stunden füttern, zwischendurch dürfe man es keinesfalls hochnehmen.

Mit meinem Sohn hat sie das gemacht, als er noch ein Baby war. Ich ließ ihn bei ihr, und als ich ihn wieder abholte, freute sie sich diebisch: ›Er dachte, er kriegt mein Bestes, aber ich habe das Beste von ihm gekriegt!‹ Sie sprach von einem einjährigen Kind, das sie bei geschlossener Tür weinend in einem Bettchen in einem abgedunkelten Raum hatte liegen lassen, und ich bin mir sicher, daß sie es mit mir genauso gemacht hat. Ich kann mich an kein ›Ich liebe dich‹ von ihr erinnern. Körperlichen Kontakt vermied sie unter allen Umständen, deshalb waren mir Umarmungen fremd, ich hätte nie damit gerechnet. Eine gute Mutter? Also diese Frau hätte eigentlich gar keine Kinder haben dürfen – aber sie war eine verdammt gute Trainerin für das Aufs-Töpfchen-Gehen.«

Anfangs fügt sich die Tochter der kontrollierenden Mutter deren Wünschen. Sie bleibt brav sitzen und läßt sich die Haare bürsten, und sollte sie den Wunsch verspüren, sich dieser Situation zu entziehen und auf Entdeckungsreise zu gehen, unterdrückt sie ihn. Sie hält sich für glücklich, weil die

Mutter ihr so nahe ist. Sie versucht, sich nicht schmutzig zu machen, den Haushalt nicht durcheinanderzubringen, keinen Anlaß für ein finsteres Gesicht der Mutter zu liefern. Sie möchte ihre Liebe und riskiert nichts, wodurch sie diese verlieren könnte, darum kommt ihr gar nicht in den Sinn, etwas in Frage zu stellen oder zu rebellieren. Aber Achtung, wenn sie schlagartig begreift, was sich da abspielt, wenn sie sieht, wie es in anderen Familien zugeht, wenn die Kontrolle unerträglich wird, dann fällt nach all den Jahren der Unterdrückung die Rebellion – oder das Verlangen danach – besonders heftig aus.

Was steht der Tochter einer kontrollierenden Mutter bevor?

Die kontrollierende Mutter ist eine traurige, unglückliche, gestörte Frau. Aber Sie haben keine Möglichkeit, ihr zu helfen – es sei denn, Sie brächten Sie dazu, von sich aus eine Therapie zu machen –, nicht mit Diskussionen, Beschimpfungen oder Appellen an ihre Vernunft. Mit Vernunft kommt man hier nicht weiter. Die kontrollierende Mutter behauptet, Ihr Verhalten rege sie auf, aber ihre Reaktion hat absolut nichts mit Ihnen zu tun. Sie behauptet zu wissen, wie dies und das gemacht werden müsse, aber die ihren Anordnungen zugrundeliegenden Regeln lassen sich nicht entschlüsseln. Es bleibt immer vage: »So haben wir das früher schon gemacht« oder »Das werden die Nachbarn sagen«. Sie behauptet, daß sie zufrieden wäre, wenn Sie in diesem einen Punkt nachgeben, aber wenn sie nicht mehr an Ihrer Kleidung herumkritisiert, verlegt sie sich auf Ihr Gewicht oder auf Ihre Frisur, Ihren Mann oder Ihren Beruf. Wenn Sie sich von einem Freund, den sie ablehnt, weil er kein Akademiker ist, trennen und als nächstes einen Arzt mit nach Hause bringen, haßt sie diesen Mann, weil er eine Bedrohung für sie darstellt, denn er könnte Sie heiraten und Sie ihr wegnehmen.

Doch das schlimmste ist, daß sich eine kontrollierende Mutter im Laufe der Jahre als innere Stimme in Ihrem Kopf festsetzt. Stärker als das von einer gesunden Mutter zur Unabhängigkeit ermutigte Kind hängen Sie an ihrer Mutter und möchten den Kontakt zu ihr auf keinen Fall verlieren. Allein gelassen zu werden erscheint folgenschwer und beängstigend, wenn die Mutter stets dagewesen ist und einen auf Schritt und Tritt angeleitet und beschützt hat.

»Sie hat mich nie in die Küche gelassen«, erzählt Brenda, dreiundvierzig. »Das war ihr Reich. Ich dachte – und das über Jahre –, was für eine tolle Mutter. Sie erledigte die ganze Kocherei. Sie deckte den Tisch. Sie blieb bis zwei Uhr in der Nacht auf, wenn es etwas vorzubereiten galt, und wollte nicht, daß wir ihr helfen. ›He, ihr geht ins Bett!‹ sagte sie. Das Resultat war, daß ich so ein richtiger Tolpatsch wurde, das heißt, wenn ich zu helfen versuchte, endete das in einer Katastrophe. Ich verschüttete alles. Ich zerbrach Sachen. Ich bot an, die Spülmaschine einzuräumen, und sie sagte: ›Schon gut, laß sein. Wenn du es machst, muß ich hinterher bloß den Fußboden aufwischen.‹ Deshalb löst es nun natürlich immer Ängste in mir aus, wenn ich irgendwas in der Küche tun muß. Jahrelang begriff ich nicht, daß sie das nicht aus Liebe gesagt hatte, wie sie behauptete, und hielt sie für eine vorbildliche Mutter! Die Erkenntnis, daß an ihrem Verhalten mir gegenüber etwas negativ war, haute mich um. Aber Tatsache ist, daß sie mich ständig demütigte.«

Sie sind inzwischen eine erwachsene Frau, Sie führen Ihr eigenes Leben. In Wirklichkeit besitzt sie keinerlei Macht darüber, was Sie tun, wohin Sie gehen, wie Sie sich anziehen – und doch, Sie, Sie selbst, fragen sich jetzt, ob Ihr Rock nicht zu kurz ist. Sie selbst stellen Ihr Benehmen in Frage. Sie selbst finden sich zu dick. Sie selbst zweifeln an Ihren Fähigkeiten. Sie blicken in den Spiegel und sehen sich mit ihren

Augen oder so, wie Sie als Kind glaubten, von ihr gesehen zu werden. Sie sprechen, und Sie hören dabei ihre Stimme.

»*Meine Mutter kann meinen Freund nicht ausstehen*«, *sagt Danielle, Mitte Zwanzig. »Gary ist sehr spontan und geht gerne auf Tuchfühlung, und als er meine Mutter kennen-lernte, küßte er sie auf den Mund, und sie reagierte so, na eben – brr! Später stritten mein Vater und ich im Spaß, und ich sagte: ›Komm schon, Dad!‹, und Gary machte mit – es war das erste Mal, daß er überhaupt an unserem Küchen-tisch saß – und sagte: ›Klar, komm schon, Dad!‹ So ist er eben. Meine Mutter sagt: ›Oh, er ist so aggressiv.‹ Und es vergeht gerade mal eine Woche, da sage ich: ›Weißt du, Gar, warum bist du nicht ein bißchen zurückhaltender anderen Leuten gegenüber und weniger aggressiv?‹ Ich habe keine Ahnung, woher das kommt. Ich hatte ihn nie für aggressiv gehalten. Ich mochte eigentlich gerade seine Spontaneität.*

Ich sagte mir, spielt doch keine Rolle, was sie denkt, aber irgendwie erwähnte ich ihn beiläufig, als ich mit ihr redete. ›Gary kam wieder vorbei, magst du ihn immer noch nicht?‹ Sie sagte: ›Es ist dein Leben. Es ist dein Leben, aber diesen Mann wirst du nicht heiraten. Er ist nicht der Rich-tige für dich.‹ Sie sagt, ich solle meine eigenen Entscheidun-gen treffen, aber gleichzeitig will sie, daß ich dies in ihrem Sinne tue. Inzwischen ist er total verliebt und möchte mich heiraten, und ich sage: ›Weißt du, Gary, wir sind schließ-lich nicht verheiratet oder so was. Wir werden nicht ewig zusammensein. Warum gehst du nicht ein bißchen auf Abstand?‹ Da spricht sie aus mir.

Ich behaupte, daß es mich nicht stört, wenn sie ihn nicht mag. Ich bin ich. Ich muß unabhängig sein. Ich habe mir geschworen, nicht mehr mit ihr über ihn zu reden. Ich bringe meine Wäsche nach Hause, meine Mutter wäscht sie normalerweise. Gary übernachtet manchmal bei mir, daher war Unterwäsche von ihm in meiner Wäsche, und

*ich habe nicht daran gedacht. Meine Mutter brachte sie
gewaschen zurück, und ich dann: ›O mein Gott!‹ Ich bin
vierundzwanzig Jahre alt. Ich bin eine erwachsene Frau.
Aber ich weiß, als sie diese Unterwäsche zusammengelegt
hat, da hat sie mit Sicherheit die schlimmsten Grimassen
gezogen. Ich möchte meiner Mutter nichts erzählen, aber
irgendwie erfährt sie doch alles von mir.*

*Das ist die erste richtige Beziehung, die ich habe, und ich
möchte mein eigenes Leben führen, ohne daß sie mein
Denken kontrolliert. Ich bin von zu Hause weggegangen
und wollte damit zu verstehen geben: ›Du kannst mir mein
Leben nicht diktieren‹, aber nichts hat sich geändert. Früher fand ich Gary toll und dachte, ich liebe ihn, egal, was
andere dazu sagen. Jetzt will ich ihn nicht mehr heiraten,
und zur Hälfte liegt das an meiner Mutter. Ich habe plötzlich das Gefühl, er habe irgend etwas an sich, was mir nicht
gefällt.«*

Die Stimme der Mutter in Ihrem Kopf

Was ist da passiert? Die kontrollierende Mutter hat die Entscheidungsfähigkeit ihrer Tochter derart beeinflußt, daß
diese, selbst nach ihrem Auszug von zu Hause, nach wie vor
Angst hat, ihrer Mutter zu mißfallen. Sie möchte nicht, daß
ihre Mutter weiß, was los ist, trotzdem »vergißt« sie Unterwäsche ihres Freundes in ihrer Wäsche. Sie will eine erwachsene Frau sein, aber sollte eine Frau von vierundzwanzig Jahren ihre Wäsche nicht selbst erledigen? Sie klammert sich an
ihre Mutter und bleibt von ihr abhängig, indem sie sie in ihre
Psyche integriert. Und dabei verliert sie ihr Selbst.

Damit steckt sie in einer entsetzlichen Klemme. Als Tochter einer kontrollierenden Mutter müssen Sie sich auf einen
schweren Kampf gefaßt machen, wenn Sie sich von ihr
befreien wollen, denn Sie können dem, was in Ihrem eigenen
Kopf vorgeht, nicht trauen. Wenn Sie auf eine Situation, eine
Person, sogar auf Ihr eigenes Spiegelbild reagieren, wissen Sie
nicht, ob Sie damit Ihre eigenen Wünsche äußern – oder die

der Mutter. Sie sagen Dinge, die Sie gar nicht meinen. Sie wollen etwas Bestimmtes tun, verhalten sich aber völlig konträr. Sie haben das Gefühl, von Geistern kontrolliert zu werden. Und was am schlimmsten ist, die ganze Wut, die als Reaktion auf die Kontrolle Ihrer Mutter tief in Ihnen steckt und die Sie nie herausgelassen haben, ist nach wie vor vorhanden. Daß Sie diese Wut nie ausgelebt haben, läßt sie noch bedrohlicher werden – der gleiche Vorgang, der auch Ihrer Mutter widerfahren ist.

Als erwachsene Frau ist Ihr Verhalten komplexer und weniger leicht durchschaubar geworden. Es ist nicht mehr länger Ihre Mutter, die sagt, Sie sollten einen Mann, der Ihnen gefällt, nicht einfach im Büro anrufen, sonst werde er Sie für aufdringlich halten. Es ist nicht mehr Ihre Mutter, die sagt, Sie dürften keine Gehaltserhöhung verlangen, Ihr Chef werde Sie sonst nur als lästig und unangenehm betrachten. Nicht Ihre Mutter kritisiert und erniedrigt Sie, Sie selbst sind es – und die Wut auf Sie selbst äußert sich in einer Depression.

Depression

Mit einer Depression fertig werden zu müssen ist schmerzlicher und schwieriger als mit Wut, denn Wut kann man herauslassen – wenn auch vielleicht nur sporadisch. Seinen Zorn auszudrücken kann angenehm und regelrecht befreiend sein. Zorn richtet sich gegen jemanden. Eine Depression aber läßt das nicht zu. Sie unterminiert Ihr Selbstwertgefühl, sie läßt sich über kein Ventil ausleben, sondern gräbt sich tief und lähmend ein.

Felicia, neununddreißig Jahre alt, ging zur Therapie wegen einer, wie sie es nannte, »beruflich bedingten« Depression. Sie war Redakteurin für medizinische und naturwissenschaftliche Fachzeitschriften; ein Beruf, der nervenaufreibende Geduld und journalistisches Können verlangt. Ihre Arbeit bestand darin, von Fachleuten verfaßte Artikel umzuschreiben, Autoren zu becircen und davon zu über-

zeugen, daß manches geändert werden mußte, und pein-
lich genau darauf zu achten, daß sämtliche Daten und
Zahlen exakt wiedergegeben wurden. Diese spezielle
Branche ist klein und überschaubar, und jemand, der diese
Arbeit geschickt und gut erledigt, hat bald einen Namen
und ist gefragt.

Sie begann, freiberufliche Aufträge anzunehmen, die sie
nach einem langen Arbeitstag im Büro zu Hause erledigte.
Bald hatte sie so viele Aufträge nebenbei, daß sie eine Mit-
arbeiterin beschäftigen mußte. Kurz bevor sie mit der The-
rapie begann, hatte sie ihre Stellung gekündigt und ihr
eigenes Redaktionsbüro gegründet. Sie hatte sich ausge-
rechnet, als freie Unternehmerin ihr Einkommen vervier-
fachen zu können. Ferner gehörte ihr damit ein Geschäft,
das Wertzuwachs versprach. Ihr guter Ruf in der Branche
gab ihr die Sicherheit, daß das Büro laufen würde. Außer-
dem hatte sie auf diese Weise mehr Selbstbestimmung bei
der Arbeit und bekam endlich ein wenig Anerkennung für
ihre berufliche Leistung. Selbst bei einer so sicheren Sache,
gibt sie zu, grübelte sie jahrelang, ob sie den entscheiden-
den Schritt wagen sollte.

Doch zu ihrem Erstaunen konnte sie plötzlich nicht
mehr. Sie schaffte es nicht, sich an den Schreibtisch zu set-
zen. Sie konnte sich nicht konzentrieren. »Ich traute mich
nicht einmal, das Telefon abzunehmen und den Namen
der Firma zu sagen«, erklärt sie. »Nach außen sollte ich
meine Kompetenz vermitteln, dabei hatte ich entsetzliche
Angst davor, Fehler zu machen, die dann gedruckt wür-
den, wodurch alle wissen würden, daß ich eine Hochstap-
lerin bin. Woran lag das nur? Ich bin Expertin auf meinem
Gebiet, noch nie zuvor hatte ich derartige Selbstzweifel!«

Solche Reaktionen sind bei einer einschneidenden Veränderung der Lebensumstände nicht ungewöhnlich. Eine sichere,
vertraute Position aufzugeben und sich auf neues Terrain zu
wagen löst Ängste aus. Plötzlich sieht man sich zwangsläufig

mit einem möglichen Verlust konfrontiert – aber Felicia konnte nicht einmal sagen, was sie zu verlieren fürchtete. Und dennoch, nachdem sie den ersten Schritt gewagt hatte, brachte sie es nicht über sich weiterzumachen.

Nach der ersten Sitzung fiel es Felicia bereits leichter zu funktionieren; zumindest kam sie morgens aus dem Bett und setzte sich an den Schreibtisch. Sie empfand es als große Erleichterung, daß sie etwas unternommen hatte, und mit jemandem darüber reden zu können half ihr. Die erste Hürde war überwunden.

Oberflächlich betrachtet, ging nun alles besser. Trotzdem machte sich Felicia andauernd große Sorgen – sie war wie besessen – und sprach mit ihrer Therapeutin über nichts anderes als die neue Firma. Sie fühlte sich von der Menge an Arbeit, die sie angenommen hatte, überfordert und war überzeugt, sie könne die vereinbarten Termine nie einhalten. Sie hatte keine Geduld mit ihren neuen Mitarbeitern, gleichzeitig war sie als Chefin unsicher. Sie haßte die geschäftlichen Verhandlungen, die sie nun selbst führen mußte. Sie lebte in der Angst, daß die ersten Aufträge nur ein Strohfeuer seien und daß nach dem kurzen Hoch keine neuen Aufträge mehr kämen. In jeder Sitzung wiederholte Felicia gebetsmühlenartig ihre Sorgen wegen der Firma. Wieder und wieder kam sie auf die vor ihr liegenden Hürden zu sprechen und war nicht zugänglich für Beruhigungen seitens der Therapeutin. Sie war nicht imstande, ein anderes Thema anzuschneiden als ihr Büro – dessen bloßes Vorhandensein machte sie ganz krank. Sie wohne noch zu Hause bei ihrer Mutter, erzählte sie der Therapeutin einmal beiläufig, aber die Gründung der Firma habe es erforderlich gemacht, Büroräume anzumieten, und nun liege sie nächtelang wach, weil sie überzeugt sei, die monatliche Miete nicht aufbringen zu können.

Nun war das gefürchtete Wort – Mutter! – endlich gefallen.

Seelischer Schmerz ist oft so intensiv, daß wir ihn tief in uns begraben müssen. Das ist das Gefährlichste daran. Wir sind überzeugt, die Angst würde unerträglich werden, sobald wir uns mit ihrer Ursache konfrontieren – lieber schieben wir die Schuld auf etwas anderes. Wir beharren zwanghaft auf einer anderen Ursache, reden im Kreis und tun alles, um nur ja nicht an den Kern des Problems und unseren eigenen Beitrag zur Erhaltung des Problems rühren zu müssen.

»Erzählen Sie mir ein wenig über Ihre Mutter«, sagte die Therapeutin, und die Schleusen öffneten sich.

»Sie hat absolut nichts damit zu tun. Wenn Sie die Wahrheit wissen wollen, sie weiß nicht einmal, daß ich meine Stellung gekündigt habe. Können Sie sich das vorstellen? Ich habe diesen Riesenschritt gemacht und ihr nicht einmal ein Wort davon erzählt. Ich wußte, daß sie sich sonst Sorgen machen würde, daß sie dagegen wäre, daß sie versuchen würde, mich zu überreden, es nicht zu tun. Und was noch schlimmer gewesen wäre, wenn ich es ihr gesagt hätte, hätte sie hundertprozentig eine Möglichkeit gefunden, meinen Plan vorzeitig meinem Chef oder meinen Kollegen zu unterbreiten. Das hätte mich zur Kündigung gezwungen, wenn ich noch gar nicht dazu bereit gewesen wäre. Deshalb habe ich es für mich behalten. Aber deshalb weiß ich auch genau, daß sie zur Abwechslung mal keine dieser Ängste in mir ausgelöst hat.«

Ihre Körpersprache entlarvte die Lüge. Sprach sie über ihre Arbeit, wirkte sie deprimiert, schlapp, lethargisch. Sie schien niedergeschlagen, ihr Tonfall war fast jammernd, ihre Schultern wurden schlaff, sie vermied jeden Augenkontakt. Als das Gespräch auf ihre Mutter kam, setzte sie sich schlagartig aufrecht hin, ihr Gesicht wirkte angespannt, ihre Augen funkelten, ihre Worte kamen scharf. Da war plötzlich Leben, wo zuvor nur Teilnahmslosigkeit gewesen war. Die Therapeutin ermunterte sie, weiter über ihre Mutter zu sprechen.

»Ich glaube, sie hat den Verdacht, daß ich etwas im Schilde führe, denn ich habe meine Garderobe erneuern müssen. Schließlich komme ich jetzt wegen Aufträgen mit Kunden zusammen. Jeden Morgen streiten wir uns über das, was ich anziehe. Sie findet meine Röcke zu kurz. Sie will nicht, daß ich Hosen trage – stellen Sie sich das vor, in der heutigen Zeit! Ständig nörgelt sie an mir herum, ich würde zuviel Geld für Kleidung ausgeben. Um was es auch geht, wir gehen einander auf die Nerven und schreien uns an. In alles steckt sie ihre Nase.

Einmal hat sie in meiner Handtasche herumgeschnüffelt und einen Hotelschlüssel gefunden. Ich gebe ja zu, ich war mit einem verheirateten Mann in einem Hotel und habe vergessen, den Schlüssel abzugeben. Wenn Sie es genau wissen wollen, ich habe sonst kein Liebesleben. Sogar ich selbst finde es ekelhaft. Ich muß ihr nicht auch noch sagen, daß ich schlecht bin! Ich war wütend, weil sie in meiner Tasche herumgeschnüffelt hatte. Ich habe ihr auf keine ihrer Fragen eine Antwort gegeben. Ich sagte zu ihr, sie würde mich noch in den Wahnsinn treiben und ich hätte beschlossen, eine Therapie zu machen. An diesem Punkt sind wir beide in Tränen ausgebrochen.

In dieser Nacht weckte sie mich, weil sie heftiges Herz-klopfen hatte, und ich wußte, wenn sie stirbt, fühle ich mich dafür verantwortlich. Und was sollte ich ohne meine Mutter anfangen? Wissen Sie, da ist jemand, zu dem man gehen kann, wenn man jemanden braucht, ob einem das paßt oder nicht. Ich bin der Mittelpunkt ihres Lebens, aber trotzdem habe ich nicht das Gefühl, als würde sie richtig auf mich eingehen. Ich würde gerne mit ihr reden können, ohne daß mir dabei die Galle hochkommt, mehr eine Freundin sein, aber sie vermittelt mir das Gefühl, daß ich ihr Leben ruiniere.

Ich sagte ihr, ich hielte sie für verrückt und sie solle zu einem Psychiater gehen. Da sagte sie: ›Eine Irre im Haus reicht!‹ Wie soll ich denn da mit ihr zurechtkommen? Ich

*kann machen, was ich will, nichts funktioniert. Einmal
habe ich sie zum Einkaufen mitgenommen, weil ich dachte, wenn sie dabei ist, nörgelt sie vielleicht nicht mehr jeden
Morgen an meinen Kleidern herum. Ich kam mit Sachen
nach Hause, die sie anziehen würde, aber ich doch nicht. Es
gibt keinen Kompromiß. Entweder wird es so gemacht, wie
sie will, oder es ist falsch.«*

Trennung: Der nächste Schritt

Als Felicia vier Jahre alt war, bekam sie nie die Gelegenheit,
allein die Straße entlangzuspazieren und sich mit einem Blick
über die Schulter zu vergewissern, daß ihre Mutter sie zwar
beschützend im Auge hatte, aber gleichzeitig stolz auf ihre
unabhängige Tochter war. Dieses kleine Mädchen ging neben
der Mutter her, und ihre Hand umklammerte fest die der
Mutter, denn für die beiden war die Welt voller Gefahren.
Felicia hatte keine Ahnung, daß ihr diese Erfahrung sozusagen untergejubelt wurde, daß sie damit fortan in einem
unaufhörlichen Kreislauf eingesperrt war. Wie könnte eine
Vierjährige auch auf so einen Gedanken kommen? Sie
brauchte ihre Mutter, ihre Mutter brauchte sie; das war alles,
was sie wußte, und das vermittelte ihr Trost und Sicherheit.
All die winzig kleinen Schritte, die uns behutsam und nach
und nach zur Trennung von der Mutter führen, die uns bei
der Entwicklung unserer eigenen Identität helfen, die uns
den Mut zur selbständigen Entdeckung der Welt verleihen,
blieben ihr versagt; anstatt ihre Mutter zu kritisieren, unterdrückte sie sämtliche eigenen Wünsche, denn diese zu äußern
hätte Konflikte heraufbeschwören können.

Felicias Lebensmittelpunkt kreiste um das Bemühen, diesen besonderen Zusammenhalt aufrechtzuerhalten – denn
die Aufrechterhaltung der Beziehung in dieser Form kam ihr
durchaus in mancher Hinsicht zugute, auch wenn sie sich
dessen nicht einmal bewußt war. Sie kaufte sich zum Beispiel

nicht nur Kleider, die dem Stil ihrer Mutter entsprachen, sondern hatte darüber hinaus ihr Sexualleben auf das Bild ausgerichtet, das ihre Mutter ihrer Meinung nach von ihr hatte.

Als die Beziehung zur Mutter starr wurde, als das Ersticken des inneren Drucks immer mehr Kraft kostete, wurden die theatralischen Auseinandersetzungen, von denen Felicia erzählt, zu einer Grundlage der Bindung. Das Schreien, das Weinen, das Nörgeln und Drohen sorgten dafür, daß Mutter und Tochter sozusagen weiterhin Hand in Hand auf der Straße gingen. Das Verhaltensmuster diente anfänglich zwar dazu, das innere Chaos der Mutter unter Kontrolle zu halten, doch inzwischen wird dieses Gefühl von Chaos auch von Felicia geteilt.

Es wird Monate, wenn nicht Jahre dauern, bis Felicia imstande ist, die Verbindung zwischen ihren zwanghaften, auf die Arbeit bezogenen Ängsten und der Beziehung zu ihrer Mutter zu begreifen. Ist dieser Zeitpunkt erreicht, kann sie vermutlich erste zaghafte Schritte in Richtung Unabhängigkeit machen. Generell muß eine Tochter erst erkennen, daß die Probleme mit ihrer Mutter jeden Winkel ihres Lebens durchdrungen haben, ehe sie sich mit ganzem Herzen daranmachen kann, Veränderungen vorzunehmen.

Der erste Schritt zur Lösung der Probleme mit Ihrer Mutter besteht also darin, daß Sie die Beziehung objektiv sehen müssen, der zweite Schritt verlangt, daß Sie prüfen, wie die Vergangenheit die Gegenwart durchdringt. Sobald man sich den erschreckenden Gefühlen aus der Vergangenheit stellt, kann man mit ihnen fertig werden. Bleiben diese Gefühle dagegen verschüttet, vergiften sie jede echte Zuneigung, die Sie für Ihre Mutter empfinden, und machen auch Ihr weiteres Leben kaputt.

Strategien zur Veränderung

- Lernen Sie, genau hinzusehen. Das größte Hindernis beim »Sehen« ist Ihre Angst vor Veränderung, denn diese ist so groß, daß Sie gar nicht sehen wollen. Sie reden sich erfolgreich ein, mit Ihrer Mutter sei alles bestens, nur Ihr Liebesleben geht in die Brüche. Sie können im Beruf keine volle Leistung bringen, werden von irrationalen Ängsten gequält, bekommen einen Wutanfall wegen eines harmlosen Mißgeschicks Ihrer Tochter, explodieren, weil eine Bankangestellte etwas sagt, was Sie an ein Problem aus der Vergangenheit erinnert, machen sich unablässig Sorgen, sagen Dinge, die Sie gar nicht so meinen, oder verlieren den Sinn des Lebens aus den Augen. Doch allem zum Trotz demonstrieren Sie übertriebenes Selbstbewußtsein. Sie fürchten, andere könnten versuchen, Sie ebenso zu kontrollieren wie Ihre Mutter, deshalb isolieren Sie sich.
- Beenden Sie die zwanghafte Beschäftigung mit den Symptomen. Falls Sie übergewichtig sind, Probleme mit Männern haben, beruflich nicht weiterkommen, zu Depressionen oder einer gewissen Ziellosigkeit neigen, schieben Sie das für einen Moment beiseite. Wenn hinter all diesen Schwierigkeiten hauptsächlich die Beziehung zu Ihrer Mutter steckt, sind die an der Oberfläche sichtbar gewordenen Probleme nur eine Projektion. Hören Sie deshalb auf, sich auf die momentanen Krisen zu konzentrieren, liegen Sie nicht nächtelang wach und hadern dabei mit sich selbst über das, was Sie falsch machen. Bleiben Sie ruhig. Versuchen Sie, Ihre gegenwärtigen Ängste unter Kontrolle zu halten, und gestehen Sie sich ein, daß es notwendig sein könnte, tiefer zu graben, um die tatsächlichen Ursachen und Lösungen aufzudecken.
- Konzentrieren Sie sich auf die Gegenwart. Sie müssen verstehen, was in der Vergangenheit passiert ist, aber Sie dürfen nicht erwarten, etwas daran ändern zu können. Kramen Sie keine alten Erinnerungen hervor, um in Selbst-

mitleid aufzugehen. Wenn Sie mit Ihrer Mutter telefonieren, schreien Sie sie nicht an wegen Dingen, die vor zwanzig Jahren vorgefallen sind. Sie hätte nicht die leiseste Ahnung, wovon Sie überhaupt reden. Wenn Sie sich dabei ertappen, daß Sie bei Auseinandersetzungen mit Ihrer Mutter Redewendungen benutzen wie »Du hast immer ...«, dann lassen Sie das. Sie verfallen nur in alte Zeiten zurück. Je länger Sie sich auf die Vergangenheit konzentrieren und damit hadern, was Ihre Mutter nicht getan hat und was Sie nicht bekommen haben, um so weniger klar sehen Sie die Gegenwart und um so weniger können Sie Änderungen in Angriff nehmen.

- Hören Sie auf, automatisch zu reagieren. Wenn Sie während eines Telefonats mit ihr ausflippen, selbst wenn alles in Ordnung ist, dann überlegen Sie, was passiert ist. Versuchen Sie, sich ein Bild von den in der Beziehung vorherrschenden Verhaltensmustern zu machen. Überprüfen Sie ebenso routinemäßig ablaufende Reaktionen am Arbeitsplatz, die nichts mit Ihren tatsächlichen Empfindungen zu tun haben. Wenn Sie ihr zuliebe etwas tun, was Ihnen selbst im Grunde widerstrebt, und wenn Sie sich hinterher gedemütigt fühlen und voller Frust den Kühlschrank plündern – und wenn das gängige Praxis ist –, dann versuchen Sie, gleich danach Klarheit zu bekommen. Was hat sie gesagt? Wie haben Sie reagiert? Warum haben Sie das getan? Diese alltäglichen Situationen liefern oft die besten Hinweise darauf, nach welchen Verhaltensmustern die Beziehung zu Ihrer Mutter abläuft.

- Machen Sie sich ein besseres Bild von Ihrer Mutter. Fragen Sie sie nach ihrem Leben. Veranlassen Sie sie dazu, von früher zu erzählen. Graben Sie in der Familiengeschichte. Sehen Sie sich aufmerksam Fotos an. Fragen Sie Verwandte, wie sie sich an sie erinnern, als sie noch ein Mädchen war. Versuchen Sie zu verstehen, wer sie, unabhängig von Ihnen, war – wer sie ist. Es könnte sich außerdem lohnen, ihr zuzuhören, als sei sie eine Freundin, jemand, mit dem

Sie nicht in eine schwierige Beziehung verwickelt sind. Fragen Sie sich selbst: »Wer ist diese Frau?« Ergründen Sie die ihrem Verhalten zugrundeliegenden möglichen Motive. Dadurch wird es nicht leichter, ihr zu verzeihen, denn diese Motive sind keine Rechtfertigung, aber sie können dazu beitragen, daß Sie Ihre Mutter besser verstehen.

- Versuchen Sie, die guten wie die schlechten Seiten zu sehen. Manches, was sie Ihnen beizubringen versuchte, war von Wert, manche ihrer Regeln waren sinnvoll, manche der Gewohnheiten, die Sie verinnerlicht haben, haben sich als durchaus vorteilhaft erwiesen. Ging sie nicht wirklich auf Sie ein, dann vielleicht auf eine Schwester oder einen Bruder. Vielleicht hat sie in ihrem Beruf viel geleistet, vielleicht hat sie sich bewundernswert gegen einen Polizisten durchgesetzt, der ihr einen Strafzettel verpassen wollte. Wenn sie keine phantastische Hausfrau war, dann können Sie sie vielleicht ihrer intellektuellen Fähigkeiten wegen bewundern. Vielleicht war das nicht gerade das, was Sie als Kind gebraucht hätten, aber jetzt, als erwachsene Frau, können Sie möglicherweise andere Seiten von ihr schätzen. Sie stellen sogar fest, daß Sie selbst über ein paar dieser Talente verfügen und sind ein bißchen stolz auf sich.

- Beneiden Sie Ihre Freundinnen nicht länger um deren großartige Beziehung zu ihren Müttern. Es hilft nicht weiter, davon zu träumen, daß Sie keinerlei Probleme hätten, wenn Ihre Professorin an der Universität Ihre Mutter gewesen wäre. Die Beziehung wird nicht besser, wenn Sie unerreichbaren Idealen nachhängen. Vielleicht werden Sie beide nie die enge, liebevolle Beziehung zueinander haben, die Sie sich wünschen; das bedeutet aber nicht, daß Sie sie für immer aus Ihrem Leben verbannen müssen. Sie müssen sich damit abfinden, aus der Beziehung das Bestmögliche zu machen. Das erfüllt wohl nie Ihre Wunschvorstellungen, aber Sie fahren besser damit, auf ein erreichbares Ziel hinzuarbeiten, als permanent enttäuscht zu sein.

KAPITEL DREI

Die geschwätzig-renommierende Mutter

Das etwa zehnjährige Mädchen entwickelt ein Selbst

Dinah, Anfang Zwanzig, arbeitete für ein großes Auktions-haus und wurde mit der Aufgabe betraut, streng geheime Verhandlungen zu führen, als sich Barbra Streisand über-legte, ihre Kunstwerke und Antiquitäten versteigern zu las-sen. Für Dinah, die die Gespräche mit Streisands Bevoll-mächtigten hatte führen dürfen und in dieser Angelegenheit nun nach Kalifornien fliegen sollte, war das ein großer Sprung auf der Karriereleiter. In ihrer Aufregung erzählte sie es ihrer Mutter, bat sie aber eindringlich um Verschwiegen-heit, denn sollte die Sache zu früh publik werden, könne die Firma den Auftrag verlieren.

Nach ihrer Rückkehr ins Büro wurde Dinah mit Telefon-anrufen von Cousinen, Freundinnen ihrer Mutter und Nachbarn förmlich überläuft, die alle wissen wollten, wie Barbra denn in Wirklichkeit sei! Ihre Mutter begriff nicht, warum Dinah wütend war. »Ich habe es nur erzählt, weil ich stolz auf dich bin! Was ist daran denn falsch?«

»Nicht nur, daß sie den Auftrag und meinen Job gefähr-det hat«, sagt Dinah, »es ist auch so erniedrigend, verste-hen Sie? Damit nimmt sie mir den Erfolg. Nichts ist privat. Nichts macht Spaß, einfach nur so – alles wird ihren Damen bei ihren Kaffeekränzchen zum Fraß vorgewor-fen. Sie nutzt das als eine Möglichkeit, auch ein wenig Glanz abzubekommen, es geht nicht darum, daß ich glän-ze. Meistens übertreibt sie bei ihren dämlichen Geschich-

ten, alles hört sich dann viel toller an, als es in Wirklichkeit ist! Schließlich habe ich Barbra überhaupt nicht zu Gesicht bekommen. Letztendlich fühle ich mich also weniger – und nicht mehr – wert und muß mich obendrein wegen ihrer Lügen auch noch entschuldigen.«

Eigenschaften der geschwätzig-renommierenden Mutter

Eine Mutter, die eine Klatschbase ist, trägt Ihre sämtlichen Erfolge nach außen, als wären es ihre eigenen, und stiehlt Ihnen mit diesem Verhalten jede Anerkennung.

Bei diesem Typ von Mutter besteht noch eine weitere Gefahr, wie die siebenundzwanzigjährige Kathy schildert:

»Ich hatte meine Stellung verloren, und mein Leben war in jeder Hinsicht durcheinandergeraten. Meine Mutter fuhr nach Hawaii, und als sie zurückkam, sagte sie zu mir: ›Ich habe nicht angerufen, während ich weg war, weil ich mir nicht den Urlaub vermiesen wollte. Ich konnte in meinem Hotel nicht mal zum Abendessen hinuntergehen, weil du mir nichts gelassen hast, worüber ich hätte reden können!‹«

Die Botschaft ist klar. Alles hängt davon ab, was andere Leute denken. Keine Leistung, keine Anstrengung, kein Wunsch wird von der geschwätzig-renommierenden Mutter einfach aufgrund des Vorhandenseins geschätzt; nichts ist privat, nichts ist sicher. Jeder Moment Ihres Lebens wird auf der Veranda ausgebreitet, damit die Nachbarn alles mitbekommen können; nur wenn von deren Seite Anerkennung geäußert wird, bekommen Sie auch Lob von Ihrer Mutter.

»Meine Mutter ist eine sehr gesellige Frau, und ich kriege überall zu hören: ›O ja, natürlich, Sie sind Gail Burneys Tochter!‹«, erzählt Cheryl, vierundzwanzig. »Ich bin als ›Gail Burneys Tochter‹ aufgewachsen, und alle Welt erfährt, was ich mache. Bei der Hochzeit meines Bruders sagten alle zu mir: ›Also wir haben gehört, was du treibst. Du bist sehr glücklich, du bist an der Universität. Du machst deine Sache gut.‹ Ich brauchte kein Wort zu sagen, alle wußten bereits Bescheid. Ich war wie ausgelöscht.

Am Telefon höre ich, wie meine Mutter sagt: ›Nein, zur Zeit ist sie Single.‹ Wen geht das etwas an? Vor kurzem habe ich mich mit jemandem verabredet, den ich gar nicht kannte. Dieser Jemand rief mich an, und ich hatte keine Ahnung, wie er auf mich gekommen war und woher er meinen Namen hatte, aber ich wußte, bestimmt führt die eine oder andere Spur über mehrere Ecken zu meiner Mutter – die meine Nummer jemandem gab, der sie wiederum dem Freund des eigenen Sohnes gab. Woher nimmt sie sich das Recht, so etwas zu machen?

Ein andermal hatte ich eine Verabredung mit einem jungen Mann aus meiner Heimatstadt, und sie geriet außer sich, weil ich ihr seinen Namen nicht sagen wollte. Meine Mutter läßt sich sehr vom familiären Hintergrund beeindrucken. Ihre erste Frage, wenn ich einen neuen Typen kennenlerne, lautet unweigerlich: ›Und was macht sein Vater?‹ Und ich wußte, bei diesem Jungen würde sie eine regelrechte Familienüberprüfung vornehmen. Nicht nur, was sein Vater macht, sondern auch, in welchen Clubs seine Eltern Mitglied sind, welches Golf-Handicap er hat ... Sie käme dahinter, wer seine letzte Freundin gewesen war. Und alle anderen würden es natürlich ebenfalls erfahren!

Jedes Jahr gehen wir an den hohen jüdischen Feiertagen in die Synagoge, und jedes Jahr sage ich mir: ›Das hältst du nicht aus.‹ Es ist eine reine Modenschau, und ich gehe nur hin, weil meine Eltern allen zeigen möchten, daß wir eine Familie sind. Jedes Jahr staffiert sie mich zu diesem Anlaß *mit neuen Klamotten aus, und gleich im Anschluß an den Gottesdienst müssen wir uns eine halbe Stunde draußen aufbauen und allen ein Begrüßungsküßchen geben. Würde ich mich weigern, da mitzumachen, würde sie nie wieder mit mir reden.*

Ich wollte nie als die Tochter in aller Munde sein, deren Beziehung zu ihrer Mutter unwiderruflich kaputt ist. Ich kenne einige Leute, die sich mit ihren Eltern überworfen haben, und sie tragen alle eine Art Stigma. Ich will nicht, daß ihre Freundinnen und unsere Verwandten so von mir denken. Mir hat dieses Bild nie gefallen.«

Diese Frau erlebt einen solchen Konflikt hinsichtlich der Trennung von ihrer Mutter, daß sie dazu nicht imstande ist, ohne sich den Kopf darüber zu zerbrechen, was wohl andere davon halten würden!

Was liegt dem Verhalten der Mutter zugrunde?

Eine gute Mutter bewertet Ihre Träume nicht weniger hoch als das tatsächlich von Ihnen Erreichte. Sie schätzt *Sie*, nicht das, was Sie zustande bringen, und damit lehrt sie Sie, sich selbst zu schätzen. Die geschwätzig-renommierende Mutter dagegen benutzt Ihre Erfolge, um ihr eigenes Bedürfnis nach Aufmerksamkeit zu befriedigen, um selbst Beifall zu ernten, um eine Identität zu erlangen. »Sie sieht mich gar nicht!« lautet die ständige Klage der Tochter einer geschwätzig-renommierenden Mutter.

»Selbst wenn ich etwas ganz Tolles zustande bringe, ist der springende Punkt nicht, daß ich so gut bin, sondern daß sie eine so phantastische Mutter ist!« Schmerzlich an diesem bei einer geschwätzig-renommierenden Mutter bestehenden Mechanismus ist unter anderem, daß sie das, was Sie geleistet haben, niemals anhand Ihrer Maßstäbe bewertet. Was *Ihnen* Freude macht, spielt keine Rolle; entscheidend ist lediglich, wie die Leute aus ihrem Umfeld darauf reagieren, nur deren Maßstäbe zählen.

> *»Auf der High-School war ich anständig und ordentlich angezogen«, sagt Gillian, einundzwanzig. »Röcke, Pullover, schicke Hosen. Nachdem ich aufs College ging, trug ich Flanellhemden, Jeans, derbe Stiefel. Meine Mutter fragte dauernd: ›Wann siehst du endlich wieder wie ein Mädchen aus?‹ Irgendwann drehte sie fast durch, weil sie fest davon überzeugt war, daß einer meiner Freunde vom College schwul sei. Bei irgendeinem Telefonat mit ihr kam das Gespräch auf eine meiner Freundinnen, die lesbisch ist. Meine Mutter sagte etwas Herabsetzendes, und ich rief: ›Ma!‹ Sofort fragte sie: ›Gillian, bist du lesbisch?‹ Ich sagte nein, aber sie konnte es nicht nicht auf sich beruhen lassen.*
> *Am Besuchstag kam sie in unser Verbindungshaus. Man hatte mich zur ›Phi Lam Fairy‹ gewählt. Alle hatten einen Spitznamen, und meiner bedeutete eben, ich sei die netteste Schwester. Ich hatte bei meinem Eintritt in die Verbindung niemanden vor den Kopf gestoßen. Alle mochten mich gern. Ich war so stolz und aufgeregt, weil mein Name da oben auf dem Brett stand. Ich zeigte es ihr und merkte sofort, daß etwas nicht stimmte. Sie sah sich vorsichtig um und flüsterte mir zu: ›Was bedeutet Phi Lam Fairy genau?‹ Das hat mir den ganzen Tag verdorben; es hat mir den Spaß an meinem Spitznamen verdorben, über den ich mich vorher so gefreut hatte.«*

Für die geschwätzig-renommierende Mutter beruht Ihr Wert darin, wie sehr Sie sie durch Ihren Erfolg erhöhen – und auf dem Beifall anderer Leute –, und das schmälert jede Ihrer Leistungen. Nur wenn Sie dafür sorgen, daß Ihre Mutter eine Belohnung erhält, werden auch Sie belohnt. Sie lernen, sich an diesem Maßstab zu messen, und leider basieren auch Ihre späteren Beziehungen zu Freunden, Lehrern, Liebhabern, Ehemännern und Kindern auf dieser Grundlage.

Die gesunde Mutter und das etwa zehnjährige Mädchen

Durch die frühe Interaktion mit den Eltern, besonders mit der Mutter, lernt ein Mädchen sich selbst kennen. Die gesunde Mutter gibt den Hoffnungen und Gefühlen des Mädchens die notwendige Bestätigung. Sie hört zu und hilft der Tochter, das Erlebte einzuordnen, und verleiht ihrem Verhalten eine Art Rechtmäßigkeit. Sogar bestehende Unterschiede zwischen den beiden werden respektiert.

Das Mädchen wächst zu einer Frau heran, die ihre inneren Regungen richtig einzuschätzen weiß, die weiß, was sie will, die auf ihre innere Stimme hört, die sich zu anderen abgrenzt. Sie kann ihre Meinung vertreten, auch wenn diese sich von der anderer unterscheidet. Sieht sie sich mit Konflikten konfrontiert, läßt sie sich nicht davon lähmen. Diese beneidenswerte Frau hat in ihrem Innersten Gefühle, Einstellungen und Überzeugungen, auf die sie sich verlassen kann. Sie braucht nicht bei anderen nach Bestätigung für ihre Neigungen, Abneigungen oder ihre Entscheidungen zu suchen. Sie ist nicht von der Meinung anderer abhängig, um bestimmen zu können, wer sie selbst ist.

Während der Entwicklungsjahre muß ein Mädchen ständig Entscheidungen fällen, denn es sollte herausfinden, was es mag und was es nicht mag, wer es ist und wer es nicht ist. Auf diese Weise entwickelt die junge Frau ein inneres Selbst. Als Kleinkind handelt sie mechanisch und nachahmend, doch im Alter von etwa sieben Jahren beschäftigt sie sich in der Schule mit Tätigkeiten, die neue Herausforderungen darstellen. Auch ihre Neugier hinsichtlich Sexualität wird nun größer. Sie kommt verstärkt mit Gleichaltrigen, mit Cliquen, mit »besten« Freundinnen, mit Gruppenspielen, bei denen großer Wert auf Regeln gelegt wird, in Kontakt.

Sie schwärmt für Lehrer und für andere Frauen als die Mutter. Diese Personen werden zu Rollenvorbildern, denen sie nacheifern möchte. Dieser wichtige Entwicklungsschritt hilft ihr dabei, die Mutter objektiver zu betrachten, sie mit anderen Frauen zu vergleichen und somit eigene Alternativen zu erkennen. Ihre Entwicklung wird durch außenstehende Frauen gefördert, die die Ziele erreicht haben, die sie selbst anstrebt. Sie nimmt sich deren Einstellung zum Vorbild und lernt neue Lösungsansätze für Probleme kennen. Hinzu kommt, daß sie andere Frauen auf eine Art und Weise anerkennen kann, wie ihr das bei der eigenen Mutter nie möglich ist.

»Meine Tante Peggy wohnte bei uns im Haus«, berichtet Gwen, fünfundvierzig. »Sie war die Schwester meiner Mutter, aber die beiden hätten nicht verschiedener sein können. Peggy war charmant, fröhlich und urteilte nie. In ihrer Wohnung herrschte das totale Chaos. Nie im Leben hat sie zum Beispiel einen Löffel weggeräumt. Das Brot konnte man auf dem Bett liegenlassen, es hat sie nicht gekümmert; sie hätte sowieso nicht gewußt, wo es hingehört. Die Wohnung meiner Mutter war makellos, alles voller dekorativer Möbel, alles zur Schau. Sie war dermaßen mit der Aufrechterhaltung der Fassade beschäftigt, daß meine Tante Peggy einspringen mußte, als wir für meine Pfadfindergruppe eine Zugleiterin suchten, denn meine Mutter hatte keine Zeit dafür.

Ich ging gerne den Flur hinunter und verschwand in Peggys gemütlichem Heim, wo sie andauernd mit irgendwas herumpusselte oder sich mit ihren Pflanzen beschäftigte. Sie redete nicht viel, höchstens zwei Sätze – trotzdem hatte man immer das Gefühl, man würde sich mit ihr unterhalten. Meine Mutter redete wie ein Wasserfall – hing dauernd am Telefon oder plapperte auf mich ein –, aber ich kam nie dazu zu antworten. Mit Peggy redete ich über die Schule und jammerte über den Physikunterricht. Und sie hörte zu! Meine Mutter hörte nie zu.

Aus heutiger Sicht finde ich es seltsam, daß sich Peggys Kinder darüber beklagen, sie habe nie gekocht und sich nie

70

*darum gekümmert, was sie angezogen haben. Es hat ihnen
nicht gepaßt, daß immer alles so schlampig war. In ihrer
Erinnerung hat ihre Mutter sie vernachlässigt. Es ist schon
komisch, aber sobald man eine Frau unabhängig von ihrer
Macht als Mutter betrachtet, kann man sich an ihren guten
Seiten freuen und über ihre schlechten hinwegsehen. Das
ist das Schöne, wenn man eine Tante wie Peggy hat.«*

Bevor das Mädchen das Teenageralter erreicht, entwickelt es
bereits eine weibliche Geschlechterrolle und ein entspre-
chendes Körperbewußtsein. Es macht ihm Spaß, sich zu zeigen – zu laufen, zu tanzen, Purzelbäume zu schlagen – , damit
es für seinen Körper gelobt wird. Nach und nach bildet es
sich seine Meinung von der Welt. Das ist ein ganz individueller Prozeß, in den man sich nicht einmischen sollte. Er kann
nicht gelingen, wenn ständig eine Mutter darüber wacht.
Wesentlich für die Entwicklung einer umfassenden Zufriedenheit ist die Fähigkeit einer Mutter, Zeiten zu gewähren,
zu denen ein Kind einfach »sein« darf.

Schließlich beginnt sich eine innere Stimme einzustellen.
Das Mädchen lernt, sich stärker auf diese Stimme als auf die
Meinung anderer zu verlassen; zunehmend wird es immer
vertrauter mit ihr, und wenn es allein ist, erforscht es sie
näher. Es kommt mit seinen Gefühlen in Berührung und
nimmt sie wahr. Eine gesunde Selbstachtung entsteht durch
das Gefühl der eigenen Effektivität, durch die Fähigkeit,
selbst etwas in Bewegung setzen zu können, nicht nur aufgrund von Lob seitens der Mutter.

Als erwachsene Frau besitzt das Mädchen eines Tages die
innere Gewißheit, nicht nur Ehefrau, Mutter oder Freundin
zu sein. Sie ist nicht nur Tänzerin, Rechtsanwältin oder
Redakteurin. Das sind Rollen, ohne die sie in der Gesellschaft nicht auskommen kann, die sich aber, und das weiß sie,
auch jederzeit ändern können. Ebenso wie Ziele. Ebenso wie
Beziehungen. Und wenn das passiert, hilft ihr nur das innere
Selbst darüber hinweg. Die gesunde Frau hatte diese ersten

Jahre, um sich mit ihrer persönlichen, unabhängigen Existenz, losgelöst von allem und allen, vertraut zu machen.

Die geschwätzig-renommierende Mutter und das etwa zehnjährige Mädchen

»Ich war das erste Kind und die erste Enkelin«, erzählt Samantha, einunddreißig, »und ich weiß noch genau, daß ich immer im Mittelpunkt der Aufmerksamkeit gestanden habe, aber ich erinnere mich auch an die negativen Seiten. Meine Mutter wollte, daß ich ›die Hübscheste und die Beste‹ bin, und da ich keine andere Meinung haben durfte als sie, machte ich das ganze Programm brav mit. Ich lernte früh lesen und übersprang mehrere Klassen. Waren Gäste da, wurde ich an den Tisch gerufen und mußte Gedichte aufsagen.

Einmal weigerte ich mich, und meine Mutter nannte mich einen kleinen Dummkopf und schickte mich aus dem Zimmer, das war vernichtend! Erst neulich fiel mir wieder ein, daß sie mich zur Strafe zu zwicken pflegte – zum Beispiel, wenn ich beim Gedichteaufsagen einen Fehler gemacht hatte. Es tat wirklich weh, aber ich habe mich nie beklagt. Ich habe mich nur noch eifriger bemüht.

Ich war absolut leistungsorientiert und eine Streberin. Ich ging auf ein gutes College, wo ich mich unsicher fühlte, aber meine Mutter war sehr davon angetan, und meine Großeltern waren beeindruckt, deshalb redete ich mir ein, ich sei glücklich dort. Ich habe schon sehr früh gelernt, meine eigenen Gefühle zu ignorieren.

Mit ungefähr zehn Jahren bekam ich Eßprobleme und schwänzte die Schule. Aber wenn meine Mutter und meine Tante von mir reden, dann bin ich – bis zum heutigen Tag – immer ein sehr fröhliches Kind gewesen! Dabei habe ich mich während der Pubertät häßlich und unattraktiv gefühlt. Ich hatte nicht einen einzigen richtigen Freund, ich kannte nur Jungs, die eben ›Freunde‹ waren – ein Schicksal schlimmer als der Tod. Trotzdem habe ich nie auch nur andeutungsweise darüber gesprochen, daß ich unglücklich sein könnte, denn ich war vollauf damit beschäftigt, es anderen recht zu machen und mich dafür anzustrengen.

Ich möchte immer noch, daß die Leute mich für attraktiv und nett halten, deshalb kann ich keine Entscheidung treffen, mit der jemand eventuell nicht einverstanden sein könnte. Zum Beispiel, welchen Film will ich mir ansehen? Ich denke nicht einmal darüber nach, was ich wirklich möchte, mich interessiert nur, was dieser oder jener von mir erwartet.

Komisch ist, daß mich als Kind alle beneidet haben. Alle erzählten mir, was für wunderbare Eltern ich hätte, niemand hat mir zugehört! Die Qual und die Frustration haben schon vor langer Zeit begonnen, aber erst jetzt ist mir das bewußt geworden. Bis jetzt habe ich wie eine Betrügerin gelebt. Meine Mutter ging gerne mit mir Kleider kaufen, weil sie mich für besondere Anlässe herausputzen wollte. ›Meine kleine Puppe!‹ pflegte sie mich zu nennen, und mir hat das immer gefallen. Aber eine Puppe lebt nicht! Eine Puppe kann man weglegen, wenn man keine Lust mehr hat, mit ihr zu spielen. Ja, ich bin ihre kleine Puppe, aber eine Puppe besteht aus Plastik.«

Einer kleinen Puppe fehlt das Selbst: dieser innerste Kern, der sich aus Ihren Gefühlen, Ihren Wünschen, Ihrer Entwicklung, Ihren Bedürfnissen, Ihren Erinnerungen zusammensetzt. Das Selbst, das sind wirklich Sie, unabhängig von Ihren Rollen, Ihrem beruflichen Erfolg, Ihren Leistungen, sogar unabhängig von Ihren Beziehungen. Ihr Weltbild sollte exakt widerspiegeln, was Sie erlebt haben, was Sie dabei empfunden und dabei gedacht haben. Die Religionen bezeichnen das als die Seele. Psychoanalytiker nennen es das Selbst. Ohne Selbstgefühl können wir uns nicht entwickeln, können wir keine Beziehungen aufbauen, können wir nicht wachsen.

»Authentisches« Selbst versus
»unechtes« Selbst

Wenn Sie dazu erzogen werden, einer geschwätzig-renommierenden Mutter Freude zu bereiten, die nur danach strebt, die Außenwelt zu beeindrucken, dann lernen Sie rasch, bestimmte Seiten Ihrer Persönlichkeit zu unterdrücken. Sie errichten eine Fassade, die in keinster Weise im Einklang mit Ihren eigenen Gefühlen steht. Es fällt Ihnen schwer, eine erbrachte Leistung zu würdigen, sofern diese nicht der Definition Ihrer Mutter von Erfolg entspricht – selbst wenn diese Leistung von allen anderen anerkannt wird!

Lydia, achtundzwanzig Jahre alt, steht kurz vor ihrem Examen in Philosophie, trotzdem sagt sie: »Meiner Mutter ist alles, was mit dem Studium zusammenhängt, völlig egal. Ihr einziger Wunsch ist, daß ich heirate. Es ist ihr sogar egal, ob ich den Typen liebe. Auf Liebe und Glück komme es nicht an, sagt sie. Es ist ihr egal, wie es in meinem Innern aussieht. Alles, worauf es ankommt, ist, daß ich einen Arzt oder einen Anwalt heirate, damit sie sagen kann, ich sei gut verheiratet.«

Lydia ist sich im klaren darüber, daß die Werte ihrer Mutter mehr als fragwürdig sind, aber sosehr sie von anderen hinsichtlich der Richtung, die sie eingeschlagen hat, unterstützt wird, sie fühlt sich trotzdem unzulänglich.

Therapeuten unterscheiden zwischen dem authentischen Selbst und dem unechten Selbst. So kann sich zum Beispiel die Tochter der geschwätzig-renommierenden Mutter nicht auf ihre Gefühle verlassen. Ferner hat sie kein Gespür für ihre tatsächlichen Bedürfnisse, ignoriert ihre eigenen Ansichten und folgt nicht ihren inneren Impulsen, denn sie hat ein Selbst entwickelt, das hauptsächlich auf einer anderen Person basiert. Sie tut nur, was Anerkennung einbringt, zeigt nur, was von ihr erwartet wird, entwickelt ein Selbstbild, das sich hinter einer Maske verbirgt, und verschmilzt möglicherweise völlig mit dieser Maske, so daß sie auch den Kontakt zu dem noch vorhandenen Rest ihres eigenen Seins verliert. Das bedeutet Entfremdung vom wahren Selbst.

Drew Barrymore, die im Alter von elf Monaten zu arbeiten begann, mit sieben ein Star und mit zwölf kokainabhängig war, schreibt: »Irgend jemand hat mir mal erklärt, was das Wort *Furnier* bedeutet. Glanz. Eine strahlende Oberfläche, die ein minderwertiges Material, das sich darunter verbirgt, schützen soll. Das bin ich. Exakt ich.«

Das Kind, das nicht um seiner selbst willen geliebt wurde, sondern für seine Leistungen, wächst zu einer Frau heran, die das Gefühl hat, sie müsse sich Liebe verdienen, indem sie andere zufriedenstellt; doch diese Art von Liebe genügt nie, denn sie gilt nur dem Selbst, das den Wünschen der Mutter entspricht. So entsteht ein Teufelskreis, denn das wahre Selbst bekommt nie die Liebe, die es braucht.

Suchen Sie ständig Bestätigung von außen, trauen Sie Ihren eigenen Gedanken und Gefühlen nicht und haben Sie keine Beziehung zu Ihren tatsächlichen Erfahrungen, dann können Sie keiner Liebe vertrauen. Da Sie völlig von Reaktionen abhängig sind, die von außen kommen, brauchen Sie immer noch mehr Bestätigung.

Was steht der Tochter einer geschwätzig-renommierenden Mutter bevor?

Egal, wieviel Erfolg die Tochter einer geschwätzig-renommierenden Mutter hat – und sie bringt es oft weit, weil sie auf Leistung konditioniert ist –, ihr Erfolg geht nie so tief, daß er bis zu ihren Gefühlen durchdringt. Ein solcher Erfolg kann zur Bedeutungslosigkeit verkommen. Trotz aller Gehaltserhöhungen, Beförderungen, Titel und Anerkennungen fühlt sie sich in ihrem Innersten leer und wertlos. Auf andere wirkt sie angespannt und seltsam spröde; manche beschreiben sie als einen »Menschen ohne Tiefe«.

In *Wie meine Mutter* schreibt Nancy Friday: »Statt um Erfolg, an den ich glauben konnte, bemühte ich mich um Erfolg, an den andere Leute glaubten. Was andere von mir hielten, war mir wichtiger als das, was ich selbst von mir hielt ... Nach außen hin war ich eine erfolgreiche, sexuelle, berufstätige Frau. Ich kannte mein jämmerliches Geheimnis ...«

Fridays Geheimnis ist das eifersüchtige, unsichere Kind hinter der glatten Fassade, das von Verlustängsten beherrscht wird.

Die Tochter einer geschwätzig-renommierenden Mutter wird zu einer zwanghaften »Macherin«; ständig beschäftigt mit Putzen, Nähen, Einkaufen, damit sie bloß nicht zum Nachdenken kommt und merkt, wie ängstlich, allein und unsicher sie sich fühlt.

Sie verzichtet auf ihr Recht auf Unabhängigkeit und Redefreiheit. Unterwürfig und anpassungsfähig läßt sie sich in jeder nur denkbaren Hinsicht ausbeuten und merkt nicht einmal, wie sehr sie es den Menschen übelnimmt, die sie selbst zu einem solchen Verhalten ermächtigt. Statt dessen fühlt sie sich wie betäubt und ist ständig deprimiert. Sie gibt sich große Mühe, das Verhalten der Mutter rational zu erklären, und ihre eigenen Gefühle für die Mutter verwirren sie.

Verlust der Kreativität

Eine Frau mit einem unechten Selbst hat im Bereich der Kreativität große Defizite. Kreativität kann sich nur entfalten, wenn zwischen Ihrem Innenleben und Ihren Handlungen eine Verbindung besteht. Und je stärker sie sich entfaltet, um so besser läßt sich die eigene innere Welt begreifen und erleben. Wenn Sie keinen Bezug zu Ihren eigenen Gefühlen haben, wenn Sie Angst vor Ihren inneren Regungen haben, dann haben Sie Ihre Sensibilität, Ihre Selbstbewußtheit und Ihr Einfühlungsvermögen erstickt. Sie haben es sich unmöglich gemacht, sich selbst auszudrücken – und damit einen schweren Verlust erlitten.

Die Tochter einer geschwätzig-renommierenden Mutter

hat kein Interesse an Originalität, sie will lieber etwas hervorbringen, was anderen gefällt. Sie paßt sich an und läßt ihren Gedanken keinen freien Lauf, weil sie sich vor Reaktionen der Außenwelt fürchtet. Aber das Bedürfnis, sein Innenleben zum Ausdruck zu bringen, verspürt jeder gesunde Mensch, und wenn die Kreativität eliminiert wird, geraten Empfindungen wie Freude, Spaß, Spontaneität, Ausdruckskraft, Vertrauen und Gemeinsamkeit ernsthaft in Gefahr.

Miranda, dreiunddreißig, besuchte einen Malkurs, und das Ergebnis ihrer Anstrengungen erstaunte sie. »Ich brachte nichts anderes zustande, als hübsche, nette, geschmackvolle Sachen. Aber innerlich war ich überhaupt nicht so. Ich konnte nicht glauben, daß ich die Sachen gemacht hatte; es war, als würde ich mich hinter dieser ›netten Person‹ verstecken. Wahrscheinlich wäre ich am Boden zerstört, würde sich jemand eines meiner Bilder ansehen und denken, ich sei abscheulich oder grausam.

Wenn ich in einem Geschäft etwas reklamieren will, schiebe ich das immer auf«, *fährt Miranda fort.* »Was werden die Leute bloß von mir denken? Eine Dame macht so etwas nicht. Eine Dame verhält sich stets ruhig, nie aggressiv. Sie schlägt die Beine übereinander und hat saubere Fingernägel, drückt sich gewählt aus und wird nicht zornig. Meine Mutter pflegte immer zu sagen: ›Egal, wie man sich dir gegenüber verhält, benimm dich stets wie eine Dame.‹ Man brauchte mir nicht erst zu sagen, daß es ganz und gar nicht damenhaft ist, seine Bedürfnisse auszudrücken. Deshalb bin ich irgendwie nur noch oberflächlich. Wie soll ich je eine richtige Künstlerin werden, wenn meine Arbeit zeigt, daß ich als Mensch ständig falsche Tatsachen vorspiegele?«

Schwierigkeiten beim Treffen
von Entscheidungen

Die Frau, die sich hinter einem unechten Selbst versteckt, ist ihren Gefühlen noch stärker entfremdet als ein konfliktbeladener Mensch. Sie funktioniert – sehr gut sogar – sozusagen vollautomatisch. Alles in ihrem Leben läuft oberflächlich und sorgfältig kontrolliert ab und dient, wie sie es gelernt hat, nur dazu, nach außen Harmonie herzustellen. Das Ergebnis ist nicht Zorn, nicht Groll, nicht das dringende Verlangen, daran etwas zu ändern, sondern Leere, Teilnahmslosigkeit, Depression – und die Unfähigkeit zu wissen, was sie will.

Bonnie, siebenunddreißig, lebte viereinhalb Jahre mit einem Mann zusammen, aber sie sagt: »Schon nach zwei Monaten wußte ich intuitiv, daß es nicht gutgehen würde. Ich nagte an der Entscheidung wie ein Hund an einem Knochen. Hätte ich dreizehn Stunden am Tag schlafen können, hätte ich das getan. Das Haus aufräumen? Unmöglich! Ich litt ständig an psychischer Erschöpfung, und daran war nicht dieser miese Typ schuld. Es war meine Unfähigkeit, mir darüber klarzuwerden, was ich mit ihm machen sollte! Schließlich drängte mich meine Schwester, mich von ihm zu trennen, ich allein wäre dazu nicht imstande gewesen, obwohl ich unglücklich war. Anschließend fühlte ich mich elend und gedemütigt, weil nicht ich die Entscheidung getroffen hatte, sondern sie.«

Bonnie steckte längst in Schwierigkeiten, bevor sie diesen Mann kennenlernte. Sie war schon immer außerordentlich wenig entschlußfreudig gewesen, auch bei Kleinigkeiten. »Ich wußte nie, was ich essen will. Wollte ich mir ein Eis kaufen, konnte ich mich nie entscheiden, welche Sorte ich nehmen sollte. Hinter mir bildeten sich Riesenschlangen, weil ich mich nicht entscheiden konnte, alle ärgerten sich, und das machte es mir noch schwerer. Meistens ging ich, ohne überhaupt etwas gekauft zu haben, weil ich merkte, daß die Leute hinter mir drängelten. Also hatte ich gar nichts, und meine Freunde waren so sauer auf mich, daß sie mich nicht mehr aufforderten, mit ihnen irgendwohin zu gehen!«

Der Wunsch, ein Kind zu bleiben, irgendwo tief im Innern versteckt, macht Entscheidungen oft so schwer. Dieses Verlangen beruht auf der Sehnsucht, bei der Mutter zu bleiben, und der Angst vor der Trennung von ihr. Dieser Konflikt macht aus den einfachsten Entscheidungen ein Dilemma, denn das eigentliche Problem ist der Akt des Sichentscheiden-Müssens an sich und weniger die eigentliche Entscheidung für oder gegen etwas. Sich entscheiden zu können obliegt einem erwachsenen Menschen; etwas oder jemand anderen für sich entscheiden zu lassen ist die Position eines Kindes. Wenn Sie große Schwierigkeiten haben, sich zu entscheiden, dann sollten Sie darüber nachdenken, ob Sie insgeheim noch den Wunsch hegen, Ihrer Mutter Kind zu bleiben.

»Als ich auf dem College war, zog ich los, um mir einen Futon zu kaufen«, erzählt Bonnie. »Ich war in etwa vierzig Geschäften. Schließlich nahm ich einen, der fast hundert Dollar kostete. Ich hatte ihn mir schon ganz am Anfang meiner Suche angesehen, mich aber davor gescheut, ihn zu kaufen. ›Gut‹, murmelte ich, ›das ist zwar teuer, aber schließlich ist das eine Anschaffung fürs Leben.‹ Mir ist nie in den Sinn gekommen, daß ich nicht ewig mit demselben Futon leben muß!«

Wenn Sie klein anfangen, Schritt für Schritt, können Sie die Angst vor Entscheidungen überwinden. Erforschen Sie Ihre Angst wie eine Wissenschaftlerin. Machen Sie eigene Experimente. Zerbrechen Sie sich zum Beispiel allmorgendlich den Kopf darüber, für welche Lippenstiftfarbe Sie sich entscheiden sollen, nehmen Sie bewußt die »falsche«. Sie werden sehen, Sie überleben es. Sie lernen, daß nicht alles von einer einzigen Entscheidung abhängt, daß ein Fehler nicht die von

Ihnen befürchtete Demütigung zur Folge hat. Ihre Angst kommt aus der Vergangenheit. Ihre Beziehung zu Ihrer geschwätzig-renommierenden Mutter blockiert jede Wende.

»Bauen Sie neue Muskeln auf, damit Sie es wagen, Risiken einzugehen. Für den Anfang eignen sich die kleineren Dinge«, sagt Dr. Audrey Amdursky, Leiterin des Psychologischen Dienstes an der Juilliard School. »Schließlich gelangen Sie an den Punkt, an dem Ihnen klar wird, daß wir auf dieser Erde leben, daß wir ein gewisses Maß an Zeit haben, daß wir uns etliche Male zwischen verschiedenen Möglichkeiten entscheiden müssen und daß wir alle tun, was uns am besten erscheint und was in unseren Kräften steht. Was will ich? Kann ich diese Frage beantworten, ohne perfekt zu sein? Sie werden lernen, daß Sie weiterleben, ob Sie nun die richtige Entscheidung getroffen haben oder nicht.«

Trennung: Entdecken der inneren Stimme

Die besten Entscheidungen sind diejenigen, die sich scheinbar von selbst ergeben; sie offenbaren sich Ihnen sozusagen. Ihre innere Stimme sagt Ihnen, was Sie zu tun haben, doch Sie können sie nur hören, wenn Sie einigermaßen mit sich selbst in Einklang stehen. Das heißt nicht, daß Sie nie die falsche Wahl treffen, aber zumindest fühlen Sie sich hinterher nicht gedemütigt und müssen nicht jahrelang hart mit sich ins Gericht gehen, was Ihre Angst nur noch steigern würde. Sie fühlen sich nicht wie ein Kind, das sich dem Rat eines anderen gebeugt hat, denn Sie handelten nicht, wie es andere von Ihnen erwarteten, sondern wie es Ihnen selbst richtig erschien. Menschen, die auf ihr inneres Selbst hören, schaffen es, sich aufzurappeln, von vorne anzufangen und aus der Erfahrung zu lernen.

Sobald Sie Ihre innere Stimme zum ersten Mal hören, merken Sie, daß Sie tatsächlich mit sich selbst in Berührung gekommen sind. Ihre innere Stimme unterscheidet sich von jeder anderen Stimme, von allen auf Sie ausgerichteten Erwartungen. Es erfordert Ruhe ebenso wie Geduld, Vertrauen und etwas Distanz zu Ihrer Mutter, damit sich der richtige Weg offenbart.

Dale, zweiunddreißig, erzählt, was sie diesbezüglich erlebt hat: »*Ich habe gleich nach der High-School geheiratet. Das war ein großer Fehler, den ich hauptsächlich gemacht habe, damit meine Mom zufrieden ist. Wir feierten eine große Hochzeit, und mir war jede Minute auf diesem Fest verhaßt. Ich habe aber die Zähne zusammengebissen und nur gedacht: Das ist ihre Hochzeit, nicht meine! Die Ehe war schnell zu Ende, und ich schwor mir, nie wieder zu heiraten. Zehn Jahre lang habe ich nicht mal mehr daran gedacht. Dann lernte ich Jay kennen. Ich wollte ihn nicht verlieren, konnte mich aber auch nicht dazu entschließen, ihn zu heiraten, weil mir der Druck, den meine Mutter auf mich ausübte, suspekt war. Sie plante natürlich sofort wieder ein neues Festgelage.*

Schließlich beschloß ich zu verreisen. Ich fuhr nach Europa und besuchte noch einmal ein paar Orte, an denen ich während meiner stürmischen romantischen Flitterwochen gewesen war – Orte, die von soviel Erwartung und anschließender Enttäuschung erfüllt waren. Ich besuchte auch eine Freundin in Rom, und in ihrer Wohnung empfand ich nichts als Kälte. Sie hatte nie geheiratet und lebte allein, und es war so kalt bei ihr! Auf dem Rückflug spürte ich, je mehr ich mich meinem Zuhause näherte, wie mich Jays Wärme immer stärker einhüllte. Und plötzlich war ich mir sicher, daß ich ihn heiraten wollte, und ich wußte, es war meine Entscheidung. Niemand anders hatte für mich entschieden. Vermutlich hatte ich schon längst gewußt, was ich wirklich wollte, aber zum ersten Mal empfing ich Signale, die aus mir selbst kamen. Er holte mich vom Flughafen ab, und wir liefen einfach zusammen weg und waren innerhalb einer Woche verheiratet!«

Erst während ihrer Reise gestattete sich Dale, ihre wahren Gefühle einer Überprüfung zu unterziehen. Endlich trauerte sie um das Ende ihrer ersten Ehe, ließ das schmerzliche Bedauern darüber zu, kam allmählich über den Zorn auf ihre Mutter hinweg und gestand sich ein, wie sehr sie sich eine gemeinsame Zukunft mit Jay wünschte. Vielleicht gelang es ihr aufgrund der durch die Reise bedingten Distanz, sich ihrer inneren Stimme zu öffnen und auf sie zu hören. Physische Distanz ist aber nicht die einzige Möglichkeit, um neue Perspektiven zu bekommen.

Allein sein, nachdenken und sich seinen Gefühlen überlassen, sich nicht selbst wegen einer Entscheidung unter Druck setzen, den Entscheidungsprozeß nicht mit zuviel Angst belasten – das alles verhilft zu der Erkenntnis, was Sie selbst tatsächlich wollen. Aber wie soll jemand, der damit keinerlei Erfahrung besitzt, je soweit kommen?

»Anstatt weiterhin Erdnußbutter und Gelee zu essen«, sagt Dr. Amdursky, »sollten Sie zu einem Sandwich mit Hühnersalat übergehen. Zeigen Sie Kanten. Bauen Sie Muskeln und Kraft auf, und entwickeln Sie Mut zum Risiko. Im Zuge des Selbstfindungsprozesses müssen wir häufig etwas anders machen als gewohnt. Lernen Sie, sich selbst zu vertrauen, lernen Sie sich so weit kennen, daß Sie darauf aufbauen können. Eine Möglichkeit besteht darin, sich in kleinen Dingen zu entscheiden und dabei festzustellen, daß die daraus folgenden Konsequenzen gar nicht so schwerwiegend sind. Hören Sie auf, sich darüber den Kopf zu zerbrechen, ob Sie es anderen recht machen. Besinnen Sie sich auf sich selbst. Je mehr Risiken Sie eingehen, um so wahrscheinlicher nehmen Sie Fühlung mit den Dingen auf, mit denen Sie tatsächlich in Berührung kommen wollen.«

Strategien zur Veränderung

- Lernen Sie zuerst, kleine Entscheidungen zu treffen: was Sie anziehen möchten, wohin Sie essen gehen möchten, ob Sie sich die Haare schneiden lassen möchten oder nicht. Es ist eine Binsenweisheit, aber es stimmt: Wer gelernt hat, sich in den kleineren Dingen auf sich selbst zu verlassen, kommt auch leichter mit den größeren zurecht. Sie dürfen nicht vergessen, es gibt im Leben nur sehr wenige Situationen, in denen es lediglich eine »richtige« Wahl gibt. Treffen Sie jedoch gar keine Entscheidung oder überlassen Sie sie Ihrer Mutter (oder einem Mutterersatz), dann ist es mit Sicherheit die falsche. Haben Sie sich auf die Schnelle für das »falsche« Restaurant entschieden, wird der Abend dennoch harmonischer verlaufen, als wenn erschwerend noch die Spannung aufgrund einer Ihnen aufgezwungenen Entscheidung hinzukommt.

- Lernen Sie, Ihren Impulsen zu folgen. Vermutlich fürchten Sie sich davor, einfach ins kalte Wasser zu springen und eine Entscheidung zu treffen, weil Sie Angst davor haben zu versagen, andere zu enttäuschen, gedemütigt zu werden – Sie fürchten, auf ewig mit den Konsequenzen einer möglicherweise falschen Entscheidung leben zu müssen. Denken Sie gut darüber nach. Wie viele Entscheidungen im Leben sind von so großer Bedeutung und behalten ewige Gültigkeit? Bestimmt nicht die Wahl der Eissorte! In den meisten Fällen kann eine falsche Entscheidung sogar noch korrigiert werden. Sie können immer zum Ausgangspunkt zurückkehren. Wichtig ist, daß Sie lernen, Ihren inneren Regungen zu folgen, denn wenn Sie diese Impulse gewohnheitsmäßig verleugnen, wirkt sich das nach und nach lähmend auf jeden Bereich Ihres Lebens aus.

- Achten Sie darauf, wie Sie sich fühlen. Die Tochter einer geschwätzig-renommierenden Mutter neigt dazu, achselzuckend über Enttäuschungen und Verletzungen hinwegzugehen, weil sie vor ihren eigenen Emotionen Angst hat. Regt sich eine Freundin auf, weil sie von jemandem schlecht behandelt worden ist, und dieselbe Person hat Sie zuvor auf die gleiche Weise behandelt, ohne daß Sie auf dieses Verhalten reagiert haben – nehmen Sie das zur Kenntnis. Hinterfragen Sie das.

- Konzentrieren Sie sich auf das »Sein« statt auf das »Tun«. Wenn Sie sich unwohl fühlen, sobald Sie nichts tun, dann überlegen Sie, warum. Machen Sie jedesmal, kaum daß Sie zur Tür hereingekommen sind, den Fernseher an und wird Ihnen angst und bange, wenn Sie nicht irgendwie aktiv sind, dann ist das ein Hinweis, daß Sie keine Verbindung zu Ihrem wahren Selbst haben.

- Beginnen Sie damit, Ihre eigenen Gedanken und Gefühle zu ergründen. Das ist ein schwieriges Unterfangen, denn vieles, was dabei zum Vorschein kommt, paßt sicherlich nicht in den Rahmen, den Sie für Ihr Leben gezimmert haben. Zuerst werden Ihnen viele dieser Empfindungen »inakzeptabel« erscheinen, weil Sie sie sofort mit den Augen Ihrer Mutter sehen. Aber sie ist nicht im Zimmer, graben Sie also noch tiefer. Viele Frauen stoßen anfangs nur auf negative Gefühle – Zorn, Groll, Haß, Neid. Lassen Sie diese Gefühle zu. Zwar ist Zorn nicht das einzige Gefühl, das Sie entdecken möchten, doch es kann das erste authentische Gefühl sein, auf das Sie stoßen. Die Befriedigung, die es Ihnen verschafft, wenn Sie dieses Gefühl endlich wahrhaft empfinden, ermuntert Sie bei der Suche nach weiteren verschütteten Gefühlen.

- Befreien Sie Ihr wahres Selbst mit Hilfe von Meditation, Gebeten oder Kreativität. Vielen Frauen hilft das Führen eines Tagebuches, denn dabei können sie ihre Gefühle ergründen und entsprechend differenzieren. Wenn Sie im Bademantel zu Hause herumlümmeln und sich nach einer anstrengenden Woche entspannen und wenn Ihre Mutter dann anruft, Sie mit einem Schwall von Fragen und Forderungen überhäuft und jammert, was denn nun wäre, wenn ein Nachbar vorbeikäme und Sie in diesem Aufzug sähe, dann bleiben Sie ruhig. Legen Sie den Hörer hin, und schreiben Sie auf, wie Sie sich fühlen.

• Benennen Sie Ihre Gefühle. Wie fühlen Sie sich? Bedrängt? Ertappt? Schuldig? Beschämt? Ihre Gefühle zu benennen verschafft Ihnen einen Moment der Selbsterkenntnis und ein wenig Aufschub, so daß Sie Ihr Unbehagen definieren können. Damit eröffnet sich die Chance, anders damit umzugehen als mit Ablehnung oder einem Wutausbruch. Fühlen Sie sich enttäuscht, frustriert, neidisch, besiegt? Das Benennen dieses speziellen Gefühls, bezogen auf Sie selbst und nicht verallgemeinernd, kann Ihnen helfen, sich darüber klarzuwerden, wie Sie damit umgehen können.

• Lernen Sie, Ihr ganzes Selbst zu akzeptieren. Versuchen Sie, wie ein Therapeut sexuelle Gedanken und Gefühle und aggressive Regungen anzunehmen – ohne sie als schlecht oder inakzeptabel zu bewerten. Betrachten Sie sie als Teil der menschlichen Natur. Wünsche, die wir aufgrund unserer Erziehung verurteilen, sind ein wichtiger und untrennbarer Bestandteil einer gesunden Entwicklung. Wir möchten diese Gefühle vielleicht lieber negieren, aber wir müssen sie als Teil von uns annehmen. Was einem Kind ungeheuerlich und destruktiv erscheinen mag, bekommt aus der Sicht eines erwachsenen Menschen einen anderen Stellenwert. Diese Erforschung kann mit Hilfe eines Tagebuchs erfolgen, und sie kann Sie zu Ihrem wahren Selbst hinführen.

• Lernen Sie, die täglichen Belastungen und die daraus resultierenden Spannungen mit Hilfe von Atemübungen und Gymnastik abzubauen. Mit Ihren tatsächlichen Wünschen, Bedürfnissen und Träumen Fühlung aufzunehmen geht sehr langsam, sobald sich aber das wahre Selbst durchzusetzen beginnt, verlassen Sie sich immer stärker auf sich selbst statt auf die Meinungen anderer, und Sie werden eher Abgeschiedenheit als Trubel suchen. Jogger erzählen, sie würden sich beim Laufen richtig »high« fühlen; das heißt, sie empfinden Freude an der ausschließlichen Hingabe an den Augenblick. Frauen, die meditieren, schwärmen, dabei körperliches Unbehagen hinter sich zu lassen – endlich nicht mehr ewig aufrecht sitzen zu müssen, ohne sich bewegen zu dürfen, egal, wie einem dabei zumute ist. Bei intensiver körperlicher Bewegung wie auch beim Meditieren setzen Sie alle Ihre Sinne ein und lassen die Schwierigkeiten hinter sich, dann endlich »rasten« Sie ein; Sie zapfen eine innere Energiequelle an, die allein aus Ihnen kommt und die Sie trotzdem mit allem anderen im Universum verbindet.

- Für welche Methode zur Selbsterforschung Sie sich auch entscheiden, erzählen Sie Ihrer Mutter nichts davon! Sie kann Ihnen bei Ihrer Suche nicht helfen. Würden Sie es ihr erzählen, hinge sie zwanzig Minuten später am Telefon, und Sie bekämen von Tanten und Cousinen zu hören: »Was ist bloß los mit dir? Bist du verrückt geworden? Deine Mutter sagt, du seist Buddhistin oder so was Ähnliches geworden!« oder noch schlimmer: »Wie schön, daß du dich dem Spirituellen zuwendest! Deine Mutter ist sehr stolz auf dich!«

Die Psychotherapeutin Florence Miller Radin sagt: »Töchter, die ihren Müttern persönliche oder berufliche Geheimnisse anvertrauen, obgleich diese das zwanghafte Bedürfnis haben, allen alles weiterzuerzählen, um sich selbst interessant zu machen, lassen sich mit Erwachsenen vergleichen, die kleine Kinder mit Streichhölzern spielen lassen und glauben, damit nichts passiert, genüge es zu sagen: ›Sei vorsichtig‹. Die Schlußfolgerung lautet: Geben Sie Ihrer Mutter oder anderen, die nicht angemessen damit umgehen können, keinerlei Informationen.«

Diese Regel sollten Sie auf jeden Fall beherzigen, wenn Ihrer Meinung nach etwas in Ihrem Leben nicht stimmt und Sie herausfinden möchten, was das ist. Dabei begeben Sie sich auf eine ganz persönliche Entdeckungsreise, und egal, wie groß Ihre Angst sein mag, holen Sie von niemandem eine Bestätigung oder Genehmigung dafür ein, und übertragen Sie niemandem die Verantwortung dafür. Sie haben bereits zuviel von Ihrem Leben verschwendet, weil Sie genau so gehandelt haben.

Die mit Liebe erstickende Mutter

Zorn und Rebellion des Mädchens
im frühen Teenageralter

Sie sorgt sich um Sie. Sie ist überbehütend. Bei jeder schönen Neuigkeit, die sich in Ihrem Leben ereignet, schrillen bei ihr die Alarmglocken; nicht, so behauptet sie, weil sie eifersüchtig oder ängstlich sei – o nein, sie mache sich nur Sorgen.

Eigenschaften der mit Liebe erstickenden Mutter

»Ich weiß noch, ich kam gerade ins Teenageralter«, sagt die dreißig Jahre alte Nora, »da war ich einmal sehr wütend auf meine Mutter und habe sie wegen irgend etwas, was mir nicht gepaßt hat, angeschnauzt. Da stürzte sie auf mich zu, riß mich in ihre Arme, drückte mich an ihre Brust und seufzte: ›Sag so was nicht, mein kleiner Schatz. Weißt du denn nicht, wie sehr Mommy dich liebt?‹ Ich stand da, bekam keine Luft mehr und dachte: Warum erzählt sie mir andauernd, wie sehr sie mich liebt? Was hat das denn damit zu tun?«

Mimi, siebenundzwanzig, war Designerin und hatte eine vielversprechende Karriere vor sich, aber alles, was sie von ihrer Mutter zu hören bekam, war: »Du arbeitest zuviel. Mußt du denn andauernd arbeiten? Wenn du so weitermachst, kriegst du nie einen Ehemann!«

»Ich vermute, sie hat Angst, daß ich mich ihr entfremde, weil mein Leben sich in eine ganz andere Richtung entwickelt als ihres«, meint Mimi. »Sie will mich besitzen, sie möchte jedes Detail aus meinem Leben wissen. Sie würde ein Fest veranstalten, wenn ich wieder nach Hause zurückkäme. Und trotz all ihrem Gerede vom Heiraten hat sie doch recht gemischte Gefühle, wenn ich einen Mann kennenlerne, der mich ihr wegnehmen könnte.

Alles, was sie sich scheinbar für mich wünscht, ist, daß ich immer auf Nummer Sicher gehe – aber in Wahrheit will sie, daß mein Leben exakt so verläuft wie ihres, vor allem nicht besser! ›Wenn du doch nur ein bißchen was von deiner Cousine Joanie hättest‹, sagt sie. In meinen Augen ist Joanie der langweiligste Mensch der Welt! Aber Joanie ist wie meine Mutter eine ausgezeichnete Bridgespielerin, und die beiden sind zutiefst davon überzeugt, daß ich zur Einsamkeit verdammt sei, weil ich nicht Karten spiele. Mom kann sich nicht vorstellen, daß man ein anderes Leben führen kann als sie. Das ist schon schlimm genug, aber noch wütender macht mich, daß sie das tut, weil sie in jeder Veränderung, die für mich einen Erfolg bedeutet, ihre Existenz bedroht sieht.«

Die mit Liebe erstickende Mutter räumt Ihr Zimmer auf und wirft Dinge weg, die Sie gerne aufbewahrt hätten. Begehren Sie gegen diese Einmischung in Ihre Privatsphäre auf, erklärt sie: »Was habe ich schon gesehen? Habe ich was gesucht? Das Zimmer war das reinste Chaos, und ich weiß, du hast viel zu tun. Ich wollte dir nur behilflich sein. Merkst du denn nicht, wie sehr ich dich liebe?« Wie sollen Sie ihr klarmachen, was Sie dabei empfinden? Ihr ganzes Denken kreist ausschließlich um ihre Rolle als liebende Mutter, andere Motive läßt sie nicht zu.

»Ich hatte die Grippe«, fährt Mimi fort. »Sie hört am Telefon, daß meine Stimme heiser klingt, und zwei Stunden

später steht sie beladen mit Einkaufstüten vor meiner Tür. Sie hatte mich nicht gefragt, sie hatte mir nicht gesagt, daß sie kommt, und ich hatte jede Menge zu essen im Haus und wollte nichts weiter als schlafen. Wie üblich traute ich mich nicht zu sagen, wie mir zumute war. Ich ließ sie also herein, und als sie sich damit brüstete, was sie alles für mich eingekauft hatte, stritten wir uns über die Notwendigkeit dieser Dinge. Vollends lächerlich wurde das Ganze, als sie einen Sechserpack Cola auspackte. Irgend jemand hatte ihr anscheinend erzählt, Cola sei gut bei Erkältung, aber sie hatte koffeinfreie Cola gekauft, und die hasse ich. Ich warf ihr also an den Kopf: ›Ich trinke nie koffeinfrei! Nimm's wieder mit. Wag bloß nicht, das Zeug dazulassen!‹ Ihr Gesicht verzog sich, die Tränen begannen zu fließen. Ich fühlte mich schuldig – und mit Recht. Da schleppte diese Frau meinetwegen kiloschwere Einkaufstüten zu mir, ein Sechserpack Cola ist wirklich nicht gerade leicht, und zum Dank verlangte ich, das Zeug wieder mitzunehmen.

Ich fühlte mich schrecklich wegen meiner harten Worte, gleich nachdem sie mir herausgerutscht waren, und um nicht zu zeigen, daß ich mich schuldig fühlte, machte ich weiter und sagte, sie sei völlig unsensibel mir gegenüber und wenn ich wolle, daß sie Cola mitbringt, würde ich es ihr sagen, und überhaupt sei es dummes Altweibergeschwätz, daß Cola gut bei einer Erkältung sei, denn in Wahrheit würde es einem die Innereien verätzen – oder irgendein anderes Ammenmärchen, das ich mal gehört habe. Aber so leicht gibt sie nicht auf. ›Bei mir trinkst du immer koffeinfreien Kaffee‹, jammert sie. ›Woher soll ich wissen, daß das bei Cola anders ist? Ich weiß nur, was du bei mir trinkst.‹ Bla, bla, bla. Ich blaffe zurück: ›Ich trinke nur deshalb koffeinfreien Kaffee bei dir, weil du keinen anderen hast. Seit Jahren finde ich mich damit ab, weil du es so haben willst, statt daß ich den Kaffee trinke, den ich mag, und jetzt spielst du dich auch noch auf und willst mir vorschreiben, die Cola zu trinken, die dir paßt! Nimm das Zeug weg!‹

Sie nimmt also den Sechserpack, aber anstatt zu sagen: ›Weißt du nicht, wie sehr ich dich liebe?‹, kommen Worte über ihre Lippen, die uns beide schockieren: ›Zum Teufel mit dir‹, zischt sie – und wir sind beide verdattert, weil dieser dumme Streit so ausarten mußte. Ich rege mich auf und bin dermaßen fix und fertig, daß mir schwindlig wird. Und sie muß mich zu Bett bringen und bleibt da und macht Tee und Toast. Und wir sind den ganzen Tag zusammen, keine erwähnt den Streit, aber wir sind beide zutiefst geschockt. Endlich geht sie – der Sechserpack thront triumphierend auf dem Tisch, und ich weine die ganze Nacht!«

Die überbesorgte Mutter: Variation über ein Thema

Tessa, neunundzwanzig Jahre alt, berichtet: »Meine Mutter macht sich dauernd Sorgen um mich. Auch wenn es gar keine Probleme gibt, hat sie immer diesen hysterischen Unterton in der Stimme. Am Telefon hört es sich an, als würde sie kreischen. ›Ma, ich höre dich gut‹, sage ich immer. Sie behauptet, sie mache sich nur deshalb Sorgen, weil sie mich so sehr liebe. Aber worüber macht sie sich denn solche Sorgen? Innerhalb von zwei Tagen ruft sie mich fünfmal an und stellt mir jedesmal die gleiche Frage: ›Hast du gegessen?‹ Als ob ich ein kleines Kind wäre! Wenn ich es nicht mehr aushalte, sage ich: ›Ehrlich gesagt, gestern abend hatte ich keine Lust zu kochen, deshalb habe ich nur ein paar Kartoffelchips gegessen.‹ Das ist für sie wie ein Stich ins Herz, aber zumindest bringt es sie zum Schweigen!

Hinterher fühle ich mich schuldig. Also rufe ich sie wieder zurück, entschuldige mich und rede irgendwas und sage, daß ich morgen zum Essen vorbeikomme, damit sie sich vergewissern kann, daß ich nicht verhungere! Ich sage noch extra zu ihr, ich würde gerade eine Diät machen, also bitte keine stärkehaltigen Sachen. Und was macht sie? Pommes frites. Dann bin ich so geplättet, daß ich alles esse, was sie mir vorsetzt. Und ich halte den Mund, weil ich

*Angst habe, ich könnte sonst wieder etwas Schreckliches
von mir geben.«*

*Merkwürdig, aber Tessa kritisiert sich scharf und be-
zeichnet sich als zornig, aufsässig und gemein. »Als ich noch
ein Kind war, wünschte ich mir, sie würde sterben, damit
ich frei wäre. Ich habe nie gelernt, richtig zu kommunizieren, weil ich Angst hatte, dann käme mein Unmut heraus
und würde sozusagen öffentlich. Ich war so eine Stille,
Heimliche, eine gute, schweigsame Zuhörerin, denn hätte
ich je die Aufmerksamkeit auf mich gelenkt, hätte ich mich
ja bloßgestellt.«*

Als erwachsene Frau fürchtet sich Tessa, selbständig zu sein,
und ihre Mutter fürchtet, sie loszulassen. Tessa kann es nicht
riskieren, mit ihrer Mutter über ihre wahren Gefühle zu
sprechen, deshalb verlegt sie sich lieber auf gehässige Stiche-
leien. Sie läßt sich nie auf eine direkte Konfrontation ein.
Wurde sie ausfällig, fühlt sie sich hinterher schuldig, verfällt
in den quengeligen Tonfall eines Kindes und geht zu auswei-
chenden Angriffen über. Eine reife Frau verhält sich nicht so.
Stellt man ihr eine Frage, gibt sie eine konkrete Antwort. Sie
äußert offen ihre Ansprüche. Sie fürchtet nicht, die andere
Person könne aufgrund ihrer Aufrichtigkeit in Wut geraten.

*»Es ist schwer für mich, gegenüber meiner Mutter offen zu
sein, weil ich so wütend auf sie bin und mich deshalb schuldig fühle«, erklärt Tessa. »Ich habe Angst, daß der Teufel
los ist, wenn ich ehrlich sage, was ich denke.«*

Was liegt dem Verhalten der Mutter zugrunde?

Die mit Liebe erstickende Mutter ist sehr häufig eine Frau,
die keine andere Identität als die der Mutter besitzt. Hätte sie
einen Beruf, der ihr Spaß macht, besäße sie Selbstgefühl und
eine von ihrem Zuhause unabhängige Existenz, führte sie

eine befriedigende Ehe mit einem Partner, der sie schätzt, dann müßte sie nicht soviel von sich selbst in die Mutterschaft einbringen. Was immer die Ursache ist, tief im Innern ist ihr Leben leer – bis auf ihre Tochter –, so daß sie, anstatt sich mit ihrer eigenen Leere auseinanderzusetzen, völlig in dem Kind aufgeht und diese Verschmelzung als Liebe interpretiert.

Würde sich die mit Liebe erstickende Mutter ihre wahren Gefühle eingestehen, wäre die Struktur ihres Lebens bedroht, die ihrer Ehe und die ihres Selbstverständnisses. Also leugnet sie die Wut in ihrem Innern und will mit Feindseligkeit nichts zu tun haben. Unzufriedenheit akzeptiert sie nicht und gesteht sie auch Ihnen nicht zu.

Diese Mutter erstickt jegliche negativen Gefühlsäußerungen im Keim und nimmt Ihnen dadurch die Luft zum Atmen. Sie läßt Ihnen keine Gelegenheit, ehrlich zu sein und Ihre eigene innere Stimme zu entdecken. Damit Sie schon gar nicht auf die Idee kommen, etwas Feindseliges äußern zu wollen, *sagt* sie Ihnen, was Sie fühlen, was Sie fühlen sollten und was nicht.

Die gesunde Mutter und das Mädchen im frühen Teenageralter

Konflikte zwischen einer Tochter in der Pubertät und ihrer Mutter sind unvermeidlich, sie sind normal und gesund. Immerhin steckt die Tochter ihr Terrain in bezug auf Selbständigkeit und Unabhängigkeit ab, und das geht nicht ohne heftige Kämpfe. Sie muß sich mit vielen Problemen auseinandersetzen: wer sie ist, woran sie glaubt, wie sie aussieht, über welche Macht sie in der Welt verfügt, welche Grenzen sie einhalten muß und welche Schranken sie niederreißen kann. Wie wird sich die Tochter über all diese Dinge klar? Sie spielt Rollen, probiert Frisuren, Piercing, Nagellack und unterschiedlichste Kleidungsstile aus. Sie experimentiert mit verschiedenen Sprechweisen und gestikuliert und kichert plötzlich wie ein beliebtes Mädchen aus ihrer Klasse.

Sie weiß weder, ob ihr das Gekicher gefällt, noch, ob sie überhaupt auf diese Weise kichern will, nicht einmal, ob sie es richtig gut hinkriegt. Folglich probiert sie es zu Hause aus, denn dort hat sie immer alles ausprobiert, bevor sie sich Außenstehenden damit präsentiert hat. Natürlich klingt das neue Kichern merkwürdig, und die Mutter wirbelt herum, als habe irgendein groteskes Wesen vom Körper ihrer Tochter Besitz ergriffen.

»Was war das denn?« keucht sie erschrocken.

Und die Tochter geht in die Luft. »Das ist wieder ganz typisch für dich! Immer, wenn mal was anders ist, wenn man was Neues macht, was vielleicht total geil ist, machst du es runter!«

PENG! Sie verschwindet in ihrem Zimmer und ward nicht mehr gesehen (zumindest nicht vor dem Essen), aber ihre laut aufgedrehte Musik verkündet jedermann, wie wütend sie ist. Wenn die Musik verstummt, hört man ihr Schluchzen. Ihre Mutter, durcheinander, beschämt und sich selbst in Frage stellend, fühlt sich verletzt und verlassen und fängt ebenfalls an zu weinen. Diesen überempfindlichen, trotzigen, schmollenden, weinerlichen Teenager erkennt sie nicht wieder, und sie spürt den Verlust. Sie spürt aber auch, daß ihre Tochter sich selbst nicht mehr kennt, und ängstigt sich um sie, während sich diese durch den Sumpf der Pubertät müht.

Aber gleichgültig, wie sich das gesunde, normale Mädchen in dieser Zeit über ihre Mutter äußert, gleichgültig, wie sehr es die Mutter vor ihren Freundinnen und Freunden heruntermacht, die Mutter-Tochter-Bindung bietet ihr Trost, Sicherheit und Liebe – wenn diese Liebe gesichert und gebend und nicht mit unterschwelligen Bedürfnissen vermischt ist. Auch wenn ein Mädchen im Teenageralter mit der Zeit ein realistisches Bild von den Eltern gewinnt und zwischen den eigenen und den Werten der Eltern zu unterscheiden lernt, wendet es sich weiterhin mit Problemen, kleinen Geheimnissen, mit Fragen und Zweifeln an die Mutter.

Alles, was die pubertierende Tochter weiß, ist, daß sie sich verändert – körperlich, emotional, sozial, intellektuell – und daß die letztendlich aus diesem Prozeß hervorgehende Person noch nicht erkennbar ist. Sie streitet mit der Mutter, um von ihr die Bestätigung zu bekommen, anders zu sein. Damit sie wirklich überzeugt sein kann, nicht mehr länger ein Kind zu sein und tatsächlich ein anderes, erwachsenes Selbst zu entwickeln, braucht sie die Bestätigung der Mutter. Sie möchte, daß die in ihrem Innern vorgehenden Veränderungen bemerkt werden; an den Reaktionen anderer testet sie, ob ihr Gefühl für das, was mit ihr vorgeht, sie auch nicht trügt. Sie möchte Bestätigung für das, was sie fühlt. Das Problem ist, daß sich ihre Gefühle tagtäglich ändern.

Die Mutter ist bestürzt. Sie weiß, was mit ihrer Tochter vorgeht – schließlich war sie auch einmal in diesem Alter. Sie nimmt die Veränderungen wahr, aber sie sorgt sich, die Tochter könne noch nicht reif genug sein für diese Reise, auf die sie sich begeben hat, und es verletzt sie, wenn die Tochter ihren Rat so leichtfertig in den Wind schlägt und offen ihre Geringschätzung zum Ausdruck bringt. Darum schlägt sie zurück. Tränen fließen. Türen knallen. Einen Tag später ist alles vergeben und vergessen.

Die gesunde Mutter-Tochter-Bindung

Diese Zeit der Kämpfe ist notwendig und hilft der Tochter, eine eigenständige Identität zu erlangen. Die Mutter definiert für ihr Kind die Reaktion der Außenwelt; die Tochter schätzt ab, wie weit sie gehen kann. Sie probt ihre Kräfte, stellt sowohl ihr eigenes Verhalten als auch das der anderen in Frage und entwickelt eigene Werte und Ideale. Sie lernt ihre Bedürfnisse kennen und mit einander widersprechenden umzugehen. Sie findet heraus, wann sie Kompromisse schließen muß und wann nicht. Diesen Kampf kann man nicht allein für sich im Innern ausfechten. Man braucht dazu eine Wand, gegen die man anrennen kann.

Es zeugt von Anerkennung der Liebe und Stärke der Beziehung, daß sich die Tochter damit an die Mutter wendet. Dank ihrer eigenen Selbsteinschätzung und ihres Selbstgefühls weiß die Mutter, daß sie nicht auf jede Marotte der Tochter eingehen muß. Beide lernen, Kämpfe zu bestehen, anzugreifen und sich zu verteidigen, und überraschen sich dabei letztendlich selbst mit ihren ungeahnten Fähigkeiten und ihrem diesbezüglichen Einfallsreichtum. Doch diese Auseinandersetzungen können die zwischen ihnen bestehende Liebe nicht erschüttern; sie sind fähig, Kompromisse zu schließen, so daß die Beziehung nicht dauerhaft geschädigt wird. Daß die Tochter keine Angst hat, die Mutter anzugreifen, daß sie sie nicht als zerbrechlich ansieht, stellt eine Anerkennung der Tochter für die Mutter dar. Sie versucht, die Beziehung zu ändern – nicht, sie zu beenden.

Betrachtet die Tochter ihre Mutter als stark – begreift sie, daß das Fundament der Beziehung nicht zu erschüttern ist –, dann fühlt sie sich sicher. Sie kann ohne Angst vor Demütigung Rollen annehmen und wieder verwerfen. Sie kann ihre Wut erproben, sich widersetzen und feststellen, was dabei herauskommt.

Später blicken zwar auch gesunde Mütter und Töchter voller Unbehagen auf diese schwierige Zeit zurück, aber ihnen ist bewußt, daß dabei etwas Wichtiges und von Liebe Geprägtes vorgegangen ist. Kritische Fragen stellen muß sich die dreißig Jahre alte Frau, die diesen Prozeß immer noch nicht hinter sich gebracht hat. Und ganz besonders die Tochter, die diesen Prozeß nie durchmachen durfte – auch nicht mit dreißig. Sie muß sich besonders genau ansehen, was sie versäumt hat.

Die mit Liebe erstickende Mutter und das Mädchen im frühen Teenageralter

Die mit Liebe erstickende Mutter unterbindet diesen Entwicklungsprozeß. Sie erzieht Sie nach dem Motto »Wir beide gegen den Rest der Welt«. Sie ist eine ängstliche Frau, der es nicht gelungen ist, ein starkes Selbstgefühl zu entwickeln, und nun versucht sie, Sie daran zu hindern, das zu tun, wovor sie selbst sich gefürchtet hat. Anderen gegenüber ist sie mißtrauisch und feindselig, beklagt sich aber zugleich, sie habe keine Freunde.

Ist dies der Fall und leiden auch Sie selbst unter der Isolation von anderen, dann müssen Sie lernen, mit Menschen anders umzugehen, und Gesellschaft suchen, von der Sie Unterstützung erfahren. Das mag Ihnen anfangs schwerfallen und angst machen. Doch wenn Sie andere Menschen in Ihr Leben einlassen und Ihrem Innersten gemäß sprechen und handeln, gewinnen Sie an Stärke, und die Angst läßt nach. Dann können Sie eventuell Ihrer Mutter mit gutem Beispiel vorangehen.

»Als ich auf der High-School war«, erzählt Molly, fünfundzwanzig, »rief ich jedesmal meine Mutter an, wenn ich eine Freundin besuchte, gleich nachdem ich dort angekommen war. Gingen wir von meiner Freundin aus ins Einkaufszentrum, rief ich sie an, bevor wir weggingen. Ich rief sie wieder an, wenn wir zurück waren. Ich erzählte ihr alles, weil es nichts gab, was ich ihr nicht hätte erzählen können.

Noch auf der High-School war ich in einen Autounfall verwickelt. Ehrlich gesagt, meine ganze Clique war angetrunken, und wir hätten nicht fahren dürfen. Ich werde mir nie verzeihen, was ich meiner Mutter damit angetan habe. Mein Vater hatte ein Alkoholproblem, deshalb machte sie sich in dieser Hinsicht große Sorgen um mich. In der Ambulanz hat sie sich zusammengerissen und sich nichts anmerken lassen. Aber die ganzen Sommerferien über versuchten wir, wieder eine Gesprächsbasis zu finden. Ich fühlte mich so elend, ich konnte nicht einmal die Gesellschaft meiner Freunde genießen. Wenn ich ausging, fühlte ich mich jedesmal schuldig. Inzwischen weiß ich, ich hätte die Karten auf den Tisch legen und offen sagen sollen: ›Ich habe an diesem Abend zuviel getrunken. Wir hätten nicht fahren sollen. Aber ich bin keine Alkoholikerin, Mutter. Mach dir darüber keine Sorgen. Ich weiß, Daddy hat dir weh getan, und jetzt glaubst du, ich würde es genauso machen.‹ Aber ich habe alles verdrängt, vielleicht deshalb meine Schuldgefühle. Sie dachte, das ginge jetzt so weiter. Deshalb mußte ich ihr den ganzen Sommer lang beweisen, daß ich kein mißratenes Kind war.«

Wenn Sie bei einer mit Liebe erstickenden Mutter aufwachsen, fehlt Ihnen die nötige Sicherheit zur Konfrontation mit sich selbst – oder mit ihr. Die echten Gefühle werden verdrängt. Wie sollen Sie mit einer solchen Mutter den mit der Pubertät einhergehenden Konflikt ausleben, der so wichtig für den Aufbau der eigenen Identität ist? Nur wenn Sie begreifen, daß Sie nicht mehr länger das verzweifelt um ihre Liebe ringende Kind sind, können Sie nach und nach lernen, mit diesen Gefühlen umzugehen, statt sie als erdrückend zu empfinden.

Wenn Feindseligkeit erstickt wird

Daß die Kämpfe, die Sie mit Ihrer Mutter mit fünfzehn hätten ausfechten müssen, nicht stattgefunden haben, heißt nicht, daß sich die Probleme einfach in nichts auflösen. Die verweigerte und unterdrückte Wut bricht hervor, wenn Sie zwanzig oder dreißig sind, doch dann ist sie weder gesund noch produktiv, und das Resultat ist weder Unabhängigkeit noch ein neugefundenes Selbstgefühl. Vielmehr bewegen Sie sich fortan alle beide im Kreis, alles führt letztendlich zu

Schuldgefühlen und Gewissensbissen und noch tieferem Versinken im Sumpf.

Es entbehrt nicht einer gewissen Ironie, daß diese Beziehung, die auf der Weigerung der Mutter basiert, auch nur das kleinste bißchen Auflehnung von ihrer Teenagertochter hinzunehmen, ein Schlachtfeld ewiger Auseinandersetzungen wird, wenn die Tochter erwachsen ist. Mutter und Tochter sind aufgrund verdrängter Ängste so fest aneinandergekettet, daß sich die Spannungen nur durch ständiges Gezänk lösen lassen. Doch diese sinnlosen Streitereien verstärken lediglich die Ängste.

Warum geschieht das? Weil die mit Liebe erstickende Mutter ihre Tochter nie darin unterstützt hat, sich unabhängig von ihrer Rolle als Kind zu definieren, und die Tochter sich von ihr dazu verführen hat lassen, Kind zu bleiben. Die mit Liebe erstickende Mutter fand möglicherweise das Stillen so befriedigend, daß sie ihr Baby erst viel später entwöhnte, als es angebracht gewesen wäre. Vielleicht schlief sie mit ihrem kleinen Mädchen sogar im selben Bett, weil ihr das Trost und Sicherheit gegeben hat.

Im Laufe der Jahre wird sie zunehmend eifersüchtig und reagiert feindselig auf andere, die sich ebenfalls gerne mit dem Kind abgeben möchten. Sie fördert die Abhängigkeit des kleinen Mädchens von ihr – und nur von ihr allein. Sie wird zu einer überbesorgten Mutter, die die Gefahren der Außenwelt stark übertrieben darstellt.

»Einmal, ein einziges Mal, bekam ich einen Strafzettel wegen zu schnellen Fahrens«, erzählt Elaine, sechsunddreißig. »Ich kam nach Hause und sagte: ›Puh, ich mußte rechts ranfahren.‹ Zwei Wochen lang mußte ich mir das anhören. Jedesmal, wenn ich wegging, hieß es: ›Tritt nicht so aufs Gaspedal. Paß auf dich auf. Sei vorsichtig!‹

Bei uns zu Hause lautete die Botschaft: ›Trau dich ja nicht raus. Draußen ist es unheimlich. Was ist, wenn ich dich brauche? Bleib in Reichweite, nur für den Notfall.‹

Dieses ›nur für den Notfall‹ wurde nie näher erläutert. ›In unserer Familie kennt man sich mit solchen Sachen nicht aus‹, sagte sie. Ihr Leben lang hat sie nur die drei Dinge getan, die sie immer getan hat: zur Arbeit gehen, nach Hause kommen, das Essen für meinen Vater machen. Sie ist ängstlich und lehnt neue Ideen ab, sie ist unsicher und mäkelig. Wenn Sie mich besucht, versucht sie zu helfen, aber andauernd sagt sie: ›Ich weiß nicht, wo ich diese Teller hinstellen soll. Die muß jemand anders wegräumen. Ich habe den Geschirrkorb nicht leer gemacht, weil ich nicht wußte, wo alles hinkommt.‹

Einmal, ich war noch ein Kind, herrschte draußen leichtes Schneetreiben, und ich wollte trotzdem in die Schule gehen. Sie stand im Flur und lamentierte: ›Du bist bestimmt die einzige im ganzen Gebäude. Außer dir wird kein Mensch dasein. Du bist da draußen ganz allein, und alle werden denken, du bist ein Waisenkind!‹ Sie jagte mir mit ihrem Gejammer Todesangst ein, und ich blieb zu Hause.«

Wenn Auflehnung erstickt wurde

Sie droht wegzulaufen und geht dann doch nicht, sie verflucht die Mutter und nimmt den Fluch gleich wieder zurück, sie lädt ihren Frust auf der Mutter ab und stellt fest, daß diese ihr verzeiht, sie kritisiert die Mutter und ändert gleich anschließend ihre Meinung – der gesunde Teenager lernt wirklich allerhand über die Liebe zwischen Mutter und Tochter. Diese junge Frau lebt nicht in der verzweifelten Angst, ihre Mutter zu verlieren oder kurz vor einer Katastrophe zu stehen. Diese Tochter wächst mit einem starken Vertrauen in ihre vorhandenen Kräfte heran, mit einem Gefühl von Unabhängigkeit und Kompetenz und in dem Wissen, daß sie eine Trennung überleben kann, denn sie weiß, ihre Mutter liebt sie, respektiert sie und versteht sie – und wird immer für sie dasein.

Die Tochter der mit Liebe erstickenden Mutter hat dagegen wenig Erfahrung mit Auflehnung. Sie lebt in der Überzeugung, im Falle einer Rebellion von der Mutter abgelehnt zu werden und den Rest ihrer Tage einsam und allein dahinvegetieren zu müssen. Da sie nie ausprobiert hat, wie es ist, den Verlust der Liebe der Mutter zu riskieren, lebt sie in ständiger Angst vor dem Verlassenwerden. Sie hat nie den Mutter-Tochter-Konflikt erlebt, der zur Entwicklung einer eigenen Identität unerläßlich ist. Sie weiß so gut wie nichts darüber, daß zu einer liebevollen Beziehung das Verzeihenkönnen gehört. Das gesunde junge Mädchen wächst im festen Vertrauen auf die Liebe der Mutter zu einer erwachsenen Frau heran; die in ihrer Entwicklung behinderte Tochter braucht diese Liebe um so mehr, da die Beziehung zur Mutter so zerbrechlich erscheint.

Bis zu einem gewissen Grad ist sich die Tochter der mit Liebe erstickenden Mutter bewußt, daß ihre Mutter nicht auf sie eingeht; daß diese erstickende Liebe im Grunde bedeutet, sie zurückzuweisen – sie nicht zu verstehen, sie nicht zu lieben. Selbst ein kleines Kind weiß, wann ein Lächeln zum unpassenden Zeitpunkt kommt, wann Lob übertrieben ist, und es schätzt es nicht, niedlich gefunden zu werden, wenn es ernst genommen werden möchte. Dieser Mangel an ehrlichem Verständnis von seiten der Mutter bedeutet, daß sie das wahre Wesen des Kindes ignoriert, und darum kann nie auf ihre Liebe vertraut werden, und darum glaubt die Tochter, diese Liebe könne ihr jederzeit entzogen werden.

Was steht der Tochter einer mit Liebe erstickenden Mutter bevor?

Die Tochter einer mit Liebe erstickenden Mutter wird oft ein braves, »gutes« Mädchen. Sie ist typischerweise eine hervorragende Schülerin, bekommt gute Noten, wird an guten Universitäten angenommen und für ihre »Reife« gelobt. Sie zeichnet sich besonders in Situationen aus, in denen sie den Erwartungen anderer gerecht werden muß.

Caroline absolvierte ihr Jurastudium als Beste ihres Jahrgangs, bekam sofort eine Stelle bei einem Strafverteidiger und saß dort jahrzehntelang auf demselben Stuhl und erledigte die Kleinarbeit – setzte Schriftsätze auf, legte Strategien fest, bereitete die Prozeßunterlagen vor –, so daß ihr Chef gut vorbereitet in den Prozeß gehen, den Ruhm kassieren, im Fernsehen auftreten und seine Honorare in astronomische Höhen treiben konnte. Je mächtiger er wurde, um so mehr fürchtete Caroline, daß er, wenn sie irgend etwas fordern würde – mehr Geld, die Chance, einen eigenen Fall zu übernehmen, ein bißchen Anerkennung –, unverzüglich einen cleveren Studienabgänger einstellen würde, der ihre Arbeit übernähme. Mit Ende Dreißig war sie an einem toten Punkt in ihrer Karriere angelangt und hatte das Gefühl, selbst nichts erreicht zu haben. Was war passiert? Sie hatte doch so brillante Voraussetzungen gehabt.

Caroline war die Tochter einer mit Liebe erstickenden Mutter. Da sie die ihr verbotenen Gefühle leugnete, unterdrückte sie einen wesentlichen Teil ihrer Persönlichkeit. Sie hatte nicht nur ihre Wut, sondern auch Aggression, Durchsetzungsvermögen und Ehrgeiz tief in sich begraben.

Da Caroline nie Gelegenheit erhalten hatte, ihre eigene innere Stimme zu entdecken, fügte sie sich als erwachsene Frau mühelos in die Rolle als Hilfskraft. Sie fühlte sich nicht einmal um die ihr zustehende Anerkennung gebracht; es war ihr tatsächlich nie in den Sinn gekommen, irgend etwas zu verlangen, was ihr aufgrund der Expansion der Firma zugestanden hätte. Sie war einfach davon ausgegangen, wenn sie es verdiene, werde ihr Chef ihr schon von sich aus mehr Kompetenzen einräumen. Außerdem fühlte sie sich im Hintergrund stets wohler.

»Anonym zu sein ist sicher«, sagt Caroline, »sich bemerkbar zu machen ist gefährlich.« Steht Caroline an der Kasse im Supermarkt und jemand drängelt sich rücksichtslos vor,

kommt ihr nie in den Sinn, sich zu wehren. Autorität stellt sie prinzipiell nicht in Frage. Wütend zu sein ist nur störend. Es ist nicht so, daß sie gegen diesen Impuls ankämpft; der Impuls ist vielmehr abgestorben. Deshalb blieb sie jahrelang an diesem Arbeitsplatz und merkte nicht einmal, wie unglücklich sie war, wie sehr sie benachteiligt und wie unfair sie behandelt wurde.

Sie wohnt zu Hause bei ihrer Mutter. Ihre Angst vor Konflikten, ihr Bestreben, ein braves Mädchen zu sein, und ihr Problem, nicht zu wissen, was sie wirklich will, lähmen sie nahezu. Ihre Mutter bereitet alle Mahlzeiten zu. Möchte Caroline eigentlich gerne etwas Leichtes essen und ihre Mutter hat Steaks gemacht, dann ißt Caroline eben gehorsam das Steak.

»Es ist so albern«, sagt sie fast unter Tränen. Beim Sprechen verliert sie die Kontrolle, ihre Worte schockieren sie. »Aber was mich immer so sehr geärgert hat, das war, wenn Mutter und ich an einem Sommerabend unseren üblichen Spaziergang gemacht haben. Wir gingen immer an der Eisdiele vorbei, und ich kaufte mir ein Eis. Meine Mutter weigerte sich standhaft, sich auch ein Eis zu kaufen. Sie sagte, sie würde lieber ein bißchen was von meinem schlecken. Da wurde ich innerlich richtig wütend. Kann sie sich nicht selbst ein Eis kaufen? Aber meine Reaktion schien so dumm und so übertrieben, daß ich das nie laut hätte aussprechen können. Und deshalb ging das so weiter, Abend für Abend, Jahr für Jahr, und ich habe gelernt, damit zu leben.«

Wie die Mutter zu werden

Eine junge Frau, der eine offene, konfliktreiche, aufrichtige Beziehung zu einer liebevollen Mutter vorenthalten wurde, leidet häufig an Gefühlen der Minderwertigkeit, Unvollständigkeit und Leere – sie spürt beständig, daß ihr etwas fehlt, weiß aber nicht, was, und kann es deshalb natürlich nicht einfordern. Schlimmer noch, sie stellt fest, daß sie in die Fußstapfen ihrer Mutter tritt. Sie hat deren Weltanschauungen derart vollständig verinnerlicht, daß sie nicht mehr sagen kann, wo sie selbst aufhört und ihre Mutter anfängt.

»Ich bin meine Mutter«, erklärt Bridget, einundzwanzig, »und das gefällt mir gar nicht. Sie war achtzehn und lebte in einer Kleinstadt, als sie meinen Vater kennenlernte und mit ihm nach Los Angeles ging. Sie betete den Boden an, auf den er seinen Fuß setzte. Letztendlich war das der Grund für ihre Scheidung, aber sie blieb von Beziehung zu Beziehung abhängig von dem betreffenden Mann. Als ich noch auf der High-School war, hatte ich keinen Freund. Jetzt bin ich zum erstenmal mit einem Mann zusammen, mit Greg, und prompt vernachlässige ich alle meine Freunde. Ich bin nur noch für ihn da, was anderes scheint für mich nicht mehr zu existieren. Ich dachte, ich hätte mich zu einem ziemlich unabhängigen Menschen entwickelt. Schließlich bin ich von zu Hause ausgezogen und kam ganz gut zurecht, doch seit vier Monaten stecke ich in diesem Trott. Ich bin glücklich, daß ich mich um jemanden kümmern kann, aber alles andere ist aus meinem Leben verschwunden.

Mom findet das gut. Ihre erste Frage, wenn sie mich anruft, lautet: ›Wie geht's Greg?‹ Ich war zwei Wochen zu Hause, und er wollte mich besuchen kommen. Da sagte sie: ›Am besten gehst du zum Friseur und läßt dir die Haare schneiden, bevor er kommt.‹ Dann kam: ›Was ziehst du am Wochenende an?‹

Ich war geradezu enthusiastisch, als ich das erste Mal von zu Hause weg war, und hatte jede Menge Ideen, was ich alles machen wollte. Ich muß das College abschließen – ich habe noch drei Semester –, das sollte ich wirklich tun. Mein Ziel ist ein Abschluß in Betriebswirtschaft, weil ich später amtlich zugelassene Wirtschaftsprüferin werden möchte. Ich will mein eigener Herr sein, aber ich unternehme nichts in dieser Richtung. Ich habe jetzt drei

Monate lang nicht gearbeitet; im Grunde genommen habe ich aufgehört zu arbeiten, als ich Greg kennenlernte. Er hat ein neues Geschäft eröffnet und mich gefragt, ob ich ihm dabei helfen könnte, ein Abrechnungssystem für den Computer zu entwickeln, damit habe ich meine ganze Zeit verbracht.

Meine Mom sagte dauernd: ›Du solltest dir einen Job suchen. Hör auf damit, in den Laden zu gehen.‹ Ich bekam einen Job, und meine Mutter kam zwei Wochen später zu Besuch. Als wir im Geschäft vorbeischauten, war gerade einiges los, und sie sagte: ›Warum kümmerst du dich nicht um den Kunden da drüben?‹ Erst will sie nicht, daß ich Greg helfe, dann findet sie es wieder gut, weil es ihn freut.

Ich glaube, meine Mutter ist ein Mensch, der sehr viel gibt, wenn man allerdings zuviel von sich hergibt, ist man nur noch eine leere Hülle. Aber ich habe Angst, wenn ich mich ändere, wäre er vielleicht sauer und hätte mich nicht mehr so gern wie jetzt. Gestern sagte ich zu ihm, ich könne nicht vorbeikommen, ich hätte was anderes vor, und da sagte er: ›Wenn du damit anfängst, daß dir deine Freunde wichtiger sind als ich, bekommen wir ein Riesenproblem.‹

›In den letzten vier Monaten warst du mir wichtiger als alle meine Freunde‹, antwortete ich. ›Sie sind meine Familie hier.‹ Schließlich sagte er, ich hätte recht – aber ich hatte es darauf ankommen lassen und hatte Angst, daß er mich verläßt. Es war ein kleiner Schritt, aber ein wichtiger. Mein nächster Schritt besteht darin festzustellen, ob ich es schaffe, weiter aufs College zu gehen und mein Berufsziel zu verfolgen und gleichzeitig eine Beziehung zu haben. Wenn ich das nicht schaffe, verläuft bei mir alles genauso wie bei meiner Mutter. Bei dieser Vorstellung läuft es mir eiskalt den Rücken hinunter.«

Trennung: Die Freiheit, anders zu sein

Sogar gesunde Mütter und Töchter haben Probleme mit dem komplizierten Trennungsprozeß, aber die Probleme verschlimmern sich, wenn Ihre Mutter sich darauf verläßt, daß Sie ihre unausgesprochenen Bedürfnisse erfüllen, und von Ihnen erwartet, daß Sie ihre tiefsten Ängste teilen.

Trennung ist nicht gleichbedeutend mit Verlust; es bedeutet nicht, die Beziehung zu einem Menschen, den Sie lieben, zu beenden. Vielmehr verschafft Trennung den notwendigen Freiraum, in dem zwei gleichberechtigte, unabhängige Menschen eine Beziehung miteinander eingehen können. Trennung bedeutet nicht, daß Sie allein sein müssen und keine Wünsche oder Bedürfnisse haben dürfen. Kein Mensch will völlig allein und nicht in der Lage sein, eine liebevolle Beziehung zu pflegen. Frauen brauchen ihre Mütter, und sie möchten sie lieben.

Trennung bedeutet jedoch, daß Sie die Freiheit besitzen, anders zu sein. Ist die Lieblingsfarbe Ihrer Mutter Blau, muß Blau nicht auch Ihre Lieblingsfarbe sein. Liebe besteht auch da, wo es Unterschiede gibt. Das gesunde junge Mädchen schreit die Mutter an: »Ich will nicht so sein wie du. Ich will mein eigenes Leben leben!« Die selbstbewußte Mutter antwortet: »Das habe ich nie von dir verlangt. Ich weiß, daß du anders bist als ich.« Haben Sie diesen Moment mit Ihrer Mutter nie erlebt, haben Sie noch nicht die Freiheit erlangt, Sie selbst zu sein.

Terry, dreiundzwanzig, und ihre Mutter hatten wieder einmal eine ihrer ständigen Zankereien. Diesmal ging es darum, daß Terry keine Vorhänge in ihrer Wohnung aufgehängt hatte. Terry erteilte ihrer Mutter eine Abfuhr und sagte, sie habe keine Zeit. Aber die Nörgelei ging weiter.

»Die Wahrheit ist«, gestand Terry, »daß ich Vorhänge hasse, weil sie sie dreimal im Jahr abnimmt, wäscht und wieder aufhängt. Dieses Ritual machte mich wahnsinnig!«

Terry wollte nicht, daß die Kabbelei wie gewöhnlich in einen endlosen Streit mit Tränen, Beleidigungen und Anrufen bei Verwandten unter gegenseitigen Schuldzuweisungen ausartete. Sie versuchte also, ruhig zu bleiben, und stieß zwischen zusammengebissenen Zähnen hervor: »Ma, eines mußt du dir merken. Ich bin ich, und du bist du!«

Ihre Mutter sah sie an, als spräche sie eine fremde Sprache. Terry deutete mit ihrem zitternden Zeigefinger auf den Fußboden und zog eine imaginäre Linie zwischen sich und der Mutter.

»Hast du verstanden, Mutter? Wir sind nicht ein und dieselbe Person. Ich bin ich, und du bist du!«

Ihre Mutter dachte darüber nach und zuckte schließlich mit den Achseln.

»Na ja«, seufzte sie, »aber was macht das schon für einen Unterschied?«

Sie sehen Ihre Mutter als die, die sie ist, und sie sieht Sie als die, die Sie sind, und Sie alle beide respektieren die imaginäre Grenze auf dem Fußboden. Es macht einen Unterschied.

»Töchter neurotischer Mütter müssen versuchen, sich von ihnen zu lösen«, sagt die New Yorker Psychotherapeutin Roberta Schultz. »Wenn die junge Frau noch zu Hause wohnt und eine physische Trennung nicht möglich ist, muß sie eine emotionale Trennung vollziehen. Gelingt das nicht mit dem Herzen, muß der Kopf diese Aufgabe übernehmen. Hilfreich ist, wenn man versteht, was die Mütter machen, auch wenn sie selbst es nie verstehen werden, und dann auf Abstand geht, indem man sich von ihnen nicht das gleiche Verhaltensmuster aufzwingen läßt.«

Stehen Sie unter der Fuchtel einer mit Liebe erstickenden Mutter, ist Ihnen möglicherweise nicht ganz klar, welchen Preis Sie dafür zahlen müssen. Sie besitzt so viel Macht, daß Sie sich gar nicht trauen, den Mangel an Unabhängigkeit und die Benachteiligungen auch nur zu empfinden. Statt dessen werden Sie in Ihrem Liebesleben, in Ihrem Beruf und in

Ihrem Selbstgefühl unter diesen Mängeln leiden. Es erscheint Ihnen sicherer, Ihre Impulse zu unterdrücken, als Ihre Mutter zu kritisieren, und das macht es Ihnen doppelt schwer, sich zu befreien.

Bevor Sie an eine Lösung denken, bevor Sie das Problem analysieren können, müssen Sie sich vergewissern, daß Sie sich mit *Ihren* Gedanken auseinandersetzen und nicht mit denen der Mutter. Das ist gar nicht so leicht, wenn Sie das noch nie gemacht haben, wenn Sie ihre Ansichten und Überzeugungen so sehr verinnerlicht haben, daß Sie gar keinen Unterschied mehr feststellen können.

Was können Sie tun? Sie müssen sich bewußt machen, daß Sie vor einer schweren Aufgabe stehen, daß Sie endlich das versuchen, was im Verlauf Ihres Lebens in stufenweisen Schritten, Stück für Stück, bereits hätte erfolgen sollen. Dann können Sie den Trennungsprozeß in Angriff nehmen.

Zuerst sollten Sie einen Platz für sich allein finden, ein Stück Privatsphäre nur für sich. Besteht die Möglichkeit, zu Hause auszuziehen, dann tun Sie das. Sie werden unter Schuldgefühlen leiden und gewisse Befürchtungen haben, und auch nach dem Auszug wird es nicht leichter – aber Sie werden nie Klarheit in die Beziehung zu Ihrer Mutter bringen, solange Sie zulassen, daß sie jeden Ihrer Schritte überwacht.

Ist ein Auszug nicht möglich, dann stellen Sie Grenzen auf, die die Einmischung Ihrer Mutter unterbinden. Hört sie Ihre Telefongespräche mit, lassen Sie sich eine eigene Leitung legen. Sieht sie Ihre Post durch, nehmen Sie sich ein Postfach. Bestehen Sie darauf, daß Ihre Sachen sie absolut nichts angehen und daß sie anklopfen muß, bevor sie Ihr Zimmer betritt. Das sind grundlegende Grenzen, die Mädchen normalerweise in der Pubertät aufstellen. Es handelt sich einfach um Forderungen der Menschenwürde, und Sie können und müssen sie, ohne an ihrer Rechtmäßigkeit zu zweifeln und ohne Schuldgefühle zu entwickeln, stellen können.

Das heißt nun wieder nicht, daß Sie nicht unter Ängsten

oder Gewissensbissen zu leiden hätten. Sobald Sie in unbekanntes Terrain vorstoßen und die eingespielte Struktur Ihres Lebens (und des Lebens Ihrer Mutter) in Gefahr bringen, müssen Sie natürlich damit rechnen, daß sie Einwände erhebt und beleidigt reagiert, ja, Sie sogar eventuell des Verrats bezichtigt. Möglich, daß sie weint und behauptet, Sie würden sie schrecklich verletzen. Möglich, daß Sie ihr glauben und Ihr Entschluß ins Wanken gerät und Sie Angst bekommen. Ihr erster Impuls mag dann darin bestehen, zu ihr zu eilen und sie um Verzeihung zu bitten. Tun Sie das nicht. Die Angst geht vorüber. Nur dann können Sie eine Ahnung davon bekommen, was Sie über so viele Jahre Ihren Ängsten geopfert haben. Nur dann kommen die Bereiche Ihres Selbst, die Sie unterdrückt haben, langsam wieder zum Vorschein. Nur so gelangt ein wenig Klarheit in Ihre Gedanken.

Mit Angst umzugehen lernen Sie nur aufgrund einschlägiger Erfahrung. Mit der Angst zu leben ist die einzige Möglichkeit, zu den abgetöteten Bereichen Ihres Selbst vorzudringen. Vergessen Sie nicht, es ist nicht mehr Ihre Mutter, die den Schaden anrichtet; ganze Bereiche Ihrer Persönlichkeit und Ihrer Impulse sind förmlich lahmgelegt. Während des Prozesses, in dessen Verlauf Sie diese Lähmung rückgängig machen können, kommt es zwangsläufig zu Spannungen, Reue- und Schuldgefühlen. Aber damit müssen Sie fertig werden, um das, was verschüttet worden ist, endlich lebendig werden zu lassen.

Haben Sie dem erdrückenden Verhalten Ihrer Mutter zum ersten Mal Grenzen gesetzt und sich dabei im Recht gefühlt und keine Gewissensbisse verspürt, dann bekommen Sie eine leise Ahnung, welche Macht man Ihnen verweigert hat. Wenn Sie Ihre Mutter Ihr Leben lang jeden Tag angerufen haben, und das nicht immer aus freien Stücken, sondern weil Sie sich dazu verpflichtet fühlten, dann sagen Sie ihr nun, Sie seien unter der Woche zu beschäftigt, Sie würden sich an den Wochenenden melden. Das ist ein absolut vernünftiger

Kompromiß, den eine erwachsene Frau ihrer Mutter anbieten kann. Falls sie Sie daraufhin mit Argumenten unter Druck setzt wie, sie könne sterben und niemand werde es merken, bleiben Sie hart. Überprüfen Sie Ihre eigenen Reaktionen. Je mehr Sie nach dem Setzen einer so simplen Grenze leiden, desto klarer erkennen Sie, daß Sie ein ernstzunehmendes Problem haben, das in Angriff genommen werden muß!

Sobald Sie Freiraum für sich gefunden haben – Ihre eigene Wohnung, Ihre eigene Telefonleitung, ein abschließbares Tagebuch –, beginnt die intellektuelle Arbeit. Sie können nicht erwarten, daß sich ein Gewirr von Gefühlen und Verhaltensmustern, das sich tief in Ihr Leben eingegraben hat, über Nacht ändern läßt, aber Sie können endlich darüber nachdenken, was Sie fühlen, zu begreifen versuchen, woher diese Gefühle kommen, und die Vernünftigkeit Ihrer Reaktionen einer Überprüfung unterziehen. Das ist der erste Schritt zur Veränderung Ihrer Gefühle.

Strategien zur Veränderung

- Es ist Ihr Leben, das Sie zurückzufordern versuchen! Jeder kleinste Triumph verleiht Ihnen den Mut, den nächsten in Angriff zu nehmen. Wie bei allem im Leben macht auch bei der Trennung von der Mutter Übung den Meister. Bekamen Sie als Kind keine Gelegenheit, wenigstens die grundlegenden Elemente dieses Prozesses zu lernen, dann brauchen Sie mit der erwachsenen Frau, die Sie heute sind, Geduld. Nach jedem kleinen Sieg verringert sich die Angst vor dem nächsten Schritt. Auch wenn es Ihnen noch so unglaublich erscheinen mag, solange Sie in der Vergangenheit verhaftet sind, es wird Ihnen zunehmend leichterfallen.
- Hören Sie auf, mit Ihrer Mutter über nebensächliche Kleinigkeiten herumzustreiten. Verzichten Sie darauf, bei Streitereien stets als Siegerin hervorgehen zu wollen. Sie

fangen sich nur selbst in der Falle alter Beziehungsmuster und verstricken sich nur immer tiefer in das Geflecht, so daß Sie schließlich Schuldgefühle bekommen, wütend werden oder sich unverstanden fühlen. Damit Sie an sich *selbst* arbeiten können, müssen Sie sich aus der Abhängigkeit von Ihrer Mutter befreien. Es gab einmal eine Zeit, da brauchten Sie sie, um zu überleben, aber diese Zeit ist vorbei. Wenn es Ihnen gelingt, sich nicht in einen endlosen Kreislauf hineinziehen zu lassen, haben Sie die Möglichkeit, bessere Beziehungen zu anderen Menschen aufzubauen, und der Einfluß Ihrer Mutter verliert an Bedeutung.

• Warten Sie, bis eine Sache abgeschlossen ist, bevor Sie mit Ihrer Mutter darüber sprechen. Eine junge Frau, deren Mutter zu der Kategorie der überbesorgten Mütter gehört, rät folgendes: »Ich habe gelernt, ihr nichts zu erzählen, solange nicht alles geklärt ist. Ich warte, bis alles erledigt ist; zur Zeit spreche ich nicht mit ihr über meine Arbeit, weil ich mich in eine andere Abteilung versetzen lassen möchte, denn sofort würde es losgehen: ›Und? Ist das auch von Vorteil für dich?‹ oder ›Triffst du auch die richtige Entscheidung?‹, und damit hätte ich jede Menge Druck. Früher haben wir uns schlimme Sachen an den Kopf geworfen, deshalb versuche ich, es erst gar nicht mehr soweit kommen zu lassen.

Einmal hatten wir einen solchen Streit, da hat sie doch tatsächlich die Tür aufgebrochen und das Telefon aus meiner Wand gerissen. Inzwischen rede ich lieber über unwichtigere Dinge mit ihr. Ich setze mich hin, verhalte mich still und lasse sie reden. Ich denke über sie nach, darüber, warum sie sich so verhält, und manchmal möchte ich sie fast beschützen, jetzt, wo sie älter und verletzlicher wird. Ich bin froh, daß ich endlich einen Punkt erreicht habe, an dem ich nicht mehr einfach etwas sage, nur um sie zu verletzen. Wir können uns über die Baumwollstoffe unterhalten, die sie kaufen möchte, über Dinge eben, die nicht so wichtig sind, und ich halte mich etwas zurück, wenn sie sich wieder in altbewährter Weise benimmt. Das macht alles ein wenig leichter zwischen uns.«

- Machen Sie lieber einen Spaziergang, anstatt mit ihr herumzustreiten. Gönnen Sie sich einen Augenblick Pause, um darüber nachzudenken, was vorgefallen ist. Versuchen Sie, Ihr Verhalten unabhängig von dem der Mutter zu betrachten, und respektieren Sie Ihre Gefühle, denn diese sind ein Teil von Ihnen, auch wenn man Ihnen beigebracht hat, sie seien nicht gut, und Sie sich ihrer schämen. Mehr Toleranz für Ihre Gefühle zu entwickeln kann an sich bereits eine heilende Wirkung haben und die Weiterentwicklung fördern. Wenn Sie sich selbst akzeptieren, können Sie Ihre Selbstverleugnung ablegen und das Vertrauen in Ihr eigenes Urteilsvermögen und Ihren Realitätssinn steigern.

- Wenn es Ihnen nicht gelingt, einem Streit über irgendeine Kleinigkeit aus dem Weg zu gehen, dann versuchen Sie, das Geschehene anschließend zu analysieren, damit Sie es besser verstehen. Dieses Verständnis führt dazu, daß sich Ihr Verhalten von dem Ihrer Mutter zu unterscheiden beginnt. Darin besteht der intellektuelle Aspekt des Trennungsprozesses; aber erwarten Sie nicht, daß sich sofort emotionale Freiheit einstellt, denn das kann Jahre dauern. Wieder und wieder muß um das gleiche Stückchen Boden gekämpft werden, wieder und wieder müssen die gleichen Kämpfe ausgefochten werden. Frauen, die gegen ihre mit Liebe erstickenden Mütter ankämpfen, um ein selbstbestimmtes Leben führen zu können, sagen, sie kämen nie wirklich über den emotionalen Preis, den es zu bezahlen gilt – die Schuldgefühle und den Schmerz – hinweg. Aber wenn es Ihnen gelingt, aus dem Teufelskreis auszubrechen, können Sie zumindest frei atmen.

KAPITEL FÜNF

Die besitzergreifende Mutter
Der Teenager zieht Grenzen

Shelley, siebenundzwanzig Jahre alt und Jurastudentin, arbeitet zur Zeit als Anwaltsassistentin. Sie ist groß und füllig, aber sie trägt ihre Pfunde voller Selbstbewußtsein.

»Wenn ich dreißig oder vierzig Pfund abnehmen würde«, berichtet sie, »wäre meine Mutter der glücklichste Mensch der Welt. Ihr Tag läuft folgendermaßen ab: Gleich nach dem Aufwachen rennt sie ins Fitneßstudio, treibt zwei Stunden Sport, dann eilt sie zum Umziehen nach Hause, anschließend spielt sie Tennis und hinterher Golf. Andauernd drängt sie mich, ich solle Gymnastikkurse besuchen. Als ich noch bei meinen Eltern wohnte, sah sie zu, daß ich vor ihr zu Hause war, dann zog ich meine Turnklamotten an, brachte meine Haare in Unordnung, warf meine Turnschuhe mitten ins Zimmer und legte mich aufs Ohr. Auch als ich am College war, log ich sie an und sagte: ›Oh, ich komme gerade von der Gymnastik.‹ Falls sie fragte: ›Gehst du zur Gymnastik?‹ und ich antwortete mit nein, kam prompt: ›Und wann gehst du wieder hin?‹

Dann antwortete ich: ›Wenn ich Zeit habe.‹ Darauf sie: ›Ich begreife nicht, warum du momentan keine Zeit dazu hast.‹

Hätte ich genügend Mut, würde ich zu ihr sagen: ›Weißt du was. Ich verzichte eine Zeitlang auf mein Leben, dann lebst du es für mich, wie du es gerne hättest. Und ich kann endlich machen, was ich will!‹«

Shelley lacht tief und heiser, und sie lacht oft – sie ist eine pfiffige New Yorkerin mit einem ausgeprägten Sinn für Humor. Sie wirkt wie die perfekte Verkörperung der unabhängigen, mutigen, erfolgreichen modernen Frau – aber ist dieser Eindruck auch richtig?

»*Ich wohne zehn Blocks von meinen Eltern entfernt, deshalb schaut meine Mutter oft herein. Sie bringt Sachen für mich vorbei und hat auch einen Schlüssel für den Fall, daß sie telefonieren muß, wenn sie hier in der Gegend ist. Mir paßt das nicht, aber meine Eltern bezahlen die halbe Miete, deshalb kann ich nichts sagen. Eines Tages, als ich im Büro war, zeigte sie einer Freundin meine Wohnung, weil sie sie mit der Wohnung der Tochter dieser Freundin vergleichen wollten. Anschließend rief sie mich an und sagte, meine Wohnung sei das reinste Chaos. Ich sagte: ›Hätte ich gewußt, daß du kommst, hätte ich aufgeräumt.‹ Aber ich lege mich nicht mit ihr an. Ich mache das anders – ich räume zum Beispiel meine Wohnung nicht auf. Sie sieht, daß hinten auf meiner Couch Staub liegt, marschiert in die Küche, nimmt einen feuchten Lappen und fängt an zu putzen. Dann will sie eine Putzfrau für mich suchen. Was soll das, zum Teufel? Wenn sie sie bezahlen würde, wär's mir ja egal.*

Während der High-School-Zeit schrieb sie meine Aufsätze. Als ich mich am College anmeldete, schrieb sie meine Bewerbung. Ich mußte nur noch unterschreiben. Während des Studiums brachte sie es fertig, mich jeden Tag anzurufen. War ich nicht in meiner Wohnung, gab ihr meine Mitbewohnerin die Nummer, unter der ich gerade erreichbar war, und dann rief sie mich dort an.

Im letzten Sommer mußte ich mich für einen Beruf entscheiden. ›Warum wirst du nicht Lehrerin?‹ sagte sie. ›Dann hast du im Sommer frei, das ist ein toller Beruf. Mach dein Diplom, und werde Lehrerin, okay?‹ ›Okay‹, sagte ich.

Ich bekam einen Job als Hilfslehrerin. Ich war der

unglücklichste Mensch auf der Welt. Ich haßte es zu unter-
richten; da hatte ich gerade meinen Abschluß gemacht und
hockte schon wieder in der Schule, wohnte bei meinen
Eltern und weinte jede Nacht. Ich stieg aus und ließ mich
einfach treiben. Es dauerte fünf Jahre, bis ich mich zum
Jurastudium anmeldete, und bis ich soweit war, brauchte
es jede Menge Überredungskünste und Unterstützung –
aber nicht von ihrer Seite!

Jetzt mache ich eine Therapie. Tatsächlich ist sie nicht
einmal ganz unschuldig daran, daß ich das mache, denn es
hat sie beunruhigt, daß ich an Thanksgiving nie einen
Mann zum Essen eingeladen habe. Sie behauptete immer,
ich könne nicht richtig flirten. Ihrer Ansicht nach mußte sie
über jede meiner Verabredungen Bescheid wissen, und
hinterher sagte sie: ›Warum ruft er nicht mehr an? Warst
du nicht nett zu ihm? Was hast du angehabt? Hast du die
zerrissenen Jeans getragen?‹ Mit solchen Jeans durfte ich
ihr nicht unter die Augen kommen. ›Macht ihr denn keine
Pläne, wenn einer anruft? Sagst du, ich rufe später zurück?
Ich begreife nicht, warum du so unverbindlich bist. Warst
du unfreundlich zu ihm am Telefon?‹

In meiner ersten Therapiestunde saß ich da und er-
zählte, was ich für eine wunderbare Familie hätte, eine
ganz phantastische Mutter, alles sei bestens. Ich wollte
lediglich über den aktuellen Mist reden, mit dem ich mich
herumschlagen mußte, und drei Monate später stellte sich
heraus, daß ich dieses Problem habe: Ich muß tatsächlich
jeden Tag mit meiner Mutter reden – von der Straßenecke
aus muß ich sie anrufen! Sie muß haargenau wissen, was
bei mir los ist. Diese Anrufe machen mich verrückt.

Mein Therapeut sagte, das erste, was ich machen müsse,
sei, ihr nicht mehr alles zu erzählen. Meine Reaktion:
›Unmöglich! Machen Sie Witze?‹, und wenn ich mich bei
ihm beklagte, sagte er: ›Warum haben Sie ihr das erzählt?‹
Und ich erwiderte: ›Ich dachte, ich müßte. Sie muß es doch
wissen.‹

In Wahrheit muß ich ihr gar nicht alles erzählen. Jetzt weiß sie nie, wann ich eine Verabredung habe. Es macht sie wahnsinnig. Ich höre es an ihrer Stimme, wenn wir telefonieren. Ich lüge und fühle mich schuldig, aber inzwischen ist der Punkt erreicht, an dem sie sich raushalten muß. Sie behindert buchstäblich meine Entwicklung. Ich bin siebenundzwanzig Jahre alt, und sie redet mir immer noch in alles hinein, wie ich mich anziehe, wie ich aussehe.

Daß ich jetzt Jura studiere und meine Eltern absolut nichts damit zu tun haben, hat mir endlich den Glauben an mich selbst gegeben. Ich habe gerade meine allererste Prüfungsarbeit hinter mir, und meine Mutter hat keine Ahnung davon. Das ist ein großer Schritt. Das ist meine Art zu sagen: ›Ich werde eine verdammt gute Anwältin, und du hast nichts damit zu tun.‹ Und mir gefällt die Arbeit. Aber sie hat immer noch nichts begriffen. Gestern rief sie mich um neun Uhr morgens an, um zu fragen, ob ich mit ihr einkaufen gehe. ›Du mußt doch heute nicht ins Büro, oder? Es ist zu kalt zum Golfspielen, deshalb dachte ich, du gehst vielleicht mit mir einkaufen?‹ Als ich ihr sagte, ich müsse zur Arbeit, erklärte sie: ›Ich habe das bereits geregelt, du mußt erst um eins dort sein. Ich glaube nicht, daß das ein Problem ist, ich möchte nämlich mit dir in eine bestimmte Boutique.‹

Hätten Sie mich vor anderthalb Jahren gebeten, etwas über mich und meine Mutter zu erzählen, dann hätte ich Ihnen gesagt, wir stünden uns sehr nahe, wir redeten jeden Tag miteinander, sie wisse alles von mir und ich von ihr. Jetzt wird mir klar, daß wir uns keineswegs nahestehen. Ich wollte lediglich Anerkennung von ihr. Aber sie weiß nicht viel über mich, und ich weiß wenig über sie. Ich könnte Ihnen nicht einmal sagen, welche Lieblingsfarbe sie hat oder was sie am liebsten ißt. Wir sprachen immer nur darüber, was meine Freunde machen und wie sie zurechtkommen.

Ich bin sehr privilegiert aufgewachsen. Meine Eltern

waren jedes Wochenende weg, und dann kamen diese Anrufe. ›Wie geht es dir? Wir haben dir Geld dagelassen, es liegt am üblichen Platz. Der Fahrer ist draußen und fährt dich, wohin immer du willst.‹ So viele Vorteile wie wir hatten, so viele Defizite hatten wir. Heute denke ich, daß ich immer um die Liebe und Anerkennung meiner Mutter gebuhlt habe, deshalb fühlte ich mich vielleicht gar nicht so sehr geliebt, wie ich immer gedacht habe. Ich kam früh dahinter, daß sie mich um so mehr liebte, je mehr ich zu erzählen hatte. Ich konnte das Ausmaß ihrer Liebe daran messen, wie lange ich sie am Telefon festhalten konnte. Trotzdem fehlte unseren Gesprächen jeder Tiefgang, denn sie war viel zu sehr mit sich selbst beschäftigt.

Vor vier Jahren wollte ich so sein wie sie. Damals war mir noch nicht bewußt, was sie mir angetan hat, wie sie mich auseinandergenommen und kritisiert und mich so weit gebracht hat, daß ich kaum Selbstvertrauen hatte, daß ich keine Ahnung hatte, wer ich eigentlich war. Sie ist ein netter Mensch, alle haben sie gern, aber ihre Tochter zu sein ist hart. Jetzt muß ich zusehen, wie ich mit den Problemen fertig werde, und es eben auf die Reihe kriegen, ich selbst zu sein.

Ich kann nicht behaupten, daß mir die frühere Ungezwungenheit in unserer Beziehung nicht fehlt. Jetzt habe ich das Gefühl, ich müsse gegen sie kämpfen, weil ich etwas ändern will. Das Gefühl, das mir am meisten Kraft gibt, ist, daß ich nicht allein bin – da draußen sind so viele Menschen, die genau das gleiche durchmachen. Ich bin nicht die einzige Frau, die eine Mutter hat, die sie kaputtgemacht hat.«

An diesem Punkt war das unbeschwerte Lachen verschwunden, und Shelley wirkte verändert – ernster vielleicht, vielleicht weniger glücklich –, wie ein Mensch, der sich nach Kräften bemüht, vollwertig zu sein.

Eigenschaften der besitzergreifenden Mutter

Die besitzergreifende Mutter verleibt Sie sich mit Haut und Haaren ein. Sie muß bis ins kleinste wissen, was in Ihrem Leben vorgeht. Die besitzergreifende Mutter erlaubt ihrem Baby nicht, von sich aus einzuschlafen, sondern eilt beim geringsten Anzeichen von Unbehagen herbei und nimmt es hoch. Sie behauptet, dies sei ein Zeichen ihres Einfühlungsvermögens und Mitgefühls, und merkt nicht, daß sie damit dem Kind die Möglichkeit nimmt zu lernen, sich selbst zu besänftigen. Die gesamte Kindheit hindurch unterbindet sie, Schritt für Schritt, die Entwicklung ihrer Tochter hin zu Eigenständigkeit, sie hemmt den Aufbau von Selbstvertrauen und das Erlernen kreativer Fähigkeiten zur Lösung von Problemen. Das kleine Mädchen empfängt im Gegenteil die unmißverständliche Botschaft, daß jedes Streben nach Unabhängigkeit, nach Ausprobieren und Freiraum für sich selbst, Entsetzen und Mißfallen hervorruft.

Das Kind einer besitzergreifenden Mutter wird nicht geliebt, es wird in Beschlag genommen. Es wird nicht angehört, sondern zum Schweigen gebracht. Wächst man ohne das Gefühl von Grenzen, Privatsphäre oder Respekt vor dem Selbst auf, fühlt man sich nicht mehr, sondern weniger als eigenständige Persönlichkeit. Man leidet verstärkt unter Ängsten. Sehr oft besteht die besitzergreifende Mutter nicht nur darauf, daß ihre Tochter ihren Geschmack bezüglich Kleidung, ihre Ansichten und ihre Wertvorstellungen übernimmt, sondern auch ihre Ängste, und sie wiederum übernimmt die Ängste ihrer Tochter.

»Letztes Jahr bekam ich eine Staphylokokkeninfektion im Gesicht«, erzählt die zwanzigjährige Robin. »Der Chirurg mußte schnell schneiden, denn der Abszeß mußte geöffnet werden, damit der Eiter herauskam. Aber meine Mutter hatte das Gefühl, sie hätte mehr Fragen stellen oder eine zweite Meinung einholen oder ihn von der Operation

abhalten sollen. Eine Woche lang schlief sie neben meinem
Bett im Krankenhaus auf dem Boden. Jetzt sieht man nicht
einmal mehr die Narbe. Ich bin froh, daß ich gesund bin
und alles gut überstanden habe, aber meine Mutter ver-
hielt sich ziemlich unvernünftig. Mein Vater erzählte mir,
daß sie versucht hatte, sich selbst ins Gesicht zu schneiden,
denn sie war völlig außer sich, weil sie mich so sehr liebe.

Deshalb fühle ich mich nun verpflichtet, jeden Tag nach
der Arbeit zu Hause vorbeizuschauen, damit sie sich über-
zeugen kann, daß es mir gutgeht. Sie hat damit alles nur
schwieriger gemacht.«

Was liegt dem Verhalten der Mutter zugrunde?

Sie sollten sagen können: »Ich fürchte mich. Ich bin einsam.
Hilf mir aus der Klemme«, und Ihre Mutter sollte Ihnen bei-
stehen, Sie trösten und Ihnen helfen, den Mut zu finden weiterzumachen. Die besitzergreifende Mutter verdoppelt dagegen Ihre Ängste. Diese Mutter fühlt sich selbst unvollständig,
deshalb dieses starke Bedürfnis nach Verbundenheit mit der
Tochter. Sie ist zu Unabhängigkeit nicht in der Lage und hält
ihre Angst in Schach, indem sie durch die Tochter lebt. In der
Beziehung zu ihrem Kind fühlt sie sich mächtig wie sonst nie
in ihrem Leben.

Die Tochter wird zu einer Erweiterung der Mutter – zu
einer Chance, alles »nochmal zu tun« und dafür die Befriedigung zu bekommen, die ihr in ihrer eigenen Kindheit vorenthalten wurde und ihrem momentanen Leben fehlt. Die
besitzergreifende Mutter braucht es, gebraucht zu werden.
Nur dann fühlt sie sich wichtig, und aufgrund Ihrer Abhängigkeit von ihr kann sie die in ihrem eigenen Leben bestehende Leere ignorieren.

Damit scheinen viele Vorteile verbunden. Die besitzergreifende Mutter ist immer für Sie da. Sie wohnt meist in der
Nähe und ist im Ernstfall stets verfügbar. Sie hilft Ihnen

finanziell. Sie kauft Ihre Kleidung. Sie gibt Ihnen Ratschläge und scheint mehr zu wissen als Sie. Sie stellt eine Unterstützung dar, solange Sie ihr keinen Strich durch die Rechnung machen – und Töchter von besitzergreifenden Müttern lernen von klein auf, das nicht zu tun.

Ihr Verhalten scheint von ihrer überwältigenden Liebe zu kommen, und Sie akzeptieren es so. Doch wenn der andere Mensch nicht tatsächlich als »anderer« wahrgenommen wird, ist keine echte Liebe vorhanden.

Die gesunde Mutter und der Teenager

Zwischen Verbundenheit und Einswerden besteht ein Unterschied. Der Wunsch nach enger Verbundenheit mit anderen ist ein wesentlicher Teil der menschlichen Natur. Wir alle machen Zeiten durch, in denen wir Fürsorglichkeit brauchen – selbst als Teenager. Eine enge Beziehung zur Mutter kann sehr bereichernd sein. In einer guten Beziehung respektieren Sie die Individualität der anderen, lassen einander Raum für sich, fördern die gegenseitigen Ziele und unterstützen die Bemühungen der anderen. Sie sind mit ihr verbunden – aber Sie sind nicht eins mit ihr.

Die gesunde Mutter ist stolz, wenn ihre Tochter neue Hindernisse bewältigt – Hindernisse, die die Mutter nie in Angriff zu nehmen gewagt hätte. Jede Mutter trauert, wenn sie im Leben der Tochter an Wichtigkeit verliert. War aber die Beziehung stets von gegenseitiger Ehrlichkeit und Respekt voreinander geprägt, meistert sie die Übergangssituationen in eine neue Lebensphase: den ersten Schultag der Tochter, ihr erstes Rendezvous oder ihren Erfolg in einer neuen Sportart. Aufgrund dieser Erfahrungen kann sie später auftretende Veränderungen leichter bewältigen, zum Beispiel die Heirat der Tochter, ihren Einstieg ins Berufsleben oder deren eigene Mutterschaft. Beide Frauen entwickeln sich weiter und verändern sich, aber Kooperation und Freundschaft bleiben Bestandteil der Beziehung, wobei es zu einer Art Rollentausch kommt, wenn die Mutter älter wird und mit Todesfällen oder Krankheit fertig werden muß. Die Tochter einer gesunden Mutter kann ihrer Mutter ohne alten Groll Liebe und Unterstützung anbieten.

Die besitzergreifende Mutter und der Teenager

»Auf der High-School war ich viereinhalb Jahre mit einem Jungen zusammen«, berichtet Michelle, neunzehn. »Obwohl meine Mom immer geschworen hat, mich anders zu erziehen als ihre Mutter sie – sie wollte, daß ich Sport treibe und Kurse in Naturwissenschaften und Mathematik und solchen Dingen belege –, kaufte sie mir von dem Moment an, als ich Richie kennengelernt hatte, ständig neue Sachen, damit ich auch ja gut aussah, wenn ich mit ihm ausging.

Erst vor ein paar Jahren lernte mein Vater endlich, wie man Wasser kocht und Reis macht. Aber wenn Sie meine Mutter fragen würden, was sie in ihrem Leben falsch gemacht habe, bekämen Sie die Antwort, mit das Dümmste, was sie gemacht habe, sei gewesen, ihn als frisch verheiratete Ehefrau von vorn bis hinten zu bedienen. Aber mich hat sie dazu ermuntert, mich voll auf Richie einzustellen. Und ich habe das ganz selbstverständlich gemacht. Ich habe zwar nie aufgehört, Flöte zu spielen, blieb Mitglied in der Schwimmannschaft und habe nach wie vor gute Noten bekommen, aber es war schwer, sich auf diese Dinge zu konzentrieren.

In den viereinhalb Jahren, die wir zusammen waren, verpaßte ich nur ein einziges Footballspiel von Richie – und da ging meine Mutter an meiner Stelle hin. Nachdem wir uns getrennt hatten, saß sie neben mir auf dem Bett und weinte mit mir, weil sie sich ebenfalls von ihm betrogen fühlte. Sie war so stolz auf ihn gewesen. Er war sehr groß, und sie erzählte, wie gut es ihr gefallen habe, als er seinen Arm um sie gelegt habe und mit ihr um das Footballspielfeld spaziert sei.

Aber sie hat kein Wort gesagt, um mich zu trösten – zum Beispiel ›Ist schon gut, du kommst bald darüber weg‹. Statt dessen sagte sie: ›Tja, du neigst dazu, Menschen vor den Kopf zu stoßen.‹ Da begann ich mich schon zu fragen, was das eigentlich soll.«

Sexualität

Die Mutter-Tochter-Beziehung, in der beide eins werden, kann gutgehen, bis sich die Tochter sexuell zu entwickeln beginnt. Sex ist Privatsache, Sex kann nicht mit der Mutter geteilt werden – schon gar nicht mit dieser Mutter, für die jegliche Privatsphäre ihrer Tochter einen Verlust ihrer eigenen Identität bedeutet. Sie gibt vor, es zu billigen, beeinflußt die Tochter jedoch dahingehend, daß diese sich einem Jungen zuwendet, den die Mutter kontrollieren kann. Ihr sind die Jungs sympathisch, die das sexuelle Interesse des Mädchens nicht zu wecken scheinen. Die Tochter der besitzergreifenden Mutter hat zwei Möglichkeiten: Entweder bleibt sie an die Mutter gebunden und unterdrückt ihre Sexualität, oder sie benutzt sie als Möglichkeit zu Rebellion und Flucht.

Die gesunde Entwicklung Ihrer Sexualität erfordert ein Gefühl für Grenzen. Sie können den Verlust von Kontrolle nur in der Gewißheit genießen, diese wiedererlangen zu können. Sie können Ihre Gefühle und Ihren Körper nicht mit einem anderen Menschen teilen, wenn Sie Angst vor dem Überschreiten der Grenze haben. Geben Sie sich andererseits Sex hin, ohne ein Selbstgefühl zu besitzen, ist die Wahrscheinlichkeit groß, daß Sie sich verhalten wie immer; daß sie bestrebt sind, die Wünsche des anderen zu erfüllen, keine Verantwortung für Ihre eigenen Bedürfnisse übernehmen und sich mit Männern einlassen, mit denen Sie eins werden, und sich weiter selbst verleugnen können.

Die Tochter einer besitzergreifenden Mutter verfügt über wenig praktische Erfahrung, sich als erwachsene Frau zu sehen, und verhält sich in puncto Empfängnisverhütung deshalb oft unverantwortlich. Sie verläßt sich darauf, daß sich der Mann darum kümmert. Sie will nicht über Empfängnisverhütung reden oder sich mit den möglichen Konsequenzen von Sex ohne Empfängnisverhütung auseinandersetzen. Sie tritt also pünktlich ins Erwachsenenalter ein, bleibt aber ein kleines Mädchen. Wieder einmal ist sie letztendlich abhängig.

Was sind Grenzen?

Die besitzergreifende Mutter respektiert in einer Verbindung keine Grenzen – Grenzen, die Territorien definieren, sowohl physische wie emotionale. Als Erwachsene gefällt es uns nicht, wenn sich unsere Mutter in der Öffentlichkeit zu uns beugt und uns die Haare aus dem Gesicht streicht. Ein solches Verhalten empfänden wir als demütigend und aufdringlich. Wir brauchen Privatsphäre, das Gefühl, selbst die Kontrolle über unseren Körper und über unsere Gefühle zu haben. Wir brauchen Freiräume, um unsere Ziele, unsere Werte, unser Selbstgefühl ungeachtet der Meinung anderer bestimmen zu können. In allen unseren Beziehungen empfinden wir es als wesentlich, uns an einen Zufluchtsort zurückziehen zu können, wo wir neue Kraft schöpfen.

Grenzen schützen. Werden sie nicht respektiert, dann leben Sie in Angst vor Eindringlingen und errichten Verteidigungswälle. Fehlen diese Grenzen, dann dürfen Sie nur das empfinden, was auch Ihre Mutter empfindet, ebenso wie sie umgekehrt darauf besteht, das zu empfinden, was Sie empfinden. Ist sie traurig, sind auch Sie traurig. Sind Sie glücklich und sie ist traurig, lernen Sie, Ihre Glücksgefühle zu unterdrücken. Reagiert sie angesichts von Tränen Ihrerseits mit überwältigendem Kummer, so daß Sie sich letztendlich schuldig fühlen, dann lernen Sie, stets ein fröhliches Gesicht zu zeigen. Glaubt sie, daß Sie sich irren – glauben Sie das auch. Sie reagieren auf die Außenwelt genau wie Ihre Mutter. Sie beurteilen Ihr Verhalten mit ihren Augen. Sie suchen bei der Mutter Schutz, doch die Reaktion der besitzergreifenden Mutter sorgt nur für doppelt empfundene Gefahr. Ihr Leben und das Leben Ihrer Mutter verschmelzen miteinander.

Wenn Sie nicht gelernt haben, in der Beziehung zu Ihrer Mutter Grenzen zu ziehen, dann haben Sie dieselben Probleme mit Freunden, mit Ihrem Mann und mit Ihren Kindern. Die Bedürfnisse der anderen erdrücken Sie, und Sie erkennen nie, was Sie eigentlich selbst möchten.

Zum Setzen von Grenzen gehört, daß Sie definieren, was Sie Ihrer Mutter geben und was Sie von ihr bekommen wollen. Sie können zum Beispiel kein Geld annehmen und nichts dafür zurückgeben. Grenzen setzen Sie nicht mit dem lapidaren Motto »Draußen bleiben«. Sie muß wissen, wozu sie Zugang hat. Das heißt, Sie müssen entscheiden, worüber Sie unbedingt die Kontrolle haben müssen und welchen Bereich Ihres Lebens Sie zu teilen bereit sind.

Wichtig ist, daß Sie erkennen, was dem Verhalten Ihrer Mutter zugrunde liegt, damit die Inanspruchnahme Ihrer Rechte nicht zu einer bloßen Fortsetzung des Machtkampfes ausartet. Sie müssen ferner erkennen, inwiefern Sie möchten, daß alles so bleibt, wie es ist, und widerstreitende Gefühle zulassen wie Verlust, Trauer und Hilflosigkeit – ohne sich davon unterkriegen zu lassen. Grenzen zu setzen bedeutet, erste Schritte in Richtung Erwachsensein zu unternehmen – ein Zustand, der Sie möglicherweise in Angst und Schrecken versetzt.

Was steht der Tochter einer besitzergreifenden Mutter bevor?

Häufig bleibt diese junge Frau ihr Leben lang in der Einfluß-sphäre ihrer Mutter. Sie betrachtet sich als deren Ebenbild. Sie betont stets, wie sehr sie sie liebe, was für eine großartige Mutter sie sei, daß sie ohne sie verloren wäre. Sie posaunt die Ähnlichkeiten in ihrer beider Leben hinaus. Sie heiratet – wie die Mutter –, aber die Beziehung zum Ehemann darf keine Gefahr für die Beziehung zur Mutter werden. Oft wird der Ehemann wie ein lästiger Eindringling behandelt oder als »Hengst«, den man notgedrungen in Kauf nehmen muß, damit die Mutter Enkelkinder bekommt.

Die Tochter braucht ihre Mutter ebensosehr wie diese sie. Und tatsächlich, alle Nachbarn geraten ins Schwärmen angesichts einer solchen Mutter-Tochter-Beziehung. Andere Frauen beneiden die Mutter, deren Tochter sie dreimal am Tag anruft. Niemand will hinter die Kulissen schauen.

Die junge Frau hat keine Alternativen, ihr bleibt nur die Möglichkeit, ihr Leben innerhalb der Grenzen zu führen, die ihre Mutter einmal für sich selbst gesetzt hat, und damit deren Leben zu wiederholen. Aber warum sollte eine junge Frau das, was ihr die heutige moderne Zeit bietet, nicht in Anspruch nehmen und das gleiche Leben führen wie ihre Mutter? Weil die Tochter der besitzergreifenden Mutter fürchtet, daß mehr zu wollen, als die Mutter hatte, und mehr zu erreichen, als sie erreicht hat, einen Bruch verursachen und somit dazu führen könnte, daß sie sie verliert.

Die Tochter der besitzergreifenden Mutter hat Angst vor Unabhängigkeit und Eigenständigkeit. Sie weigert sich, anders zu sein, und das hat zur Folge, daß sie nicht viel erreicht. Sie scheut Experimente, unterdrückt ihre Probleme und rühmt sich stolz ihres in engen Schranken verlaufenden Lebens. Sie merkt nicht, daß die Art von Liebe, mit der sie aufgewachsen ist, sie in eine Falle gelockt hat.

Die Liebe der besitzergreifenden Mutter gilt nur dem kleinen Mädchen in Ihnen. Sie brauchen also immer mehr. Sie brauchen das Einswerden mit ihr ebensosehr wie sie. Und dieses verworrene Verständnis von Liebe geben Sie an Ihren Mann und an Ihre Töchter weiter.

Rebellion ohne Grenzen

»Mein Leben lang war ich eine kleine Erwachsene«, berichtet Rona, neunundzwanzig. »Um Mitternacht zu Hause, wie es von mir erwartet wurde. War das aus irgendeinem Grund nicht möglich, rief ich an und sagte Bescheid, daß es später wird. Etwa mit siebzehn ließ ich mich mit einem tollen Typen ein, der sich an keine Regeln hielt. Das war wahrlich eine gewaltige Rebellion. Schon bald war ich schwanger, deshalb heirateten wir und zogen zu meiner Familie. Bevor ich wußte, wie mir geschah, war ich wieder schwanger. Mit neunzehn saß ich da, schaute mich um und dachte: ›Junge, wenn das die Rebellion war, dann hast du ziemlichen Mist gebaut!‹«

Die Tochter der besitzergreifenden Mutter rebelliert, indem sie bis spät in die Nacht ausbleibt, mit den Türen knallt und sich mit Männern einläßt, die sie nicht mit nach Hause bringen kann. Sie benimmt sich, als hätte sie vor nichts Angst, aber wenn sie mit einem Mann ins Bett geht und dieser hinterher nicht mehr anruft, fühlt sie sich furchtbar gedemütigt. Da sie kein Gefühl für Grenzen besitzt, fällt es ihr schwer, sich von einer Grenzüberschreitung zu erholen.

»Ich habe schon früh rebelliert«, sagt Didi, inzwischen Mitte Vierzig. »Am lebhaftesten erinnere ich mich, wie ich in der achten Klasse war und eine Freundin mich abholte und meine Mutter darauf bestand, ich solle einen Pullover anziehen. Ich höre sie immer noch schreien und mich heruntermachen. Sie konnte mir noch nicht einmal die Entscheidung überlassen, ob ich diesen Pullover anziehe oder nicht. Von da an habe ich Geheimnisse gehabt. Ich habe sie

bestohlen. Ich habe, so oft ich konnte, bei Freundinnen übernachtet. Mit vierzehn bin ich auf Partys im Verbindungshaus des Colleges gegangen. Als ich siebzehn wurde, war ich drogenabhängig; es begann mit Hasch, dann kam Acid, dann alles, was es gab, und ich lief weg nach Kalifornien.

Ich habe alles getan, um von ihr loszukommen. Ich habe geheiratet, ein Kind bekommen, wurde geschieden. Wir lebten in einer Kommune, und ich konnte das Muttersein mit all den anderen jungen Frauen dort teilen. Ich habe stets nur dazugehören wollen. Mein zweiter Mann hat mit Drogen gedealt. All die Jahre war ich nie mit einem Mann zusammen, der morgens aufgestanden und zur Arbeit gegangen ist. In den ersten paar Jahren war meine Tochter auf zwölf verschiedenen Schulen, wir sind nie lange irgendwo geblieben.

Dann hatte ich eine üble Beziehung, die sieben Jahre gedauert hat. Die ganze Zeit über müssen meine Eltern geglaubt haben, ich sei lesbisch, weil ich nie von Männern gesprochen habe. Aber es gab immer einen Mann in meinem Leben, sie haben nur nie einen kennengelernt. Ich habe mein Leben nur darauf ausgerichtet, meine Mutter draußen zu halten.«

Zur Unabhängigkeit gehört, für sich selbst einstehen zu können. Gegen etwas zu sein ist nur die eine Seite der Medaille. Wenn Sie die Mauern, die in die Freiheit führen, niederreißen, aber nicht durch sie hindurchgehen und die Freiheit für sich in Anspruch nehmen können, haben Sie zwar rebelliert, sind aber nicht frei. Begeistern Sie sich für einen Lebensstil nur deshalb, weil Ihre Mutter ihn niemals billigen würde, dann genießen Sie nicht die Gegenwart – sondern sind immer noch an die Vergangenheit gebunden.

Sind Sie bereits Ende Zwanzig und führen noch kein eigenverantwortliches Leben, bezahlen Ihre Rechnungen nicht, erscheinen nicht pünktlich am Arbeitsplatz, haben jede Menge Sex, ohne ihn wirklich zu genießen, und messen den Wert von Erfahrungen lediglich am Grad des Schocks, den Sie Ihrer Mutter, wenn sie es denn wüßte, mit Ihrem Verhalten zufügten, dann sind Sie im Stadium der Pubertät steckengeblieben. Dann wissen Sie zwar, wozu Sie nein sagen – aber Sie wissen nicht, wozu Sie ja sagen.

Rebellion ist notwendig, wenn Sie damit Ihre Mutter dazu bewegen können, Ihnen zuzuhören, und wenn Sie dadurch Freiraum für sich gewinnen, so daß Sie sich über vieles klarwerden können. Dann aber müssen Sie unabhängig vom Verhalten Ihrer Mutter bestimmen, wer Sie selbst sind. Haben Sie erkannt, daß es nicht unbedingt bedeutet, Sie selbst zu sein, wenn Sie das Gegenteil Ihrer Mutter sind, dann haben Sie einen Schritt in Richtung auf ein erfülltes Leben gemacht.

Ein Leben lang miteinander verschmolzen sein

Viele Mütter und Töchter bleiben ein Leben lang miteinander verschmolzen, aber ihre Beziehung zueinander wird nur mit viel Selbstbetrug aufrechterhalten.

Valerie, vierunddreißig, ist Mutter zweier Kinder, und ihre Scheidung läuft gerade, aber sie hat das Benehmen eines Kindes. Sie kichert viel, spricht mit Kleinmädchenstimme, hat kein wirkliches Vertrauen in ihre eigene Meinung, sagt etwas, ändert gleich darauf ihre Ansicht und kichert.

»Mit sechs oder sieben fand ich meine Mutter ›cool‹. Ich erinnere mich, wie wir bei Open-air-Konzerten auf Decken saßen, sie hatte ein Stirnband um und trug ein Minikleid. Sie nahm bei Diskussionen über Politik kein Blatt vor den Mund, machte bei Aktionen mit und verteilte Flugblätter. Wofür sie sich auch engagierte, wir mußten ihre Überzeugung teilen. Ich durfte keine Barbiepuppe haben, weil sie nicht wollte, daß ich in der Überzeugung aufwachse, Barbie verkörpere die ›perfekte‹ Frau – aber wenn Sie als Kind eine Barbiepuppe wollen, dann wollen Sie eben eine.

Ich habe eine sehr enge Beziehung zu ihr, sie kontrolliert mein Leben noch immer in jeder Hinsicht. Wenn ich ein freies Wochenende habe, sagt sie: ›Warum kommst du nicht rüber und übernachtest bei mir, wir essen zusammen und unternehmen irgendwas‹, und es kostet mich gewaltige Mühe, sie davon zu überzeugen, daß ich Lebensmittel einkaufen und meine Wäsche erledigen muß.

Sie ist Soziologin, hat etliches publiziert und ist Professorin an einem College. Ich habe gegen sie rebelliert, indem ich mit neunzehn geheiratet habe, anstatt meine Ausbildung zu beenden. Dann sagte sie: ›Krieg bloß keine Kinder‹, und mit dreiundzwanzig hatte ich zwei Kinder. Sie konnte meinen Mann nicht ausstehen. Sie wollte, daß ich einen Mann heirate, der Akademiker ist, einen aus meiner Gesellschaftsschicht, und ich habe nicht standesgemäß geheiratet, sondern einen Italiener aus sehr armer Familie.

Ich finde, sie hätte die Ehe verhindern sollen. Sie mußte nach Italien reisen, um ihn rüberzuholen, weil es irgendwelche Probleme mit der Einwanderung gab, und wenn sie ihn so gar nicht leiden konnte, hätte sie einen Weg finden müssen, es zu verhindern. Meinen Freund hier mochte sie auch nicht, hauptsächlich deshalb haben sie und mein Vater mich nach Europa geschickt. Wenn sie mich also aus Amerika fortschicken konnten, dann hätte sie eigentlich auch etwas unternehmen müssen, um die Hochzeit zu verhindern.

Meine Ehe war von Anfang an zum Scheitern verurteilt. Ich war dumm; er war achtundzwanzig, ich erst neunzehn. Er hat praktisch ein Kind ausgenutzt, und dann entpuppte er sich als richtig widerlicher Kerl. Nach der Geburt meiner Tochter mochte er mich nicht mehr; das war nach anderthalb Jahren. Eigentlich hätten wir damals die Ehe auf der Stelle beenden sollen, aber das Ganze dauerte vierzehn Jahre. So bin ich eben.

Schon möglich, daß meine Mutter einiges mit seinen Gefühlen zu tun hat, denn wir waren jedes Wochenende *bei ihr. Als ich schwanger war, schlief ich dort. Als meine Kinder noch klein waren, hat sie sich geweigert, Babysitterin zu sein. Sie sagte: ›Ich möchte dich und die Kinder um mich haben. Warum soll ich die Kinder nehmen, wenn ich dich dann nicht sehe?‹ Als mein Mann ein Geschäft hatte, das nicht lief, sagte sie ihm, was er tun soll.*

Jetzt, bei meiner Scheidung, sagt sie dem Rechtsanwalt, wie sie das geregelt haben will. Ich glaube, ich bin es gewohnt, daß man mich kontrolliert. Für mich war sie immer der klügste Mensch auf Erden, deshalb bin ich froh, daß ich sie jetzt habe, weil ich immer noch unter der Fuchtel von meinem Exmann stehe und sie Sachen bemerkt, die mir entgehen. Sie will nur mein Bestes.

Meine Familie ist eine richtige Großfamilie, denn die eigentliche Kernfamilie besteht aus meiner Mutter, meinem Vater, mir und meinen Kindern. Für meinen Mann war da kein Platz, aber ich glaube, mein Mann wollte meine Familie auch nicht. Ich weiß, eines Tages wird meine Mutter sterben, und das ist das Schlimmste, was mir passieren kann, denn sie ist meine beste Freundin.

Wir telefonieren jeden Tag drei- oder viermal miteinander. Wenn meine Eltern im Urlaub sind, sprechen wir uns fast täglich. Wenn wir nicht miteinander sprechen, fühle ich mich richtig verloren, weil ich sonst niemanden habe, mit dem ich reden kann. Meistens verbringe ich die Ferien mit ihnen. Als mein Mann und ich uns trennten, haben sie mich und die Kinder ein paar Wochen mit ans Meer genommen. Jetzt sind sie sogar noch stärker in mein Leben integriert als früher.

Ich bin nicht erwachsen. Sogar meine Mutter sagt, sie sehe mich nicht als eine erwachsene Frau, obwohl ich von ihr wie eine Erwachsene behandelt werden will. Letztes Wochenende waren wir in ihrem Landhaus, und ich wollte um vier Uhr gehen, nicht erst, wenn sie in die Stadt zurückfahren, und das wurde ein richtiges Problem, weil sie wollte, daß ich länger bleibe. Zum Glück mischte sich mein Vater ein, und ich konnte früher weg. Hätte er nicht eingegriffen, wäre es immer weitergegangen. Normalerweise gebe ich nach, wenn sie etwas von mir will.

Sie helfen mir finanziell, bis der Unterhalt geregelt ist. Die Entscheidung, mich scheiden zu lassen, hat mir angst gemacht, aber inzwischen habe ich das Gefühl, als sei ich nie verheiratet gewesen, und danke Gott, daß es vorbei ist. Ich möchte nichts mehr mit ihm zu tun haben. Ich bin lieber allein mit meinen Kindern und meiner Wohnung. Außerdem bin ich sowieso nicht allein, denn ich habe ja meine Mutter, die immer für mich da ist. Ich liebe die Wochenenden, an denen ich allein bin und die Kinder bei meinem Mann sind. Aber letztes Wochenende war ich trotzdem zumindest einen Tag mit meiner Familie zusammen.

Sie hat mir bereits gesagt, ich dürfe keinen Freund haben, wegen der Kinder. Gut, das kann ich verstehen, aber sie hat dafür eine feste Zeitspanne angesetzt. Ein Jahr lang darf ich keinen Freund haben. Ich darf keinen Mann mit nach Hause bringen. Ich darf nicht zulassen, daß meine Kinder glauben könnten, ich hätte einen Freund, denn das wäre schlecht für sie. Nach einem Jahr kann dann mal jemand unverbindlich hereinschauen, einfach so vorbeikommen, damit sie sich an ihn gewöhnen. Ich habe also diese reglementierten Terminvorgaben, und ich halte mich an alles, was sie sagt, es sei denn, es geht mir völlig gegen den Strich – aber das ist noch nie passiert.

Zur Zeit möchte ich mich noch nicht mit einem Mann einlassen. Ich kann jetzt kein Theater gebrauchen. Sollte ich einen Mann kennenlernen und sie mag ihn nicht, höre ich auf sie, weil ich das erste Mal nicht auf sie gehört habe. Es geht mir besser, wenn ich keine Beziehung habe, und sie unterstützt mich in dieser Hinsicht. Wenn es hart auf hart kommt, nehmen Leute, die nicht zur Familie gehören, was sie bekommen können, und wenn sie keinen Vorteil mehr durch einen haben, war's das. Ich war stets das perfekte Kind, und das bin ich immer noch, mit vierunddreißig.«

Trennung: Stellen Sie sich Ihren Ängsten

Valerie macht sich etwas vor. Sie sagt, sie sei gern allein, aber sie ist nie allein. Sie sagt, sie wolle wie eine Erwachsene behandelt werden, doch sie gibt zu, daß sie sich selbst nicht als erwachsen ansieht. Sie macht ihre Mutter und ihren Mann für ihre gescheiterte Ehe verantwortlich. Sie unterwirft sich in allen Scheidungsfragen dem Willen ihrer Mutter, da sie selbst ihrer Ansicht nach unter der Fuchtel ihres Mannes steht. Sie dreht und wendet sich, um die Behaglichkeit, an die sie gewöhnt ist und in der sie sich sicher fühlt, beizubehalten.

Wir alle tun das. Selbstbetrug ist das größte Hindernis für die emotionale Entwicklung. Darum müssen Sie sich ein ehrliches Bild von der Situation machen. Ihnen muß klar sein, was sich abspielt, bevor Sie an den Gegebenheiten etwas ändern können.

Die Trennung von einer besitzergreifenden Mutter kann schwieriger sein als die von anderen Müttern, denn das Arrangement beinhaltet scheinbar zahlreiche Annehmlichkeiten. Sie bekommen Sicherheit, Schutz und Kameradschaft. Sie können die Verantwortung für Ihr eigenes Leben delegieren. Da Sie in diesem Mutter-Tochter-Kokon leben, brauchen Sie sich nicht wie eine erwachsene Frau zwischen Alternativen zu entscheiden, und das verringert Ihre Angst. Ihre Mutter konzentriert sich auf Ihre Ängste. Sie konzentrieren sich auf die der Mutter. So dient Ihnen beiden das Einswerden dazu, sich nicht mit sich selbst auseinandersetzen zu müssen – doch nur wenn Sie sich Ihren Ängsten stellen, können Sie sich ändern.

Würde sich Valerie die Realität ansehen – ihre Hilflosigkeit erkennen, ihre Wut, ihre abschätzige Meinung von sich selbst in der momentanen Situation –, dann könnte es ihr gelingen, sich aus der zu engen Beziehung zu befreien. Der einzige Punkt, in dem sie offen Unzufriedenheit geäußert hat, war der, daß sie die Kinder jeden Mittwoch zu ihrer Mutter bringen muß. An diesem Punkt könnte sie ansetzen und eine Veränderung einleiten.

Dies ist ein Fall, bei dem es nicht die absolut richtige oder falsche Entscheidung gibt. Ihre Mutter mag recht haben mit ihrer Ansicht, es sei nicht gut für die Kinder, in eine leere Wohnung nach Hause zu kommen. Aber auch Valerie kann recht haben, wenn sie meint, die Hetze, in der sie die Kinder vor der Arbeit zu ihrer Mutter bringen muß, erzeuge große Spannungen, die sich ebenfalls negativ auf die Kinder auswirken können. Für beide Ansichten gibt es ein Pro und ein Kontra, und es wäre durchaus plausibel, würde Valerie sagen: »Mom, kann sein, daß du recht hast, aber vielleicht habe auch ich recht. Deshalb richte ich mich in diesem Fall nach meinem Gefühl und meinen Bedürfnissen.« Sie bringt dies nicht als Vorschlag vor, den die Mutter billigen soll. Sie stellt ihre Entscheidung nicht zur Diskussion. Sie verwirft nicht einmal das Argument ihrer Mutter. Sie konstatiert nur ihr Recht, eine eigene Entscheidung zu fällen. Wie würde ihre Mutter reagieren? Sie verlassen?

Wenn Valerie ungestört darüber nachgedacht hat, was sie will, wenn sie ihrer Mutter ihre Entscheidung in aller Ruhe mitteilt, dann hat sie hinterher ein Stückchen ihres Lebens zurückgewonnen. Doch das wird sie nicht schaffen, solange sie mit ihrem »tun, was sie sagt« weitermacht, solange sie nicht aufhört, sich selbst vorzumachen, wie befriedigend die momentane Situation doch für sie sei.

Sie fürchtet, das ganze sichere Gerüst ihres Lebens würde einstürzen, sobald sie auch nur einen Schritt in Richtung Erwachsenwerden macht. Ist jede individuelle Entscheidung wohlüberlegt und wird entsprechend vorgebracht, passiert das jedoch nicht. In dieser Beziehung, in der Mutter und Tochter eins geworden sind, hat die Tochter ebensoviel Macht wie die Mutter. Aber Valerie verringert ihre eigene Macht, indem sie behauptet, sie würde sich nötigenfalls ihrer Mutter widersetzen – die Notwendigkeit habe nur nie bestanden!

Der Trennungsprozeß von einer besitzergreifenden Mutter erfordert Selbstbeobachtung, Selbstvertrauen und ständige Achtsamkeit vor Selbstbetrug.

Strategien zur Veränderung

- Es ist an der Zeit, die Beziehung zu Ihrer Mutter zu hinterfragen. Alle Mütter freuen sich über Erfolge ihres Kindes und möchten ihm im Falle einer Enttäuschung Trost spenden, und alle Töchter möchten diese Erfahrungen mit ihren Müttern teilen. Wenden Sie sich jedoch an Ihre Mutter und haben dabei Angst vor deren Reaktion, ist die Meinung ihrer Mutter wichtiger als Ihre eigene, wissen Sie nicht, was *Sie* empfinden, bevor *sie* nicht reagiert hat, haben Sie Angst, einen Erfolg zu feiern, bevor ihre Mutter ihn bestätigt hat – dann ist es an der Zeit, sich die Beziehung näher anzusehen.

- Wenn Ihre Mutter die Ihnen zur Verfügung stehenden Alternativen einschränkt, müssen Sie analysieren, wie das geschieht. Die besitzergreifende Mutter hält ihre Tochter oft von Aktivitäten ab, von denen sie ausgeschlossen wäre. Die Tochter fürchtet sich, etwas Neues auszuprobieren, denn es könnte ja sein, daß sie versagt und ihre Mutter enttäuscht. Sie wiederholt das Vertraute, egal, wie unbefriedigend dieses Verhaltensmuster auch sein mag.

- Achten Sie auf Anzeichen von zu großer emotionaler Verflechtung. Sind Ihnen die Gefühle der Mutter wichtiger als Ihre eigenen, sind Sie wütend auf sie und gleichzeitig voller Reue, haben Sie das Bedürfnis, *sie* zu trösten, wenn *Ihnen* Schmerz zugefügt worden ist, werden Ihre Siege und Niederlagen zu den ihren, verletzt sie ständig Ihren Freiraum – dann sind dies Anzeichen dafür, daß Ihrer beider emotionales Leben derart miteinander verflochten ist, daß Sie Ihre eigenen Gefühle nicht mehr wahrnehmen können.

- Lernen Sie, sich nicht schuldig zu fühlen, wenn Sie Grenzen ziehen. Oft werden Sie traurig sein angesichts des etwaigen Verlusts der ständigen Nähe Ihrer Mutter. Sie zweifeln an sich selbst und haben das Gefühl, Ihr eigener Eindruck trüge Sie, wenn Sie sich schlecht behandelt fühlen, wenn Sie gereizt oder wütend werden. Die bloße Vorstellung, etwas zu unternehmen, macht Ihnen angst. Das alles hält Sie davon ab, Ihre Situation klar einzuschätzen.
- Versuchen Sie, die Beziehung zu Ihrer Mutter zu rekonstruieren, und gehen Sie dabei soweit wie möglich in Ihrer Erinnerung zurück. Hat sie Ihnen etwas vorenthalten? Hat sie Ihnen nie genügend Aufmerksamkeit geschenkt, oder hatten Sie das Gefühl, die Aufmerksamkeit sei unecht? Suchen Sie nach konkreten Verhaltensmustern Ihrer Mutter und Ihren jeweiligen Reaktionen darauf. Versuchen Sie, Muster in der Beziehung aufzudecken, die bis in die Gegenwart hinein bestehen. War sie überfürsorglich? Verletzte sie ständig Ihren Freiraum? Machten ihre Sorgen Ihnen Angst vor der Außenwelt? Versuchen Sie sich zu erinnern, ob sie Ihnen körperliche Zuneigung entgegenbrachte, Unterstützung, Anteilnahme und echte Kommunikation. Wenn nicht, was haben Sie gemacht, um das, was Sie brauchten, zu bekommen? Vermutlich verhalten Sie sich immer noch so.
- Die Suche nach der Wahrheit hindert Sie nicht daran, Ihre Mutter zu lieben; dieses Vorgehen versetzt Sie vielmehr in die Lage, Ihre Mutter wahrhaft zu lieben, vielleicht zum allerersten Mal. Es versetzt Sie in die Lage, winzige Schritte in Richtung auf das zu machen, was Sie wirklich wollen, und mit jedem Schritt hin zu Unabhängigkeit, mit jeder eigenständigen Entscheidung gewinnen Sie die Erkenntnis, daß Sie nach wie vor sicher sind, und diese Erkenntnis wird Ihnen den nötigen Mut für den nächsten Schritt geben.

KAPITEL SECHS

Die sexbesessene Mutter
Die sich entwickelnde junge Frau wendet sich dem Vater zu

Die New Yorker Psychotherapeutin Sylvia Rosenfeld, die sich auf Paar- und Sextherapie spezialisiert hat, sagt: »Wenn man in Ruhe gelassen wird, braucht man keine Ermutigung, um sich zu entwickeln. Es ist schön, in dieser Hinsicht gefördert zu werden, aber sofern man nicht gehemmt oder gedrängt wird, betrachtet man auch so den eigenen Körper, erkundet ihn und merkt selbst, was man als angenehm empfindet. Kinder lernen ihren eigenen Körper kennen und finden heraus, wie sie sich Genuß verschaffen können, und dabei gehen sie in ihrem eigenen Tempo vor.

Eltern sind sexuelle Menschen, was nicht heißt, daß man sehen muß, wie sie Sex haben. Wenn sie Händchen halten und zärtlich zueinander sind, merkt man, daß Mutter und Vater einander lieben. Mütter können mit ihren Töchtern über Sex reden, ohne ihnen Einzelheiten aus ihrem eigenen Sexleben mitzuteilen. Ich hatte eine Patientin, deren Mutter ihr erzählt hat, der Vater zwinge sie zum Sex. Das brauchen Kinder nicht zu wissen.

Welches Verhältnis man zu seinem Körper entwickelt, hängt stark damit zusammen, wie man als Baby berührt und gehalten wurde, wie die Mutter die Windeln gewechselt hat, ob sie mit Abscheu reagiert hat, wenn das Kind sich selbst berührte. Ebenso wichtig ist der Umgang mit dem Körper in der Familie, ob er als etwas Unanständiges oder als etwas Selbstverständliches betrachtet wurde – ohne allerdings zur Schau gestellt zu werden.

Vieles hängt vom Kind ab. Bei einer meiner Patientinnen war es zum Beispiel üblich, daß die ganze Familie zusammen geduscht hat, aber irgendwann fiel ihr auf, daß ihr Sohn sich plötzlich nicht mehr wohl dabei fühlte. Besitzt die Mutter Einfühlungsvermögen für das Kind, dann hat sie ein Gespür für seine Empfindungen. Das Problem mit manchen Müttern ist, daß sie nicht differenzieren, daß das Kind für sie lediglich ein Teil von ihnen selbst ist. Wollen sie nackt herumlaufen, merken sie nicht, wenn das dem Kind unangenehm ist. Junge Mädchen machen eine Zeit durch, in der sie sich Sorgen wegen ihrer Brüste machen. Befürchten sie, ihre Brüste seien nicht groß genug, und die Mutter stellt ihre größeren Brüste zur Schau, dann bekommen die Mädchen ein Problem. Wenn Sie merken, daß sich ein Kind bei diesem Verhalten unwohl fühlt, lassen Sie es sein – Ihrem Kind zuliebe.«

Eigenschaften der sexbesessenen Mutter

In die Kategorie der Sexbesessenen gehört die Mutter, deren Röcke zu kurz sind, die zuviel Make-up benutzt und zuviel Dekolleté zeigt. Alles, was sie trägt, ist darauf ausgerichtet, die Aufmerksamkeit auf sich zu lenken. Sie setzt extravagante Hüte auf und protzt mit auffälligem Schmuck. Sie braucht es, daß immer alle um sie herumschwirren, und wenn ein Mann vorbeigeht, entwickelt sie besonders starke Leuchtkraft.

»Ich weiß nicht, ob sie meinen Vater wirklich betrogen hat«, erzählt Sandy, siebenundvierzig, »aber sie hat jedenfalls von nichts anderem geredet. Jeder Mann sah gut aus. Jeder Mann, so behauptete sie, sei hinter ihr her. Ich wäre am liebsten gestorben, wenn sie mit jedem Kellner geflirtet hat. Auf Partys saß sie da, strich sich mit ihren langen Fingernägeln über die Strümpfe, zog dabei manchmal den Rock hoch und tat so, als sei sie ganz in Gedanken versun-

ken. Irgendwann starrte jeder Mann im Zimmer auf ihre Beine. Zu Hause schlenderte sie nackt herum. Wir anderen trauten uns kaum, uns in Unterwäsche zu zeigen, aber sie spielte die Dschungelkönigin.

Sie machte andauernd Anspielungen, daß mein Vater seine Hände nicht von ihr lassen könne. Ich erinnere mich an einen Vorfall, als ich noch ein Kind war. Wir sind spätabends nach Hause gefahren, und er hat versucht, sie zu begrapschen, und sie quiekte: ›Oh, Billy!‹ Mir war das furchtbar peinlich, und ich begriff nicht, was vor sich ging. Ich wußte nicht, ob es ihr tatsächlich gefiel oder nicht – und das weiß ich bis heute nicht!

Die einander widersprechenden Botschaften waren sehr verwirrend. Eines Tages stand sie in der Küche, und mein Vater kam von der Arbeit nach Hause. Sie spülte das Geschirr, und mein Vater schlang seine Arme um ihre Hüften – einfach zur Begrüßung –, und sie reagierte, als habe er sie in seine Arme gerissen und leidenschaftlich geküßt; sie kicherte, lief rot an und flüsterte: ›Oh, Billy! Nicht vor den Kindern!‹ Ich war fünfzehn damals. Ich kann mich erinnern, daß sie alles sexualisiert und darauf geachtet hat, daß wir das merkten – und gleichzeitig verbreitete sie die ganze Zeit die Botschaft, Sex sei ein Tabu.

Was meine Sexualität angeht, war sie überhaupt keine Hilfe. Ich bekam meine erste Periode mitten in der Nacht, bin aufgewacht und dachte, ich müsse sterben. Ich blickte an mir hinunter und rief nach meiner Mutter. Sie kam ins Zimmer, und ich schlug die Decke zurück. Sie sagte: ›Geh ins Badezimmer!‹ Ich hörte, wie sie meine Schwester, die vier Jahre älter ist als ich, anschrie: ›Kümmere dich um Sandy!‹ Das war's. Meine Schwester warf mir eine Schachtel mit Binden und einen Gürtel zu und blökte: ›Wiedersehen macht Freude!‹ Von da an habe ich mich nie mehr an meine Mutter gewandt, wenn es um solche Dinge ging. Aber sie hörte nie mit ihren versteckten Anspielungen auf.

Jetzt ist sie siebzig, und erst gestern haben wir telefo-

niert. Natürlich beklagte sie sich über meinen Dad. ›Ich sollte dir das vielleicht nicht sagen‹ – vermutlich sollte es wie eine Klage klingen, aber es kam wie eine Prahlerei heraus –, ›aber was den Sex angeht, ist er schlechter denn je.‹«

Was liegt dem Verhalten der Mutter zugrunde?

Hinter der sexbesessenen Mutter verbirgt sich eine unsichere Frau. Sie will jeden Mann – zumindest seine Aufmerksamkeit – haben, weil das für sie eine Möglichkeit ist, sich stark zu fühlen. Sie möchte als die Tollste und Verführerischste bewundert werden, weil sie selbst sich nicht so sieht, egal, wie viele Eroberungen sie macht. Manche Frauen gehen so weit, daß sie sich auf eine Reihe von Affären einlassen, andere haben tatsächlich eine leidenschaftliche Beziehung zu ihrem Ehemann (derer sie sich schamlos rühmen), aber in beiden Fällen ist es nicht genug. Die sexbesessene Mutter beklagt sich, sie fühle sich benachteiligt, sie sei einsam und unzufrieden. Kein Mann gebe ihr das Gefühl, geliebt zu werden. Kein Triumph nehme ihr die Leere.

Ihre Gefühle können sich in schrecklichen Wutanfällen oder unerklärlichen Stimmungsschwankungen entladen. Gerade umschwärmt sie noch ihren Mann und stolziert wie eine Prinzessin um ihn herum, aber schon im nächsten Augenblick kann sie boshaft und niederträchtig werden. Da sie unsicher und stark auf sich bezogen ist, reagiert sie auf andere nur insofern, als diese ihre Position als Überlegene bestätigen. Die Reaktionen der Tochter berühren auch empfindliche Punkte, so daß diese Mutter-Tochter-Konflikte eine erschreckende Explosivität besitzen. Beide, Mutter und Tochter, leben in Angst voreinander – und das mit gutem Grund.

»Sexualisierte Energie beherrscht den Haushalt«, sagt Sylvia Rosenfeld. »Mag sein, daß sich zwischen Mutter und Vater nichts abspielt, also konzentriert sie ihre geballte Energie auf die falschen Dinge, besonders auf das Kind. Da diese Mütter ihre eigene Sexualität nicht beherrschen können, vermitteln sie die Botschaft, Sexualität sei etwas Überwältigendes, absolut Unkontrollierbares. Die Mädchen begreifen Sexualität als etwas, das im Zaum gehalten werden muß, und gelangen zu dem Schluß, daß Sex schlecht ist, weil er zerstörerisch ist.

Tatsache ist, daß die sexuellen Phantasien eines Mädchens angenehm sein können, trotzdem muß sie sie nicht ausleben. Man kann große Leidenschaft, großes Verlangen empfinden, ohne dem nachzugeben. Ist aber die Mutter wütend und kann ihre Wut nicht bändigen, hat sie sexuelle Empfindungen und zeigt diese auch stets, dann unterdrückt die Tochter entweder ihre eigene Sexualität oder sie kann, falls das nicht mehr gelingt, nur etwas empfinden, wenn sie die Kontrolle verliert.«

Der gesunde Vater und die sich entwickelnde junge Frau

Sprechen wir zur Abwechslung mal über die Väter. Selbst Töchter einer neurotischen Mutter sind in der Regel weniger verstört, wenn sie sich von ihren Vätern geliebt und bewundert fühlen. Wie sich die Mutter auch verhalten mag, der Vater kann eine Brücke zur Außenwelt bauen. Sein Verhalten seiner Tochter gegenüber – besonders in der Pubertät –, trägt entweder zu ihrer Weiterentwicklung bezüglich einer positiven Beziehung zu Männern bei und hilft ihr beim Aufbau einer eigenen Identität, oder es führt dazu, daß sie ein Leben lang von anderen abhängig ist.

Der gute Vater liebt seine Tochter, fördert sie, freut sich über das, was sie erreicht, und ermuntert sie, weitere Risiken einzugehen. Dank des Rückhalts, den er ihr bietet, fällt es ihr leichter, zu ihren Überzeugungen zu stehen, neugierig zu sein und neue Aspekte ihrer Innen- und Außenwelt zu ergründen.

Der Vater kann dem heranwachsenden Mädchen ein Vorbild an Leistung, Unabhängigkeit und Ehrgeiz sein, wenn er sich durch ihre Erfolge nicht bedroht fühlt, gleichgültig, wie stark seine Tochter ihre Identität an seinem Vorbild orientiert. Sieht ein Vater seine Tochter als die, die sie ist, und nicht als Erweiterung seiner eigenen Person, fördert das ihre Fähigkeit zur Entwicklung einer eigenen Identität.

Der gesunde Vater ist nicht der Typ Mann, der eigentlich lieber einen Sohn gehabt hätte, der Männer überbewertet und die weiblichen Eigenschaften seiner Tochter abwertet. Der gute Vater bewundert das Aussehen seiner Tochter und ihr Interesse an ihrem Äußeren, ohne zum Verführer zu werden. Experimentiert ein Mädchen im Teenageralter mit der eigenen Sexualität, läßt er sich weder verführen, noch zieht er sich von ihr zurück. Er bewundert sie, wenn sie ihre Weiblichkeit ausprobiert, stellt aber gleichzeitig unmißverständlich klar, daß er ihre Mutter attraktiv findet und daß die Mutter seine Ehefrau ist.

Als Fünfjährige kann die Tochter mit ihrem Vater flirten, sich auf seinen Schoß setzen und verkünden, sie liebe ihn mehr als die Mutter – das Sicherheitsgefühl der gesunden Mutter ist dadurch nicht gefährdet. Wird die Tochter älter, kann sie mit ihrem Vater gemeinsame Interessen teilen; er trainiert ihre Sportmannschaft, sie machen gemeinsame Unternehmungen, von denen die Mutter ausgeschlossen ist. Eine selbstsichere Mutter kann den beiden diese Beziehung lassen, und die Tochter ist darüber erleichtert.

Besteht zwischen Mutter und Tochter ein Konflikt, dann versucht dieser Vater, Verständnis für seine Tochter aufzubringen. Er spricht mit ihr darüber und macht ihr, ohne Partei ergreifen zu müssen, klar, daß er hinter ihr steht und sie liebt. In der Pubertät wird dem Mädchen bewußt, daß Mutter und Vater sich gut verstehen. Auf sexuellem Gebiet kann sie nicht gewinnen. Damit muß jede Tochter von gesunden, glücklich verheirateten Eltern zurechtkommen. Gerät sie in ein sexuelles Dreiecksverhältnis oder entzieht sie sich durch

Verleugnen ihrer eigenen Sexualität, bleibt sie aufgrund von dadurch entstandenen Schuldgefühlen mit der Mutter verbunden.

Die sexbesessene Mutter und die sich entwickelnde junge Frau

Die sexbesessene Mutter sieht in einer anderen Frau, ihr eigenes Kind eingeschlossen, oft eine Bedrohung und Konkurrentin. Sie sieht ihre Tochter nicht so, wie sie wirklich ist, sondern betrachtet sie lediglich als potentielles Publikum. Die Aufgabe der Tochter einer sexbesessenen Mutter besteht darin, die Mutter für ihre Eroberungen zu bewundern, und zwar ungeachtet der Tatsache, daß die sexbesessene Mutter großes Aufhebens davon macht, selbst »zu den Kindern« zu zählen.

> *»Meine Mutter wollte mit meinen Freunden alles das unternehmen, was ich mit ihnen unternahm«, sagt Tanya, achtundzwanzig. »Sie sagte, sie wolle nur Spaß haben, aber ich spürte das Konkurrieren. Ich bemerkte die Lügen. Sie hatte diese langen Fingernägel, die sie blutrot lackierte, und ich kann mich lebhaft erinnern, daß ich Angst vor diesen Nägeln hatte. Bis heute schneide ich meine Nägel kurz und weigere mich, Nagellack zu benutzen.«*

Die sexbesessene Mutter hat Probleme damit, ihr Kind zur Weiblichkeit zu ermutigen. Statt dessen erstickt sie mit ihren Verführungskünsten und ihrer Koketterie die diesbezüglichen Bemühungen der Tochter. Das Mädchen fühlt sich unbeholfen, linkisch und möchte sich am liebsten zurückziehen.

> *»Sie erlaubte mir nicht, Lippenstift zu benutzen oder Spangenschuhe mit niedrigem Absatz anzuziehen«, fährt Tanya fort, »aber sie trug enge Blusen und ging nur in*

hochhackigen Schuhen aus. Ich zog sackartige Sachen an,
damit ich nur ja nicht auffiel. Ich fühlte mich nicht wohl,
wenn ich die Aufmerksamkeit auf mich zog, und war stän-
dig darauf bedacht, sie nur ja nicht zu verärgern.«

Kommt die Tochter der sexbesessenen Mutter in die Pubertät, erlebt die Mutter ihre Entwicklung als Bedrohung ihrer
eigenen Macht innerhalb der Familie. Das Bedürfnis der
Tochter, die Beziehung zur Mutter aufrechtzuerhalten,
nimmt ihr die Möglichkeit, ihre eigene Attraktivität mit
Freude zu erleben. Es kann sein, daß sie stark zunimmt und
sich Freßgelagen hingibt.

»Ich weiß noch genau, wie es war, wenn ich mit meiner
Mom ausgegangen bin und sie total aufgetakelt war. Die
Männer auf der Straße pfiffen ihr hinterher. Ich war eifer-
süchtig und fühlte mich häßlich. Dann bekam ich Hunger,
Hunger, besser zu sein als sie – in allem! Ich würde ihr schon
zeigen, wie sehr sie sich in mir getäuscht hatte. Hinterher
fühlte ich mich schuldig und fragte mich, ob mit mir viel-
leicht wirklich etwas nicht stimmte.«

Gefangen zwischen Mutter und Vater
Die Tochter, die sich wegen des Exhibitionismus der Mutter
schämt, trägt meist Kleider, die ihren Körper verstecken; sie
tarnt sich. Am liebsten zieht sie Jeans und Flanellhemden an.
Sie hält sich von Jungs fern, weil sie im Umgang mit ihrer
eigenen Sexualität Probleme hat, denn sexuell zu sein, ver-
wechselt sie damit, ein »Vamp« wie die Mutter zu sein.
   Häufig hat sie in ihren Augen mehr mit dem Vater als mit
der Mutter gemeinsam. Vater und Tochter sind Verbündete,
oft als gegenseitige Beschützer vor der Mutter. Sie führen
lange, tiefsinnige Gespräche; die Tochter bewundert die
intellektuellen Fähigkeiten des Vaters und eifert ihm nach.
Bis zu einem gewissen Grad spürt sie die Geringschätzung,
die die Mutter dem Vater entgegenbringt, und das verstärkt

natürlich die unter der Oberfläche schwelenden Spannungen.

»Meine Mutter sagte, alle Männer taugten nichts, und erzählte mir sogar negative Geschichten über meinen Vater«, erläutert Tanya. »Ich wollte, daß sie mir einen einzigen Moment nannte, in dem sie miteinander glücklich gewesen sind. Sie leugnete, jemals glücklich gewesen zu sein. Sie sagte, er habe sie bedrängt, keine Kinder zu haben. Stellen Sie sich vor, und das erzählt sie mir! Sie log meinen Vater an, damit er nicht erfuhr, wie teuer alles war, und ich haßte das. Sie war nur eine Fassade, eine im Grunde völlig hohle Frau, darum hat sie gelogen. Mein Herz wandte sich meinem Vater zu.«

Der Ehemann einer sexbesessenen Mutter kann seine Tochter von Herzen lieben, und auch sie kann ihn uneingeschränkt gern haben, wenn er aber der Mutter nicht die Stirn bieten kann, bekommt die Tochter letztendlich das Gefühl, sie müsse ihn vor der Wut der Mutter schützen, und dadurch spitzt sich die Situation weiter zu. Prahlt die Mutter damit, daß sie mit dem Vater Sex hat, wird der Tochter zwar klar, daß ihre Gefühle fehl am Platze sind, trotzdem ist sie gereizt, eigenartig berührt und fühlt sich schuldig. Alles, was mit Sexualität zusammenhängt, löst bei der Tochter einer sexbesessenen Mutter fortan Unbehagen und Verwirrung aus.

»Ich wußte immer, wann meine Eltern Sex hatten«, sagt Tanya. »Samstag morgens standen sie auf und schlossen die Tür. Damals begriff ich nicht, was die Geräusche genau zu bedeuten hatten. Ich dachte, meine Mutter mag das nicht. Alles, was mit Sex zu tun hatte, widerte mich an. Wenn es vorbei war, kam sie heraus und machte Frühstück. Ohne sich die Hände zu waschen! Warum hat sie sich nicht wenigstens die Hände gewaschen? Ich konnte das nicht ertragen!«

Selbst die sexbesessene Mutter, die ihren Mann demütigt, will nicht, daß ihre Tochter ihn bekommt. Aber ein junges Mädchen, das nicht begreift, daß ihre Eltern ein einigermaßen befriedigendes Sexleben haben, versäumt eine wichtige Erfahrung. Sie wächst mit der Angst heran, ihre Mutter bloßzustellen, sobald sie ein eigenes erotisches Leben führen wird, und muß mit angstauslösenden Phantasien fertig werden.

»In meinen geheimen Träumen«, schließt Tanya, »war ich eine Königin. Ich war hochnäsig und brüskierte sämtliche Frauen auf der Straße. Ich war allen überlegen, vernichtete reihenweise Männer und prahlte mit meinen Eroberungen, damit mich die anderen Frauen beneideten, damit sich meine Mutter schluchzend auf das Sofa warf. Ich wollte, daß sie sich umbringt, und ich wollte sicher sein, daß ich es war, die sie soweit trieb, daß sie irgendwann so einsam und verzweifelt ist, daß sie keinen anderen Ausweg mehr sieht. So groß war meine Wut. Wie hätte ich dagegen ankämpfen sollen?«

Anstatt mit der Mutter um die Zuneigung des Vaters zu konkurrieren und zu lernen, daß sie dabei nicht gewinnen kann, und sich aufgrund dieser Erfahrung fortan anderen Männern zuzuwenden, entzieht sich die Tochter der sexbesessenen Mutter dem Wettbewerb völlig. Die Möglichkeit, daß sie den Sieg davontragen könnte, ist zu gefährlich, ihre Mutter wäre zu eifersüchtig und die Konsequenzen unausdenkbar. Sie macht sich also geschlechtslos, um die Beziehung zum Vater aufrechterhalten zu können, ohne mit der Mutter zu konkurrieren.

»Wenn jemand seine Sexualität unterdrückt«, sagt Rosenfeld, »muß das nicht unbedingt eine sexuelle Sache sein. Es kann eine Möglichkeit sein, Grenzen zu ziehen, ein bißchen Kontrolle zu gewinnen. In einer Familie, in der niemand weiß, aus welchem Grund die Mutter gleich explodieren wird, weil das alles und jedes sein kann, gibt es keine Kontrolle. Im Kopf des Kindes vermengen sich deshalb zuweilen unkontrollierbare Wut und Sexualität zu einer Einheit. Diese Mütter sind nicht wütend, sie toben – darum werden die Töchter nicht wütend, denn Wut erscheint gefährlich. Es ist gut, wenn in einer Familie Streit ausgetragen wird, wenn die Beteiligten ihre Wut zeigen und dann damit fertig werden. Bloße Wut ist kein Problem, aber was diese Töchter erleben, sind Eltern, die Tobsuchtsanfälle haben, und das erzeugt Angst.«

Was steht der Tochter einer sexbesessenen Mutter bevor?

Aus diesem Mädchen wird oft ein »braves Kind« – sie »spurt«, damit sich die angsteinflößende Wut der Mutter nicht entlädt. Sie wird in jedem Bereich sehr leistungsstark, Weiblichkeit und Sinnlichkeit ausgenommen, denn da ist die Gefahr, mit der Mutter zu konkurrieren, zu offensichtlich.

> *»Ich wurde eine hervorragende Schülerin. Aufopferungsvoll, rechtschaffen, genügsam – alles Begriffe, die anderen Kindern nicht das geringste bedeuten, besonders Jungs nicht«, berichtet Iris, inzwischen sechsunddreißig. »Auf der High-School stürzte ich mich in hektische, endlose Aktivitäten, und ich nahm meiner Mutter und meinen Brüdern alles ab, was nur ging. Ich entwickelte eine Art Stolz, einen Perfektionismus. Sicher, ich lernte, alles in den Griff zu bekommen. Es war leichter, tatsächlich die Kontrolle zu haben, als sie nur haben zu wollen.«*

Als erwachsene Frau neigt die Tochter einer sexbesessenen Mutter zu Affären mit verheirateten Männern, weil diese unerreichbar scheinen. Verläßt der Mann ihretwegen seine Frau, verliert sie das Interesse an ihm. Sie wollte nie wirklich, daß ihr Vater die Mutter verläßt; diese Schuld auf sich zu laden wäre unerträglich gewesen. Deshalb spielt sie das Drama der Vergangenheit mit ihrem verheirateten Geliebten nach, bis die Situation zu sehr an ihre Ängste rührt.

Vielleicht verliebt sie sich in Homosexuelle und glaubt, sie könne sie ändern. Indem sie nur unerreichbare Männer liebt, tritt sie ihrer Mutter nicht zu nahe und konkurriert nicht mit ihr, denn sie will ja keinen Mann für sich. Wenn nur die Mutter alles überstrahlt, bleibt der zerbrechliche Friede gewahrt.

Oder aber die Bindung zum Vater ist so intensiv, daß sie nur Liebhaber wählt, die ihm unterlegen sind, um ihre heimliche Beziehung zu ihm nicht zu gefährden. Das läßt ihr die Möglichkeit, weiterhin an der Phantasie festzuhalten, sie wäre ihrem Vater eine bessere Frau gewesen als die Mutter.

Manchmal kann die Tochter einer sexbesessenen Mutter sexuelle Befriedigung nur bei Männern finden, bei denen stets die Gefahr von Ablehnung und Zerstörung besteht. Dabei erlebt sie wieder den Kitzel, der mit einer möglichen wütenden Reaktion der Mutter verbunden war, doch nun ficht sie den Kampf aus und fühlt sich hinterher erleichtert, weil sie überlebt hat. Nur gestohlener Sex erregt sie, bei dem Gefahr besteht und man nie weiß, wer den anderen zuerst fallenläßt. Sobald sich eine Beziehung entwickelt, bekommt sie Angst. Für diese Frau ist Nähe gleichbedeutend mit Klaustrophobie.

Viele dieser Frauen leiden zunehmend an Depressionen. Außerdem mißtrauen sie romantischen Liebesbeziehungen. Sie heiraten, mögen aber Sex nicht, sind anorgastisch und passiv. Sie »erdulden« die sexuellen Forderungen ihrer Ehemänner, weil sie in jeder Hinsicht brave Mädchen sind, oder sie sind so stark darauf fixiert, ihrem Partner Genuß zu verschaffen, daß sie nicht mehr wissen, was ihnen selbst Freude macht.

Die Tochter einer sexbesessenen Mutter hegt insgeheim die Erwartung, daß sich ihre Sehnsüchte, obwohl nie offen geäußert, wie durch ein Wunder erfüllen. Aus diesem Grund braucht sie sich ihren eigenen Gefühlen nicht zu stellen, muß sie nicht überprüfen oder äußern und erwartet, geliebt und bewundert zu werden, weil sie sich so sehr für andere aufopfert.

Diese Frau betrachtet alle Autoritäten als feindselig und abweisend. Im Beruf oder im Studium kann sie gute Leistungen erbringen, aber sie entwickelt nie die Fähigkeit zu unabhängigem, kreativem Denken. Sie unterwirft sich der Meinung anderer, um die Beziehung zu ihnen aufrechterhalten zu können. Sie möchte lieb und zurückhaltend, sauber und ordentlich sein. Damit leugnet sie die Wut auf die Mutter, die die rebellierende Frau aktiv auslebt. Aber sie beklagt sich, sie fühle sich wie eine Feder im Wind, hierhin und dorthin getrieben von Mächten, die nicht ihrer Kontrolle unterliegen, abhängig vom Ehemann oder Freund. Ohne die Anerkennung von anderen fühlt sie sich klein und minderwertig. Sie traut ihrer Meinung von sich selbst nicht. Da sie ihre Sexualität ignoriert, erstarrt ein wichtiger Bereich an innerer Erfahrung. Das Resultat ist, daß sie sich einsam und hilflos fühlt. Sie ist zuweilen starken Stimmungsschwankungen unterworfen und bekommt Weinkrämpfe, derentwegen sie sich schuldig fühlt. Sie sehnt sich danach, wieder ein kleines Kind zu sein, und will so zu der Phantasie der liebenden Mutter zurückkehren.

Die Wutanfälle, die diese Tochter in der Kindheit miterlebt hat, können dazu führen, daß sie eine Kontrollfanatikerin oder eine zwanghaft ordentliche Hausfrau wird. Ihre Wut äußert sich in mäkeligen, kleinlichen Ausfälligkeiten, die sich andere nicht erklären können. Kann diese Frau die Situation nicht kontrollieren, geht sie hoch; ihr Verhalten ist ihr selbst ebenso unerklärlich wie anderen. Aber leider hat keine dieser indirekt ausgelösten Explosionen eine Befreiung ihrer Gefühle zur Folge, keine löst die sexuelle Verwirrung und befreit von der Angst vor dem Verlust der Kontrolle. Ein Streit kann nie geklärt werden, weil die tatsächliche Ursache des Konflikts – die Mutter – nicht mehr anwesend ist. Hat diese Tochter keine andere Möglichkeit, ihre Wut zum Ausdruck zu bringen, dann richtet sie sie gegen sich selbst und wird in höchstem Maße selbstkritisch.

Oder sie geht Beziehungen zu Männern ein, die diese Wut an ihrer Stelle zum Ausdruck bringen; zu Männern, die so eifersüchtig sind, wie es die Mutter war, die die gleichen Wutanfälle bekommen wie sie, die drohen, sie zu verlassen, wie es die Mutter getan zu haben schien. Dahinter steckt die Wunschvorstellung, daß sich die Ängste aus der Vergangenheit in nichts auflösen, wenn sie diese Männer kontrollieren kann.

Keine dieser Lösungen ist befriedigend. Alle dienen aber Erhaltung des Status quo der Kindheit; der Vater wird weiterhin idealisiert und nicht bedroht, die Wut der Mutter wird besänftigt, die eigene unterdrückt – aber um welchen Preis. Mit dem Verzicht auf Sinnlichkeit hat die Tochter jede Chance auf echte Freude, Spontaneität und Spaß am Leben geopfert.

Kay, dreiundsechzig Jahre alt, trägt eine elegante schwarze Hose und ein gutsitzendes weißes Hemd. Sie benutzt kein Make-up und hat eine praktische Kurzhaarfrisur, aber ihre Stimme, in der ein leichter Südstaatenakzent mitschwingt, ist dünn.

»Meine Mutter war schön, eine perfekte Hausfrau und eine perfekte Gastgeberin, extrem auf meinen Vater fixiert, den sie aber total dominierte. Sie sagte zum Beispiel zu ihm: ›Dwight! So darfst du nicht denken!‹ Aber sie war eine Dame aus den Südstaaten, das heißt, morgens um zehn zog sie sich an wie ich, wenn ich zu einer Cocktailparty gehe. Um die Zeit, zu der mein Vater nach Hause kam, zog sie sich zum Essen nochmals um.

Ich hatte Angst vor ihr; ich versuchte immer, ihr alles recht zu machen, und achtete gleichzeitig darauf, daß mir ja nicht entging, wann sich diese dunkle Wolke der Wut auf sie herabsenkte – ohne auch nur im geringsten zu begrei-

*fen, woher diese kam. Viele Jahre später kam ich dahinter,
daß sie Alkoholikerin war, aber damals hatte ich keine
Ahnung. So war das eben früher.*

*Sie hatte diese Wutanfälle, die sich zwar selten gegen
mich richteten, dafür aber oft meine Gouvernante trafen,
die ich bewunderte und die mir wahrscheinlich das Leben
gerettet hat. Sie war es, die mir bedingungslose Liebe entgegenbrachte, und meine Mutter haßte sie. Ich stand zwischen ihnen und bemühte mich stets, die Bediensteten zu
schützen, oder meinen Vater oder meinen Bruder. Ihre
Wut konnte über jeden hereinbrechen, und ich beobachtete
unentwegt, abwartend, weil ich dachte, es sei besser, wenn
ich es kommen sehe. Das mache ich immer noch. Ich bin
mir der Spannungen in anderen Menschen schrecklich
bewußt. Ich bin eine Psychologin. Ich dachte, wenn ich
alles im Auge behalte, wird es leichter.*

*Mein Vater war auch Alkoholiker, aber ein netter. Sie
wurde gemein. Die ganze Familie hatte Angst vor ihr, man
mußte sie wie eine Königin behandeln. Sie brauchte ständig Leute um sich herum, die für ihr Wohlergehen zu sorgen hatten. Man mußte jedes Wort bewundern, das sie von
sich gab, sonst geriet sie in Wut.*

*Ganz allgemein gesagt, verführte sie meine Freunde. Sie
bewunderten sie und bemerkten die schlechten Seiten gar
nicht. Eine gute Freundin aus meiner Kindheit behauptet,
meine Mutter habe ihr das Leben gerettet, sie habe sie vor
ihrer eigenen schwierigen Mutter und ihrem tyrannischen
Vater geschützt, sie habe sich immer für sie eingesetzt.
Viele Jahre später kreuzten sich unsere Wege wieder, und
sie lernte die andere Seite meiner Mutter kennen. Meine
Mutter legte dabei eine Gemeinheit an den Tag, die meiner Freundin fast das Herz brach, denn in ihrer Erinnerung hatte sie sie stets als fürsorglich erlebt.*

*Ich glaube, ich habe mir nie eingestanden, daß ich meine
Mutter nicht wirklich bewunderte, obwohl ich wußte, daß
ich unglücklich war und wegwollte. Ich dachte, es sei meine*

Schuld. Sie war so bezaubernd, es war, als umgebe sie eine Art Glorienschein. Sie sagte, jeder Mann in Savannah sei in sie verliebt gewesen – vielleicht stimmt es sogar. So viele Menschen bewunderten sie; wäre sie richtig unerträglich gewesen, wäre mir manches leichter gefallen.

Aber da gab es diese Szenen, meistens beim Abendessen. Sie geriet wegen irgend etwas in Wut und ging hinauf in ihr Zimmer. Wir anderen blieben einsam zurück und waren der Ungewißheit überlassen. Manchmal wurde mein Vater dann sauer und fuhr weg. Als mein Bruder älter wurde, machte er es genauso. Das brachte sie aus der Fassung und machte ihr angst. Sie durfte uns allein lassen, aber niemand durfte sie allein lassen.

Meine Zuflucht waren der Wald und meine Pferde. Meinem Pony erzählte ich von meinen Sorgen; daß ich so sein wollte, daß sie glücklich ist, und daß ich deshalb das perfekte Kind sein mußte. Darum versuchte ich, nett zu sein, alles recht zu machen, immer zu lächeln.

Meine Eltern waren achtundfünfzig Jahre verheiratet, und soweit wir das alle wissen, ist er nie fremdgegangen und sie auch nicht. Es gab Männer; einer war Maler, vom Alter her etwa zwischen ihr und mir, und er bewunderte sie. Es reichte ihr, ein Heer von Verehrern um sich zu scharen, weiter mußte es zur damaligen Zeit nicht gehen. Trotzdem war es demütigend für meinen Vater.

Ich war ungefähr fünfundzwanzig, da machte mir mein Vater das erste Mal ein Kompliment über mein Aussehen. Ich kam die Treppe herunter, und meine Mutter war schon zu einer Party vorausgegangen. Er sagte: ›Hübsch siehst du aus.‹ Und ich dachte, das hat er noch nie zu mir gesagt, und fand es merkwürdig, daß sie nicht dabei war. Ich glaube, sie war eifersüchtig auf jedes bißchen Aufmerksamkeit, das er anderen schenkte.

Ich habe immer rebelliert, aber eher heimlich; das heißt, ich zog los und machte alles, was ich ihrer Meinung nach nicht sollte, war nicht sehr modebewußt und hatte die fal-

schen Freunde. Ich ging so weit weg, wie ich konnte – mit vierzehn ins Internat, danach wohnte ich nie mehr zu Hause. Vom Internat ging ich ans Wellesley College, und im vorletzten Studienjahr ging ich nach Spanien. Dort habe ich mit vierundzwanzig geheiratet. Ich hatte mich immer mit den Außenseitern identifiziert, mit Menschen, die nicht voll akzeptiert wurden, und mein Mann gehörte dazu.

Erstaunlich, aber meine Mutter akzeptierte meinen exotischen Ehemann. Ich dachte, sie würden einander umbringen, aber sie kamen sehr gut miteinander aus. Er war Alkoholiker wie sie, und beide waren Menschen, deren Wort Gesetz für die anderen zu sein hatte. Beide extrovertiert, sehr kritisch, beide Tyrannen.

Im Grunde war ich ihm hörig. Es war eine furchtbare Ehe, eine krankhafte Liebe-Haß-Beziehung. Irgendwann kam ich dahinter, daß er eine Affäre mit seiner Sekretärin hatte, und er verließ mich, Gott sei Dank. Aber mein Stolz war mehr dafür verantwortlich, daß ich da herauskam, als die jahrelange Sprachlosigkeit, die zwischen uns geherrscht hatte.

Ich beschuldigte ihn schwer. Ich kritisierte ihn von Anfang an. Ich konnte nicht glauben, daß dieser Mann so schwierig, unzuverlässig und egoistisch war, ich dachte, ich könne ihn ändern. Ich war wirklich wütend wegen dieser Geschichte mit seiner Sekretärin, aber sie hat mich befreit. Meiner Mutter gegenüber bin ich nie wütend geworden, aber jetzt war ich hysterisch, kreischte und weinte, und Schuldzuweisungen, nichts als Schuldzuweisungen – aber bei meiner Mutter nie.

Schon bald trat ein neuer Mann in mein Leben. Dieser Mann fand mich schön und bezaubernd. Er verhielt sich völlig anders als mein Ehemann. Aber es hielt nicht lange. Dann hatte ich wieder eine Beziehung, und die dauerte zwanzig Jahre: wieder ein schwieriger Mann, wieder ein Alkoholiker, wieder eine Liebe-Haß-Beziehung. Erst wollte er mich loswerden, dann ich ihn. Es gelang mir nie, eine Beziehung mit einem Mann aufrechtzuerhalten, der nett ist, der mich liebt und umgänglich ist. Das widert mich zutiefst an. Ich hatte immer Beziehungen, die sehr leidenschaftlich waren, in denen es viel Haß gab und die schließlich einfach schlecht waren.

Aber wenn ich mit einem netten Mann zusammen bin, habe ich so ein vages Gefühl von Unwirklichkeit und ein bißchen Langeweile. Das passiert mir immer wieder. Ich versuche, dieses Muster zu durchbrechen und eine andere Beziehung zu einem Mann aufzubauen, aber dann fühle ich mich wie tot. Bedeutet das, daß ich in einer anderen Art von Beziehung niemals Leidenschaft empfinden kann? Vermutlich nicht die Leidenschaft, die ich in diesen stürmischen Affären erlebte, aber so langsam glaube ich, es muß weit angenehmere Dinge geben. Ich muß akzeptieren, daß kein Prinz daherkommt und mir die bedingungslose Liebe schenkt, die ich nie gekannt habe. Es sei denn, ich schenke sie mir selbst.

Ich mache das gerade mit meinem ältesten Sohn durch, der seit einem Monat bei mir zu Hause wohnt. Er ist Alkoholiker und hat gerade seine Frau und die drei Kinder verlassen. Das hat mich ungeheuer getroffen. Es ist schwierig gewesen, ich ging zurück, zurück und noch weiter zurück – erst zu meinem Mann, der mich mit drei Jungs hat sitzenlassen, aber schließlich bis zu meiner Mutter und meiner Angst, von ihr verlassen zu werden.

Ich werde meinem Sohn sagen, daß er ausziehen muß. Es ist nicht gut für mich, wahrscheinlich auch nicht für ihn. Mir ist aufgefallen, daß ich in seiner Gegenwart das Gefühl habe – unsichtbar zu sein. Ich bin einfach nicht vorhanden, was meine Gefühle oder meine Ansichten angeht. Ich bin nur eine Versorgerin. Ich habe mich immer unsichtbar gefühlt: als kleines Mädchen, als Frau und jetzt als Mutter. Ich habe zu ihm gesagt: ›Ich will nie wieder mit jemandem zusammenleben, den ich mag, und mir dabei unsichtbar vorkommen.‹ Ich glaube nicht, daß er mich verstanden hat, aber es tat gut, es auszusprechen.«

Trennung: Den Verlust akzeptieren

Während Sie versuchen, sich von den Bedrohungen der Vergangenheit zu befreien, stellt sich ein Verlust ein. Die Mythen der Kindheit besitzen eine überwältigende Macht, und sie aufzugeben hat seinen Preis. Mit Ihren Kinderaugen betrachtet, war die Welt dramatisch und glitzernd zugleich; die Freuden waren phantastisch, die Tiefs schrecklich. Erwachsene besaßen unvorstellbare Macht. Die Welt war wie ein Märchen. In Wirklichkeit sind die Freuden oft weniger spektakulär. Frauen, die sich lange nicht von der Vergangenheit gelöst haben, stellen häufig fest, daß der Glanz der Kindertage verblaßt, wenn sie auf das Szenario verzichten und das Drama mit Liebhabern, Ehemännern und Kindern nicht mehr ausleben.

Die erwachsene Tochter einer sexbesessenen Mutter ergänzt Sexualität und Romantik oft mit der durch das Drama ausgelösten Erregung. Erst durch drohende Gefahr bekommt die Beziehung den gewissen Kick. Ohne sie scheint das Leben langweilig. Sie halten an Ihrer Kindheitsphantasie fest, weil Sie sie für attraktiver und reizvoller halten als das alltägliche Leben.

Wenn Sie versuchen, sich von den Mythen Ihrer Mutter und von der Intensität der Kindheitsgefühle zu befreien, erleiden Sie einen Verlust. Sobald Sie aus dem Drama aussteigen, haben Sie eine Zeitlang ein Gefühl der Leere, fühlen sich ohne Identität, denn Sie kennen nichts anderes. Während Sie die Freuden des wirklichen Lebens kennenlernen, werden Sie ängstlich, gelangweilt und nervös sein. Es dauert eine Weile, bis Sie den echten Geschmack der Dinge schätzenlernen, ähnlich wie beim Abgewöhnen von Salz. Die Freuden des Erwachsenseins – sich eigene Ziele zu setzen und sie zu erreichen, sich Freunde auszusuchen, die Sie unterstützen, anstatt auszunützen, eine Beziehung zu einem Mann einzugehen, der es nicht nötig hat zu dominieren, sich den eigenen Gefühlen zu stellen, anstatt vor ihnen davonzulaufen –, diese Freuden bieten keine so glanzvollen Rollen wie die der Heldin im Stummfilmmelodram aus Ihrer Kindheit.

Um sich von Ihrer sexbesessenen Mutter zu lösen, müssen Sie auch auf die Menschen, die Ihnen als Ersatz für sie dienen, verzichten, ebenso auf das Szenario, auf Ihr Bedürfnis nach Rache, und Sie müssen sich von der Sehnsucht trennen, zurückzugehen und die Szenen wiederholen zu können, um einen anderen Ausgang herbeizuführen. Sich dessen bewußt zu werden, kann Angst und Enttäuschung mit sich bringen; wirkliche Entwicklung ist notwendig, um diese Situation zu akzeptieren und weiterzumachen.

Strategien zur Veränderung

- Betrachten Sie aufmerksam Ihr früheres Verhalten. Die Tochter einer sexbesessenen Mutter sucht ihr Heil entweder im Idealisieren der Mutter, im passiven Hinnehmen des eigenen Schicksals als sexuelles Wesen oder im haßerfüllten Rebellieren gegen die Mutter.
- Klammern Sie sich nicht an Ihre Wut. Ihre Wut kann die Verbindung zu Ihrer Mutter aufrechterhalten, deshalb klammern Sie sich daran, denn ohne sie fühlen Sie sich »tot«. Aber Ihre Identität ist so stark an das Bild von der Mutter gebunden, daß Sie, wenn Sie die Fehler Ihrer Mutter nicht mit etwas Verständnis und Mitgefühl hinnehmen können, nie Frieden mit der Vergangenheit schließen und niemals Frieden mit sich selbst finden. Möglicherweise sind Sie extrem selbstkritisch und unnachsichtig gegenüber Ihren eigenen Fehlern; möglicherweise können Sie keine Freude und keinen Stolz auf Ihre Weiblichkeit empfinden. Wenn Sie blind vor Wut auf Ihre

Mutter sind, wie sollen Sie da die positiven Eigenschaften entdecken, die sie hatte? Sie müssen sich der Wut stellen und anschließend einen Weg finden, wie Sie damit umgehen können, ohne sie ständig gegen Ihre Mutter oder gegen Männer auszuleben.

- Der Versuch, Ihre Mutter zu kontrollieren, wird nicht zu einer erfolgreichen Lösung führen. »Als erwachsene Frau«, so Sylvia Rosenfeld, »kann es Sie derart in Anspruch nehmen, Ihre Mutter kontrollieren zu wollen, daß Sie auf die Kontrolle Ihres eigenen Lebens verzichten. Sie verfügen wohl kaum über die Macht, sie zu ändern, doch was die Fürsorge für Sie selbst angeht, Ihren Selbstschutz, die Erfahrungen mit Ihrer eigenen Sexualität und die Konzentration auf sich selbst statt auf andere Menschen, da sind Sie keineswegs machtlos.«

- Lernen Sie, mit Ihrem Partner neue Erfahrungen zu machen. »Normalerweise wählen wir Partner«, schließt Rosenfeld, »die eine Kombination der positiven und negativen Eigenschaften der Menschen besitzen, die uns großgezogen haben, und die die Lücken in den Bereichen unserer Persönlichkeit füllen, die wir nicht entwickelt haben. Sind Sie also ein zurückhaltender Mensch, dessen Fähigkeiten zur Sozialisation sich nie entwickelt haben, dann heiraten Sie vermutlich einen sehr geselligen Menschen. Diese Partnerschaften können sehr gut funktionieren, wenn beide Beteiligten bereit sind, an ihren Problemen zu arbeiten. Denn lernt der Tyrann, sein Temperament zu kontrollieren, ist das gut für ihn und hat gleichzeitig eine heilende Wirkung auf den Partner, der mit einem Elternteil aufgewachsen ist, dem das nie gelang. Machtkämpfe stellen sich ein, wenn Sie diesen Charakterzug ausmerzen wollen, wie er in Ihnen ausgemerzt worden ist. Aber wenn sich Menschen entschließen, eine gute Ehe führen zu wollen, und absolut bereit sind, sich zu entwickeln und die gegenseitigen Bedürfnisse zu erfüllen, kann es sehr gut funktionieren.«

KAPITEL SIEBEN

Die kritische Mutter
Die junge Frau gewinnt Selbstachtung

Im Unterschied zu kleinen Jungen legen Mädchen aufgrund der Intensität der Mutter-Tochter-Beziehung und der in der Beziehung bestehenden körperlichen und sexuellen Identität größeren Wert auf Bindung. Ein kleiner Junge identifiziert sich in erster Linie mit seinem Vater, aber eine Tochter hat den weiblichen Körper, die sexuelle Identität, die Attribute und die ihr von der Gesellschaft auferlegten Rollen mit der Mutter gemeinsam. Zwischen Müttern und Söhnen besteht nicht dieses Gefühl von Gleichsein, das Mutter und Tochter auf komplizierte Weise miteinander verbindet. Eine Mutter formulierte es so: »Eine Tochter ist sauer auf einen, und wenn sie mit ihrer Tirade fertig ist, sagt sie zum krönenden Abschluß: ›Und überhaupt finde ich deine Frisur unmöglich!‹ Söhne haben es nicht nötig, einen auf diese Weise abzuwerten oder zu kritisieren.«

Für kleine Jungen wird Autonomie zum obersten Ziel, während Mädchen größeres Interesse an Beziehungen entwickeln. Eine Frau kann mit Erfolg jeden Beruf ausüben, in dem auch ein Mann erfolgreich ist – aber sie wird es anders angehen. Sie setzt mehr auf Verhandlungsgeschick und Diplomatie, nicht auf das Bedürfnis, andere mit Macht auszuspielen. Eine Frau kann fürsorglich und trotzdem unabhängig sein – sofern sie sich nicht zum Nachteil ihrer eigenen Bedürfnisse hinter dieser Rolle versteckt, aber genau das tut die Tochter einer kritischen Mutter häufig.

Eigenschaften der kritischen Mutter

Die kritische Mutter betrachtet ihre Tochter als Spiegelbild von sich selbst, und darum kränkt sie jeder noch so kleine Fehler. Sie verlangt Perfektion, nicht zum Wohle des Mädchens, sondern weil die junge Frau nur dann dem Bild der Prinzessin entspricht, das die Mutter von sich selbst hat. Da die Mutter sowenig Selbstwertgefühl besitzt, findet sie wenig Lobenswertes an ihrer Tochter. Positives Feedback findet nie statt, wodurch die Kritik um so massiver wirkt.

Die Gefahr kommt schleichend und trügerisch daher, weil der Angriff für gewöhnlich nicht als heftiger Ausfall erfolgt, sondern sukzessive, aber konstant. Mit ihren ständigen Attacken nagt die kritische Mutter unablässig an Ihrem Selbstvertrauen und Ihrer Entscheidungsfähigkeit. Sie beginnen sich zu fragen, ob sie das wirklich gesagt hat, was sie gesagt hat, ob sie es so gemeint hat, wie es sich angehört hat, ob Sie nicht überreagieren, ob sie recht hat und Sie sich irren.

1966 sagte der noch immer an alten Wunden leidende Superstar Barbra Streisand in einem Interview:

> *»Mit achtzehn sang ich im Bon Soir. Nachdem meine Mutter die Vorstellung besucht hatte, gab sie folgenden Kommentar von sich: ›Deine Stimme ist sehr dünn. Du mußt Eier in die Milch tun, um deine Stimme zu kräftigen ...‹«*

Als Streisand ihre Mutter fragte, ob sie ein hübsches Baby gewesen sei, antwortete ihre Mutter: »Alle Babys sind hübsch«. Streisand reagierte auf die ständige Kritik, indem sie sich zum leistungsorientierten Erfolgstyp entwickelte, der über sein Leben und den Beruf die absolute Kontrolle besitzen muß, um sich nie wieder Angriffen und Demütigungen ausgesetzt zu sehen.

Was liegt dem Verhalten der Mutter zugrunde?

Die kritische Mutter besitzt meist nur geringes Selbstwertgefühl und sucht in ihrer Tochter nach Perfektion, mit der sie ihre eigene innere Leere ausfüllen kann. Sie hofft, sich aufgrund der Fähigkeiten ihrer Tochter selbst als vollwertig sehen zu können. Ironischerweise kommen ihre Bemühungen, die Tochter zu mehr Leistung anzuspornen, bei dieser als demoralisierende Beurteilungen an.

»Meine Mutter war die Intellektuelle in Reinkultur, sie hatte ein Juradiplom und zwei Doktortitel«, berichtet Amelia, eine Frau in den Fünfzigern. »Deshalb hatte ich irgendwie das Gefühl, so gut wie sie könnte ich nie sein. Hatte ich eine Zwei in der Schule, sagte sie: ›Warum hast du keine Eins?‹

Aber über solche Gefühle wurde bei uns zu Hause nie gesprochen – über meine nicht und über ihre schon gar nicht. Sie war todkrank und hatte eine Operation vor sich. Am Abend vor der Operation las sie in ihrem Krankenhauszimmer Zeitung. Sie las Zeitungen aus der ganzen Welt. Ein junger Priester kam herein und sagte: ›Mrs. Graham, gibt es etwas, worüber Sie mit mir reden möchten?‹ Sie sah ihn voller Verachtung an und antwortete: ›Sofern Sie nicht mit mir über die Lage im Nahen Osten diskutieren möchten, nein.‹ Sie war so unzugänglich!

Nach dem Tod meiner Mutter fand ich Briefe von Verwandten, in denen stand, daß es wunderbar sei, daß Amelia dies und das getan habe. Sie hatte zum Beispiel an ihre Mutter geschrieben, ich hätte die Hauptrolle in einer Schulaufführung bekommen. Zu mir sagte sie nie: ›Das ist ja toll.‹ Meine Tochter, die ihr sehr nahestand, ist davon überzeugt, daß sie ihr Leben lang depressiv gewesen war. Und das leuchtet mir in gewisser Weise ein. Vielleicht war sie so kritisch, weil sie deprimiert war, und das alles hatte überhaupt nichts mit mir zu tun!«

Es ist die Kombination aus dem negativen Selbstbild der Mutter, ihrem Bedürfnis, sich und ihr Kind als perfekt ansehen zu müssen, und der totalen Ignoranz ihren Gefühlen gegenüber, die aus einer Mutter eine derart kritische Mutter machen kann.

Die gesunde Mutter und die junge Frau

Eine der wichtigsten Aufgaben in der Pubertät besteht darin, die Eltern nicht mehr länger als das A und O der eigenen Existenz zu betrachten. In der Pubertät muß das Mädchen lernen, sie so zu sehen, wie sie wirklich sind, und nicht mehr als die idealisierten Menschen, die sie für das kleine Kind gewesen waren. Einhergehend mit dieser neuen Erkenntnis nimmt sie eine Neubestimmung ihrer eigenen Fähigkeiten und Grenzen vor.

Schwierig wird es, wenn sich das junge Mädchen mit der Tatsache konfrontiert sieht, daß sie ihren Daddy der Mutter nicht abspenstig machen kann. Will sie die romantische Liebe erleben, dann muß sie hinausgehen und sich selbst einen Mann suchen. Mit dieser neuen Erkenntnis stellt sich die Einsicht ein, auf die eine gute Mutter sie helfend vorbereitet hat und die sie ihr Leben lang akzeptiert: Mutters Liebe ist nicht bedingungslos, es gibt Grenzen. Mutter hat eigene Bedürfnisse. Vater und Mutter haben eine Beziehung, von der die Tochter teilweise ausgeschlossen ist. Manche Sehnsüchte – von denen das Mädchen in der Pubertät viele gerade erst zu ahnen beginnt – muß sie woanders erfüllen.

Sie begreift, daß ihre Aufgabe im Leben nicht darin besteht, mit der Mutter zu konkurrieren oder diese zu ersetzen, nicht einmal darin, sie zu kopieren. In einem entscheidenden Bereich kann sie den Platz der Mutter nicht einnehmen. Romantische und sexuelle Erfahrungen kann sie nicht mit der Mutter an ihrer Seite erleben. Sie ist nun selbst für sich verantwortlich, führt ihr eigenes Leben, definiert ihr eigenes Verlangen und befriedigt es auf ihre eigene Weise.

Sie steht der Realität des Erwachsenseins gegenüber. Die Welt dreht sich nicht um sie; sie ist nur eine von vielen, und ihre Macht ist begrenzt. Was für sie wichtig ist, muß nicht notgedrungen auch für alle anderen wichtig sein. Sie muß sich alles, was sie will, erarbeiten, und daß sie etwas will, bedeutet nicht, daß sie es auch bekommt. Wenn sie es nicht bekommt, muß sie eine Möglichkeit finden, trotzdem weiterzumachen. Bekommt sie es, heißt das nicht, daß fortan alle ihre Gebete erhört werden.

Wenn der Tochter all dies bewußt wird, fällt der Mythos der idealisierten allmächtigen, behütenden, über alles liebenden Mutter in sich zusammen. Der Verlust der Wunschvorstellung und ein Gefühl der Einsamkeit, das zum Erwachsensein gehört und ertragen werden muß, stellen sich ein.

Die Tochter einer gesunden Mutter hatte viele Jahre Zeit, um sich auf diesen Moment vorzubereiten. Sie hat im Laufe der Zeit neue Möglichkeiten entwickelt und bei anderen Menschen Unterstützung gefunden. Sie hat Freunde gefunden, die mit ihr die Erprobung der Unabhängigkeit geteilt haben. Sie hat Rollenvorbilder gefunden, sich in Gruppen integriert und gelernt, ohne die Mutter zurechtzukommen.

Sie hat ein Gefühl dafür entwickelt, wie sie etwas meistern kann: Sie weiß, daß sie selbständig etwas zustande bringt, daß sie ihre eigenen Fähigkeiten wohlüberlegt einsetzen kann, und sie weiß auch, wonach sie strebt. Sie kann auf ihre inneren Eingebungen, die ihr sagen, wann sie sicher ist und wann nicht, vertrauen und braucht nicht mehr ständig den Schutz der Eltern. Sie hat ihr eigenes Gefühl für richtig und falsch entwickelt und kann sich darauf verlassen. Sie hat viele Bilder von Weiblichkeit in sich aufgenommen; einige werden von der Mutter gebilligt, andere nicht.

Sie weiß inzwischen, daß Mutters liebende Arme nicht für immer dasein werden, aber sie weiß auch, daß andere Menschen ihr Liebe geben können: Freunde, ein Mann. Doch bevor sie Liebe von einem anderen erwarten kann, muß sie sie zuerst in sich selbst entdecken. Sie muß sich über das, was sie erreicht hat, selbst freuen und zu ihrer eigenen Befriedigung etwas zustande bringen können. Kein Lob von anderer Seite kann ihr soviel bedeuten wie ihre eigene innere Stärke und Selbstachtung.

Die gesunde junge Frau weiß nach der Pubertät, wer sie ist, und sie weiß ihre Einzigartigkeit zu schätzen. Sie hegt nicht mehr länger die kindliche Wunschvorstellung, ihr Leben lang allmächtige, allumfassende Liebe zu bekommen. Gleichzeitig hat sie das Bedürfnis danach verloren, denn sie ist imstande, die beständige und bleibende Liebe der Mutter durch Selbstliebe zu ersetzen. Sie hat ein starkes Selbstwertgefühl entwickelt.

Die kritische Mutter und die junge Frau

Die Aufgabe einer jungen Frau während der Pubertät besteht darin, die eigenen Fähigkeiten und Möglichkeiten zu entdecken und sich mit der eigenen Weiblichkeit vertraut zu machen und wohl zu fühlen, doch die kritische Mutter verstärkt die Identität der Tochter als hilfloses, abhängiges, ewiges Kind.

> »Als ich in der achten Klasse war«, berichtet Belinda, vierundvierzig Jahre alt, »durfte ich bei einer Schüleraufführung vorspielen, weil ich Klavierstunden bekam. Ich fing an zu spielen, schaffte dreiviertel des Stückes prima, dann spielte ich einen falschen Ton. Ich fing mich wieder und machte weiter. Ich glaube nicht, daß ich so schlecht war. Am Schluß bekam ich netten Applaus, und ich freute mich. Ich setzte mich zu meinen Eltern, und meine Mutter sagte im Flüsterton: ›Du hast einen Fehler gemacht! Ich habe es gehört!‹ Und alles war ruiniert. Ich hatte komplett versagt. Alle hatten den Fehler gehört. Niemand hatte gemerkt, daß ich gut gespielt hatte. Diese Bemerkung war bezeichnend für sie.«

Wenn Sie älter werden, hat die kritische Mutter an allen Männern, die in Ihrem Leben eine Rolle spielen, Ihren Ehemann eingeschlossen, etwas auszusetzen. Sie konkurriert nicht. Sie will Ihren Arbeitsplatz oder Ihren Mann nicht, denn in ihren Augen ist beides nicht gut genug. In Wirklichkeit ist nichts gut genug. Die kritische Mutter glaubt, die von ihr an Sie angelegte hohe Meßlatte sei eine Auszeichnung für Sie. In Wahrheit aber setzt sie Sie herab. Manchmal macht sie beides zugleich und stiftet dabei solche Verwirrung, daß Sie nicht herausfinden können, was nun richtig und was falsch ist.

Als sie sich mit ihrem späteren Ehemann zu verabreden begann, so Belinda, habe ihre Mutter ihn aus zwei Gründen gehaßt: »Erstens, weil sie nicht wollte, daß ich ihn heirate, und zweitens, weil er mir nicht schnell genug einen Heiratsantrag gemacht hat!«

Wenn Sie der kritischen Mutter Glauben schenken und zulassen, daß sich ihre Stimme in Ihrem Kopf einnistet, dann lernen Sie, sich mit ihren Augen zu sehen – aber Sie können nicht wütend auf sie werden, Sie können sie nicht hassen, denn wie sollten Sie, eventuell allein auf sich gestellt, überleben? Darum kehrt sich Ihre Wut gegen sich selbst. Halten Sie eines der strikten Gebote Ihrer Mutter – und derer gibt es unzählige – nicht ein, dann äußert sich die Kritik schließlich nicht mehr mit der Stimme der Mutter, sie äußert sich als Ihr eigenes Schuldgefühl.

Belinda erinnert sich noch lebhaft an das Jahr, in dem sie auf der High-School nur die besten Noten bekam. Was sagte ihre Mutter? »Intelligenz ist nicht alles. Zum Glück benoten sie nicht den Charakter.«
»Man sollte meinen, ich hätte ausgeholt und ihr eine geknallt. Aber nein, mit sechzehn konnte ich nicht gerade behaupten, ich hätte einen untadeligen Charakter, deshalb hatte sie wieder zielsicher eine meiner schwachen Stellen

getroffen. Den Dreh hatte sie heraus. Als ich auf dem College war, kam jeder Brief, den ich geschickt hatte, mit Korrekturen an der Zeichensetzung und Rechtschreibung zurück. Es ging weiter, als ich zu Hause ausgezogen war und nur noch zu Besuch kam. Wir umarmten uns kurz voller Wärme und Liebe. Dann wich sie prompt zurück und sagte: ›Ziehst du dich jetzt immer so an?‹

Ich trug meine Röcke immer zu lang, behauptete sie. Ich würde aussehen wie eine Oma in Europa, weil ich schwarze Strumpfhosen anhatte. ›Ich will nur nicht, daß ich mich deinetwegen blamiere‹, stöhnte sie.

Und dann natürlich das Gewicht. Wir saßen an Thanksgiving nach dem Essen noch zusammen. Ich greife nach einem Keks, und sie sagt: ›Aber sicher, iß du nur noch ein paar Kekse!‹ – und das vor der ganzen Familie. Oder sie sagte: ›Ich begreife nicht, wie du in diesen Ferien einen Badeanzug anziehen willst. Wahrscheinlich müssen wir in ein Spezialgeschäft gehen und einen für dich anfertigen lassen.‹ Dann lacht sie. Ich gehe nach Hause und weine – und esse.

Ihren besten Witz machte sie über mich und meine Schwester, Megan. Meine Mutter erzählte ihn folgendermaßen und kicherte dabei vor Vergnügen: ›Als Megan geboren wurde, war sie das hübscheste Baby, das man sich denken kann, und ich war so glücklich. Belinda dagegen war ein unscheinbares, mickriges Ding, es dauerte ewig, bis ich mich an sie gewöhnt hatte!‹ Als sie meinen späteren Mann kennenlernte, erzählte sie ihm bei ihrem ersten Zusammentreffen, ich hätte auf der High-School nicht einmal korrekt schreiben können, sie habe alle meine Aufsätze für mich schreiben müssen.

Erzählt man das anderen Leuten, bekommt man zu hören: ›Worüber beklagst du dich? Sie ist eine wunderbare Frau und will nur dein Bestes. Das sind doch nur kleine Schwächen.‹ Meine eigene Tante, die Schwester meiner Mutter, hat mich nie verstanden – obwohl meine Mutter sie genauso mies behandelt hat. Aber sie kam damit zu-

recht, weil sie weniger Angst vor ihr hatte – schließlich war sie nicht ihre Tochter. Nie hat mir jemand geglaubt, wie gemein meine Mutter war, auf eine so kleinliche, engstirnige Art. Ich habe es nie geschafft, auch nur einmal Anerkennung von ihr zu bekommen.«

Was steht der Tochter einer kritischen Mutter bevor?

Die erwachsene Tochter einer kritischen Mutter wird nicht immer leistungsorientiert wie beispielsweise Barbra Streisand. Häufig neigt sie zum »Cocooning«; sie bleibt zu Hause, sieht fern, liest und geht anderen Menschen aus dem Weg. Sie hat Angst vor der Welt, schämt sich, steckt voller Schuldgefühle und ist nicht in der Lage, ihre eigenen Bedürfnisse zu erkennen. Sie wird abhängig von der Bestätigung durch Männer und Gruppen und kann eine Leistung, die andere nicht würdigen, nur schwer anerkennen.

Die »sich einspinnende« Tochter hat so große Angst, auf sich selbst gestellt zu sein, daß sie Konkurrenz und Leistungsstreben ganz meidet. Sie fürchtet, aufgrund von Erfolg könne sie Verbundenheit einbüßen, betrachtet Ehrgeiz als unweiblich und negiert jedes Verlangen nach Macht oder Kontrolle, weil sie diese Eigenschaften mit ihrer dominanten Mutter in Verbindung bringt.

Die Tochter einer kritischen Mutter leiht ihre Kreditkarten den falschen Männern, chauffiert ständig irgendwelche Leute zum Flughafen, bleibt nächtelang auf, um Prüfungsarbeiten für den Freund zu schreiben, und hängt stundenlang am Telefon, um bei Streitereien von Freunden zu vermitteln. Sie glaubt, sie werde nur geliebt, wenn sie die Bedürfnisse der anderen befriedigt. Bedauerlich für sie, denn sie irrt sich in diesem Punkt. Die anderen mögen von den ihnen erwiesenen Diensten abhängig werden, doch das ist keine Liebe.

Der Kreislauf zeitigt immer schlimmere Folgen. Zieht sich die Tochter einer kritischen Mutter vom leistungsorientierten Wettbewerb zurück, weil sie Angst vor Versagen – eventuell auch vor Erfolg – hat, wird mit Sicherheit ihr Selbstwertgefühl sinken. Sie bleibt weiterhin von anderen abhängig. Oft wird ihr wichtigstes Ziel die Beziehung zu einem Mann, mit der sie die Lücke in ihrem Innern ausfüllen will. Sie gibt sich mit der Position der untergeordneten Ehefrau zufrieden. Ihr Mann trifft sämtliche Entscheidungen. Er kontrolliert das Geld. Ihr gesellschaftliches Leben dreht sich ausschließlich um seinen Freundeskreis. Er ist vermutlich überkritisch, und sie lebt in ständiger Angst, seine Mißbilligung hervorzurufen.

Der kritischen Mutter fällt es leicht, Sie Ihr Leben lang unter Kontrolle zu halten. Angesichts ihrer ständigen Kommentare bezüglich Ihrer Kleidung, Ihrer Frisur oder Ihrem Arbeitsplatz besteht bei Ihnen die Tendenz zu regressiver Entwicklung, sie fühlen sich genauso unsicher wie als Kind. Das verleiht ihr nur noch mehr Macht. Egal, wieviel Mühe Sie sich geben, nichts ist gut genug, und immer endet alles mit Selbstzweifeln Ihrerseits.

»Ich fuhr nach Hause wegen einer Hochzeit«, fährt Belinda fort, »und weil meine Mutter sich dauernd beklagte, ich wisse nicht, wie man sich anzieht, ich würde immer aussehen wie ein Bauer, ich könne nie alles richtig aufeinander abstimmen – und so weiter –, plante ich alles sehr sorgfältig. Das Kleid war dem Anlaß angemessen. Ich hatte die passenden Strümpfe. Ich kaufte mir einen neuen Büstenhalter. Ich hatte alle Accessoires beisammen und hängte alles in den Schrank, damit ich es griffbereit hatte. Ich hängte auch meine Perlen – Perlen von meinen Eltern natürlich – über den Kleiderbügel.

Ich kam von einem Besuch bei Verwandten zurück, und meine Mutter klapperte lautstark in der Küche herum. Ich wußte sofort, daß etwas nicht stimmte. Mein Vater schlich *sich an mich heran und drückte mir diesen Samtbeutel in die Hand. Dabei murmelte er: ›Ich habe einen übrig. Warum benutzt du ihn nicht?‹ Auf einmal begann meine Mutter zu schreien: ›Wer hängt Perlen auf einen Kleiderbügel? Wer hängt Viertausenddollarperlen auf einen Drahtbügel? Weißt du, daß die Kette dann reißt? Du wirst nie eine zweite solche Perlenkette geschenkt bekommen. Dein Mann kann dir nie solche Perlen kaufen. Wer macht so was? Ich begreife das nicht!‹*

Ich hatte mich für so schlau gehalten; ich hatte nicht nur meine sämtlichen Kleidungsstücke aufgehängt, ich hatte auch meine Perlen aufgehängt. Ich bin so gründlich gewesen und hatte alles bis ins kleinste durchdacht. Und trotzdem hatte ich das getan. Und ich hatte jedesmal, wenn mir ein so dummer Fehler unterlaufen war, das Gefühl, ich müsse das absichtlich gemacht haben. Ich wurde nicht wütend, weil diese Frau nicht ganz bei Trost ist, sondern ich fragte mich, was ich tun soll. Ich schwankte irgendwie. Ich weiß nicht, ob die Antwort lautet, sich mit ihr anzulegen, wenn sie sich so verhält. Man hat keine Möglichkeit, es ihr heimzuzahlen. Man hat keine Möglichkeit, sich wieder mit ihr zu versöhnen. Es ist vorbei, aber ich bin immer noch nicht darüber hinweg …«

Diese Frau, die sich so sehr bemüht, alles klar zu sehen, bricht wie ein Kind in Tränen aus. Aber warum mußte sich Belinda wegen dieses Fehlers als Versagerin fühlen? Sie hatte die passenden Kleider mitgebracht, sie war also keineswegs inkompetent. Muß sich jemand, der wegen eines einzigen Fehlers kritisiert wird, komplett unfähig fühlen? Muß sie sich noch größeren Kummer zufügen, indem sie sich selbst ablehnt? Hätte Belinda zu ihrer Einschätzung der Situation gestanden und sich nicht die Überreaktion der Mutter zu eigen gemacht, dann müßte sie nicht jedesmal, wenn sie daran denkt, in Tränen ausbrechen.

Andererseits versuchen viele begabte und kreative Menschen, sich selbst zu schützen, und fühlen sich trotzdem nach wie vor unsicher und verletzlich. Weil ihre Mütter stets so negativ waren, verkünden sie ständig nach außen: »Seht mich an! Seht, wie gut ich bin!« Sie müssen jeden Bereich ihrer Arbeit bis ins kleinste kontrollieren und werden zu Perfektionisten. Sie brauchen ewig, bis sie zu einer Entscheidung gelangen, weil ihre innere Kritik ihnen nicht gestattet, dem ersten Impuls zu vertrauen. Sie lernen, sich nur auf ihre eigenen Bemühungen und nie auf die anderer zu verlassen – weder im Beruf noch im Leben. Sie geben sämtliche Hoffnung auf Verständnis auf und konzentrieren ihre Anstrengungen allein darauf, aufgrund ihrer Leistungen Aufmerksamkeit und Selbstwertgefühl zu erlangen.

Selbstachtung

Selbstachtung beinhaltet die Einschätzung einer Person darüber, wie gut sie ist bei dem, was sie macht, wie sie aussieht, was sie zustande bringt, wer sie ist. Darauf beruht ihr eigener Maßstab hinsichtlich ihrer Erfolgschancen in persönlichen Beziehungen, das heißt, wie andere auf sie reagieren, inwieweit sie ihre eigenen Erwartungen und die anderer erfüllt und wie sie damit fertig wird, wenn sie diese Erwartungen nicht erfüllt. Diese Einschätzung hängt sehr stark davon ab, wie realistisch das Bild ist, das sie sich von sich und ihren Fähigkeiten macht, davon, ob sie mit diesem Bild einigermaßen zufrieden ist und ob sie genügend Selbstvertrauen besitzt, sich in den Bereichen zu steigern, die noch weiterer Anstrengung bedürfen.

Eine Frau mit starkem Selbstwertgefühl kann mit Ablehnung, Konkurrenz und Demütigung umgehen. Folglich versucht sie mehr und erreicht auch mehr als eine Frau mit geringem Selbstwertgefühl. Die Menschen reagieren positiver auf sie. Ihre Innenwelt beeinflußt ihre Außenwelt.

Um ein gesundes Selbstwertgefühl zu entwickeln, brauchen Sie nicht nur liebevolle, Rückhalt bietende Eltern, Sie müssen sich darüber hinaus ein Bild von Ihren Eltern machen, das ihren realistischen Fähigkeiten und Grenzen entspricht. An diesem Punkt kommen viele junge Erwachsenen nicht weiter – sie schaffen es nicht, ihre Eltern zu entidealisieren und den entscheidenden nächsten Schritt zu tun. Bleibt das Bild, das Sie sich von Ihrer Mutter machen, entweder romantisch, sehen Sie sie also weiterhin als die allumfassend liebende Mutter, oder ablehnend, weil Sie sie nach wie vor als die ständig bewertende Mutter betrachten, dann bekommen Sie kein Gespür für Ihre eigene Macht und sind nicht in der Lage, ein realistisches Selbstbild aufzubauen. Sie müssen Ihre Mutter entmystifizieren, damit Sie sich nicht mit einem Trugbild messen müssen. Haben Sie ständig das Bild eines unmöglich zu erreichenden Ideals vor Augen – oder haben Sie Angst vor ihrer ständigen Bewertung –, dann sind Selbstkritik, Selbstbestrafung und quälende Minderwertigkeitsgefühle die unvermeidliche Folge. Zudem wird jeder Vorstoß Ihrerseits in Richtung auf die Entwicklung einer eigenen Identität zu Schuldgefühlen, Angst und Depression führen, weil Sie den Verlust der Liebe Ihrer Mutter fürchten.

Trennung: Ändern Sie Ihr Selbstbild

Das Schlimmste, was Sie tun können, ist zu versuchen, Ihr geringes Selbstwertgefühl durch Anerkennung von seiten Ihrer Mutter stärken zu wollen. Die kritische Mutter kann sie Ihnen nicht geben. Je mehr Sie bitten und flehen und darauf beharren, um so vehementer macht sie Ihre diesbezüglichen Anstrengungen zunichte. Um den angerichteten Schaden zu beheben, müssen Sie zuerst gegen Ihre Selbstzweifel angehen. Es entbehrt nicht der Ironie, aber je feindseliger die Beziehung zu Ihrer Mutter wird, um so selbstkritischer werden Sie. Diese Gefühle binden Sie weiter an die Mutter.

Versuchen Sie zuerst, mit Ihrem inneren Konflikt fertig zu werden, denn dabei lernen Sie, den Konflikt mit Ihrer Mutter zu bewältigen. Stellen Sie Ihr Selbstbild in Frage, betrachten Sie sich nicht mehr länger als minderwertig, machtlos und nur dann als akzeptabel, wenn Sie sich an anderen orientieren. Nur Sie selbst können sich Selbstwertgefühl geben; das besagt allein schon das Wort.

Oft gehen Sie mit anderen verständnisvoller und einfühlsamer um als mit sich selbst. Wenn Sie die Meinung und die Kritik Ihrer Mutter verinnerlicht haben, wenden Sie diese häufig an, um sich selbst zu bestrafen. Gebrauchen Sie kindliche Wörter (wie »doof« oder »blöd«), wenn Sie von Ihren Bemühungen sprechen, oder Bemerkungen Ihrer Mutter (wie »du bist stur wie ein Maulesel«), dann greifen Sie auf Urteile zurück, die Sie in der Kindheit gehört haben. Sobald Sie die Stimme Ihrer Mutter in Ihrem Kopf vernehmen, muß Ihnen klar sein, woher sie kommt, damit diese Selbstbestrafung aufhört. Die Regeln und Leitsätze Ihrer Mutter müssen nicht die Ihren sein – vor allem dann nicht, wenn Sie sich letztendlich dadurch nur deprimiert fühlen und unfähig vorkommen.

Gehen Sie mit sich so liebevoll und nett um wie mit einem Freund oder Ihrem Lieblingstier und nicht so, wie Ihre Mutter mit Ihnen umgegangen ist. Kann es sein, daß Sie an sich selbst einen strengeren Maßstab anlegen als an andere Menschen? Gehen Sie wegen Ihrer Angst nicht hart mit sich ins Gericht. Sie müssen sich der Angst stellen und sie bezwingen. Sie hatten keine fürsorgliche Mutter, also müssen Sie diese Rolle selbst übernehmen.

Werden Sie eigenständig aktiv, anstatt nach einem von außen kommenden Verhaltensmuster zu agieren, das Ihr positives Selbstgefühl herabsetzt. Gehen Sie dabei nach Plan vor, damit Sie rechtzeitig auf die Bremse treten können. Lernen Sie, das Thema zu wechseln, wenn Ihre Mutter anfängt, über irgend etwas herzuziehen, worüber Sie nicht diskutieren möchten. Kritisiert sie ständig an Ihrer Wohnung herum, dann verabreden Sie sich mit ihr in einem Restaurant. Auf jeden Fall sollten Sie sich eine Situation aussuchen, in der Sie nicht das Gefühl haben, mit Ihrer Mutter in eine Achterbahn zu steigen, in der sie an den Hebeln sitzt, wie Kimberley, siebenundzwanzig Jahre alt, es empfand.

»Ich habe einen Overall, den meine Mutter nicht ausstehen kann, aber eines Tages hatte ich einfach Lust, ihn zu tragen. Ich nahm also meinen ganzen Mut zusammen und zog ihn an, als ich zu ihr ging. Noch bevor ich zur Tür hineinging, sagte ich: ›Wenn du mich darauf ansprichst oder wenn du mich den ganzen Morgen von oben bis unten musterst, gehe ich auf der Stelle wieder.‹ Was sollte sie tun? Sie sagte: ›Komm rein.‹

Ich habe gemerkt, daß es hilft, wenn ich alles mit ein wenig Humor betrachte. Meine Mutter haßt es, daß ich zur Therapie gehe. Sie hält es für reine Geldverschwendung. Sie macht alles nieder, was mein Therapeut sagt. Mein nächster großer Schritt bestand folglich darin anzukündigen, daß wir fortan nicht mehr darüber sprechen. Vor ein paar Wochen saßen wir zusammen im Auto, und ich merkte, daß sie liebend gern gefragt hätte, aber eine Konfrontation scheute. Schließlich säuselte sie: ›Und, wie geht's deinem Therapeuten?‹ Vermutlich hat sie die letzten fünfundzwanzig Kilometer darüber nachgedacht, wie sie es am unverfänglichsten formulieren kann. Ich sagte ihr, es gehe sie nichts an.

Damit war es natürlich nicht getan. Ich kaufte Unterlagen für eine Vortragsreihe in einem Gemeindezentrum bei mir in der Nähe und erzählte es ihr. Das war immerhin etwas, was sie gutheißen konnte. Es war eine intellektuelle Beschäftigung, und sie mußte sich keine Sorgen machen, daß ich nachts auf Achse war. Außerdem war es nicht teuer – nur fünfzig Dollar für die Vortragsreihe –, und vielleicht ging sie davon aus, ich würde dort einen Mann kennenlernen. Sie war jedenfalls so davon angetan, daß ich sie nach dem ersten Vortrag anrief, um ihr zu erzählen, wie gut es mir gefallen hatte, wie interessant es gewesen war, daß im Anschluß ein kleiner Empfang mit Wein und Käse

stattgefunden hatte und daß ich mich schon auf den näch-
sten Vortrag freute. Ich versuche, sie an meinem Leben
Anteil nehmen zu lassen, sofern es um Dinge geht, bei
denen sie keinen Schaden anrichten kann.

Sie reagierte, indem sie sagte: ›Tja, diese fünfzig Dollar
haben dir mehr gebracht als das ganze Geld, das du bei
deinem Therapeuten gelassen hast.‹ Ich mußte lachen über
die Art, wie sie die Sache wieder aufs Tapet gebracht hatte.
Ja, ich kann jetzt darüber lachen, aber nur, weil ich eigene
Entscheidungen getroffen habe, weil ich das Gefühl habe,
die Kontrolle zu besitzen, und weil ich etwas Distanz her-
gestellt habe.«

Übung macht den Meister

Wenn Sie sich nach einer Auseinandersetzung mit Ihrer Mutter geschlagen geben müssen, versinken Sie nicht in Selbsthaß
und Hilflosigkeit, sondern sagen Sie sich, dies sei eine *Übung*
und Sie bräuchten Zeit, um den Weg zum Erfolg zu lernen.
Reagieren Sie auf einen Rückschlag, indem Sie sich als Versagerin abstempeln, dann verbauen Sie sich die Möglichkeit
zur Weiterentwicklung. Falls Sie das von Ihren Eltern nicht
gelernt haben, müssen Sie es nun auf eigene Faust lernen. Mit
das schlimmste an einem geringen Selbstwertgefühl ist die
Beschneidung der Lernfähigkeit.

Mit Ende Zwanzig habe ich angefangen, Tennis zu spie-
len«, erzählt Rikki, heute sechsunddreißig, »und zum
erstenmal in meinem Leben hatte ich Spaß daran, etwas zu
lernen. Das Spielen machte mir einfach Spaß, ob ich dabei
nun gut war oder nicht. Es war mir egal, was andere dach-
ten, und ich wurde tatsächlich besser. Diese Erfahrung
hatte ich noch nie zuvor gemacht.

Als ich noch ein Kind war, beurteilte meine Mutter mich
stets so unnachsichtig, daß ich erst gar nichts versuchte. Die

Fächer, in denen ich gut war, liefen von selbst. Die, in denen ich nicht gut war, wie Naturwissenschaften und Mathematik, da versuchte ich es erst gar nicht und strengte mich nicht an. Das machte sie wahnsinnig, denn ich hatte im großen und ganzen ein gutes Zeugnis, aber es waren eben auch drei Noten darin, die alles versauten.

Inzwischen ist mir klargeworden, daß mir stets sehr bewußt war, daß sie mich beobachtet, so daß ich mich nie entspannen und etwas Neues lernen konnte. Beherrschte ich etwas nicht auf Anhieb, dann gab ich sofort auf. Verliebte sich ein Mann nicht beim ersten Rendezvous total in mich, dann tschüs. Ich dachte immer, das käme daher, daß ich ein so gutes Selbstwertgefühl habe, aber genau das Gegenteil war der Fall.«

Es ist dieses Dichtmachen, das sich auf die Tochter einer kritischen Mutter so überaus destruktiv auswirkt. Weil die Stimme in ihrem Kopf ständig derart bewertend ist, hat sie Angst, etwas Neues auszuprobieren und neue Menschen kennenzulernen. Das hindert sie daran, neue Erfahrungen zu sammeln und neue Einsichten zu gewinnen, die ihr beim Aufbau eines stärkeren Selbstwertgefühls helfen könnten.

Mit der Vergangenheit Frieden schließen

Wenn Mütter älter werden, werden sie hilfsbedürftiger und abhängiger. Dann stellen viele Töchter fest, daß sich die Rollen vertauschen. Wenn es der Tochter gelingt, zu lernen und sich zu ändern, wenn sie der älteren Frau eine bessere Mutter sein kann, als diese es ihr gewesen ist, kann ein Teil des Schadens behoben werden.

»Als meine Mutter im Sterben lag«, sagt Rikki, »war sie hilflos. Sie mußte eine schreckliche Zeit durchmachen. Ich denke, es ist schwer für einen Menschen wie sie, jegliche Kontrolle zu verlieren, inkontinent und auf die Gnade anderer angewiesen zu sein. Aber ich lernte, sie als Mensch

zu betrachten und Mitleid mit ihr zu empfinden. Ich konnte ihr sogar sagen, daß ich sie geliebt habe, und ich empfand diese Liebe auch.«

Wenn die Wut auf Ihre Mutter Sie völlig einnimmt, dann richten Sie den Blick auf Situationen, die einschneidende Veränderungen in ihrem Leben zur Folge hatten. Viele Frauen ändern sich, wenn ihre Männer sterben; die Einsamkeit verändert sie, ihr Leben wird schlagartig auf den Kopf gestellt. Möglich, daß Sie nun Zugang zu ihr finden und sich auf positive Weise von der Vergangenheit befreien können. Unternehmen Sie etwas, anstatt stumm dazusitzen, eingeschnappt zu sein und sich weiter machtlos zu fühlen. Vielleicht gelingt es Ihnen, die Beziehung und damit auch Ihr Selbstbild zu ändern. Sicher, Sie fürchten, sie werde nicht darauf eingehen, aber wenn sie allein und das Bedürfnis ihr und Ihnen bewußt ist, liegt es an Ihnen, das Risiko einzugehen.

Strategien zur Veränderung

- Seien Sie nach »Mißerfolgen« nett zu sich selbst. Vergessen Sie nicht, daß das Selbstwertgefühl analog zu den Belastungen der jeweiligen Lebenssituation steigt oder fällt, und in den neunziger Jahren werden hohe Anforderungen an die Frauen gestellt. Eine nicht alltägliche Niederlage erschüttert Sie für eine gewisse Zeit; ein Fehlschlag im Beruf oder in der Liebe schmerzt. Es ist besser, sich diesen Gefühlen zu stellen, anstatt eine falsche Fassade aufzurichten. Reagieren Sie auf diese Rückschläge, indem Sie nett zu sich sind, sich trösten und sich die Liebe und Unterstützung geben, die Sie von Ihrer Mutter nicht bekommen haben.
- Verzichten Sie auf Rachegedanken. Wenn Sie sich in Ihrer Phantasie Rachegelüsten hingeben wegen allem, was

Ihnen das Leben zugefügt hat, wenn Sie Ihren Eltern jede Kränkung heimzahlen und andere mit Füßen treten wollen, damit Sie als Siegerin hervorgehen – dann verstecken Sie unter diesen Tagträumen Ihre geringe Meinung von sich selbst. Lösen sich diese Träume in nichts auf, was naheliegt, dann ist Ihr Selbstwertgefühl schlechter denn je.

- Lernen Sie, sich realistische, und nicht unerreichbare Ziele zu setzen. Denn wenn Sie ein Ziel verfolgen, das auf Wunschvorstellungen beruht und keinen Bezug zu ihren tatsächlichen Talenten, Fähigkeiten und Möglichkeiten hat, handeln Sie selbstzerstörerisch.

Selbstwertgefühl bedeutet, die Realität zu akzeptieren, das heißt, auf Ihre tatsächlichen Fähigkeiten zu vertrauen und ein erreichbares Ziel anzustreben.

- Hören Sie auf, sich mit anderen zu vergleichen. Selbstachtung ist nicht gleichbedeutend mit Überlegenheitsgefühl; sie hat nichts damit zu tun, in allem besser sein zu wollen als andere; auch nicht damit, andere um ihr Aussehen, ihre Leistungen oder ihren Erfolg zu beneiden. Sobald Sie sich mit anderen messen, sind Sie vom Weg abgekommen.

- Tappen Sie nicht in die Diätfalle. Wenn Sie ein geringes Selbstwertgefühl steigern wollen, geraten Sie leicht in diese Falle, denn in unserer Gesellschaft lautet die Regel: »Nimm zehn Pfund ab, und du fühlst dich besser!« Tatsächlich bilden sich viele schlanke, phantastisch aussehende Frauen ein, dick zu sein, und viele dieser Frauen hatten Mütter, die stets Wert auf ein perfektes Äußeres gelegt haben. Fühlt sich Ihre Mutter mit ihrem eigenen Körper nicht wohl, hält ständig Diät und betrachtet Sie darüber hinaus als Erweiterung von sich selbst, dann haben auch Sie perfekt auszusehen. Das Körperbild ist ein zu heikles Thema, als daß es sich als Ausgangspunkt für eine Steigerung der Selbstachtung anbietet.

- Unterstützung kommt aus den merkwürdigsten Ecken. Greifen Sie zu, und nutzen Sie jede Hilfe, die sich Ihnen bietet.

»Meine Mutter sagte dauernd, ich hätte eine große Nase«, berichtet Rikki. »Sie sagte: ›Du solltest dir die Haare nicht hochstecken, da ragt deine Nase so weit vor.‹ Solange ich auf der High-School war, wollte ich mir die Nase richten lassen. Dann ließen sich ein paar andere Mädchen die Nase operieren, und sie sahen alle furchtbar aus, ganz schwarz und blau. Als ich herausfand, was alles dazugehörte – Knochenbrechen und all das –, war der Fall für mich erledigt. Ich war etwa sechzehn oder siebzehn, da betrachtete ich im Schaufenster einer Buchhandlung ein neues Kunstbuch, auf dessen Umschlag die Geburt der Venus von Botticelli abgebildet war. Es war schon komisch, aber ein paar Leute, die ebenfalls in das Schaufenster blickten, sahen mich an und sagten: ›Mein Gott, Sie sehen ja genauso aus wie die Venus von Botticelli.‹ Ja, und heute habe ich Toilettenpapier mit der Venus von Botticelli und einen Papierkorb mit der Venus von Botticelli unter meinem Schreibtisch. Freunde schicken mir Postkarten aus der ganzen Welt mit diesem Bild. Sie ist nicht häßlich, und da ich ihr anscheinend so ähnlich sehe, bin ich vielleicht auch nicht häßlich.

Und ich habe mir nie die Nase operieren lassen!«

KAPITEL ACHT

Die gefühlskalte Mutter

Die Studentin oder Berufsanfängerin sieht sich
mit Empfindungen konfrontiert

Während Carlas gesamter Kindheit lautete die Botschaft
ihrer Mutter: »Zeige nie Wut oder Gekränktsein. Immer nur
lächeln.« Aber Carla schaffte es nicht, ihre starken Gefühle
zu unterdrücken.

*»Ich war ein lebhaftes Kind, war laut, bekam Wutanfälle,
lief weg – von ihr kam nie irgendeine Reaktion«, erzählt
Carla, heute einundvierzig. »Mein Vater bemühte sich um
mich, aber meine Mutter nicht. Sie schickte andere vor, das
war alles. Bekam ich auf der Straße einen Wutanfall und
sie konnte sich nicht drücken, dann bestach sie mich, damit
ich aufhörte. Das nennt man doch nicht auf jemanden eingehen! Das war doch keine Lösung meines Problems.*

*Bis zum heutigen Tag bin ich in der Erinnerung meiner
Mutter ein glückliches kleines Mädchen gewesen. Ich erinnere mich an vieles, was nicht gerade glücklich war. Ich
stand nachts auf und paßte auf, daß ich niemanden störe.
Heute, als Mutter, merke ich, wenn eines meiner Kinder
aufsteht. Ich hatte Angst und fürchtete mich vor Räubern,
deshalb konnte ich in meinem Zimmer nicht schlafen und
setzte mich draußen in den Flur. Ich muß noch sehr klein
gewesen sein damals, denn ich kann mich nicht mehr erinnern, wie alt ich war. Sie wollte nicht wissen, daß ich
unglücklich war. Ihrer Meinung nach durfte ich einfach
nicht unglücklich sein.*

Versuchte ich, mit ihr darüber zu reden, dann sagte sie:

177

›Warum läßt du das nicht? Was stimmt denn nicht mit dir?‹
Sie konnte nicht damit umgehen, deshalb ließ sie einen stehen. Es war wie ein Schlag ins Gesicht.

Daß meine Gefühle nicht hingenommen werden konnten, machte sie noch furchterregender, aber ich stellte nie
eine Verbindung her zu dem, was deshalb in mir vorging.
Wenn mich irgend etwas ängstigte, merkte ich nicht einmal, daß ich Angst hatte. Natürlich erzählte ich niemandem davon. Solche Dinge auch nur zu erwähnen war nicht
erlaubt.

Ich fühlte mich meinem Vater näher als meiner Mutter.
Ich war zwölf, als er ins Krankenhaus kam, und niemand
sagte mir, warum. Ich durfte ihn nicht besuchen. Weinen
war nicht erlaubt. Mutter sagte: ›Zeig deine Gefühle
nicht. Du darfst andere nicht damit belästigen!‹ Ich erinnere mich, daß meine Tante bei der Beerdigung auf meine
Mutter zuging und sie umarmen wollte, aber sie stieß sie
weg.

Später war meine Mutter deprimiert, aber sie konnte
nicht weinen, nicht einmal, als wir allein waren. Schon in
diesem Alter entschied ich, daß ich meine Gefühle spüren
wollte. Das bedeutet, lebendig sein. Meine Mutter ver-
säumte verdammt viel.

Wenn sie mich heute besuchen kommt, meint sie es gut
und bringt eine Einkaufstüte voller Kartoffelchips oder
Käsegebäck mit – aber wenn man genauer hinsieht, sind sie
bereits weit über dem Verfallsdatum, und wenn sie wirklich darauf achten würde, was wir essen, wüßte sie, daß sie
uns das nicht mitzubringen braucht. Ich erinnere mich
nicht, daß es in meiner Kindheit große Geburtstagsfeiern
gegeben hätte. Ich kann mich auch nicht an hübsche
Geschenke erinnern. Ich bekam Kleidung, die nicht paßte,
und sie wurde sauer, weil ich mich nicht riesig freute. Sie
sagte: ›Du hast überhaupt kein Gefühl.‹ Nicht ich war es,
die kein Gefühl hatte. Sie kommt zu uns und sagt zu meinen Kindern: ›Na, umarmt mich denn keiner?«, aber, wis-

sen Sie, man muß sich um ein Kind bemühen, damit es so reagiert. Das begreift sie nicht.

Sie sagte nichts, als ich heiratete, und sie sagte nichts, als ich geschieden wurde. Einmal wurde ich wütend auf sie und fuhr sie an: ›Du hast mich nicht ein einziges Mal gefragt, welche Vereinbarungen bei der Scheidung getroffen worden sind!‹ Und sie seufzte: ›Stimmt, wie sind die Vereinbarungen?‹ Sie ist so gleichgültig, man bringt sie nicht dazu, daß sie aufmerksam zuhört.«

Die Eigenschaften der gefühlskalten Mutter

Zählt Ihre Mutter zu den Frauen, die Gefühle ignorieren, dann wenden Sie sich nicht hilfesuchend an sie, wenn Sie ein Problem haben. Wenn Sie sich von Ihrem Partner trennen oder er Sie mißhandelt, sagt sie lediglich: »O Schätzchen, das ist nur eine Phase. Du schaffst das schon. Geh und rede mit ihm. Ihr beide seid doch ein so reizendes Paar!« Laufen die Dinge nicht, wie sie sollen, dann zieht es diese Mutter vor, wegzuschauen.

Daher besteht wenig Chance auf Nähe, es gibt kaum Ehrlichkeit im Leben Ihrer Mutter oder in Ihrem Leben. Sie ist vollauf damit beschäftigt, rosarote Bilder zu malen, und kann sich nicht auch noch mit unerfreulichen Wahrheiten abgeben. Natürlich wird diese Blindheit als Liebe und Sorge um Sie umschrieben. Sie sieht sich selbst als hingebungsvolle Mutter, und die Tochter glaubt es fast ein Leben lang.

Die gefühlskalte Mutter überzeugt Sie, daß sie die Vernünftige ist und Sie die Unzurechnungsfähige sind. Schließlich ist sie stets fröhlich, und Sie sind traurig – also muß es Ihre Schuld sein.

Was liegt dem Verhalten der Mutter zugrunde?

Haben Sie eine solche Mutter, können Sie Alkoholikerin oder drogenabhängig werden, Sie können Autos zu Schrott fahren und von einer Ehe in die andere stolpern, sie merkt nichts. Da sie sich weigert, sich ihren eigenen Gefühlen zu stellen, spielt sie Theater und braucht ständig Bestätigung – und sobald Sie etwas Aufmerksamkeit beanspruchen, greift sie sofort zum Scheinwerfer und richtet ihn wieder dahin, wo er hingehört – auf sich selbst. Andere sehen sie vielleicht als extrovertiert und gesellig, Sie aber erleben sie als kalt und nicht ansprechbar.

Sind Sie traurig und niedergeschlagen und weigern sich, aus Ihrem Zimmer herauszukommen – wo Sie die ganze Zeit darum beten, es möge jemand kommen und Sie ein bißchen trösten –, dann lächelt die gefühlskalte Mutter und erzählt allen Leuten, was sie doch für eine »tiefsinnige und nachdenkliche Tochter« habe.

Quälen Sie Alpträume, sagt sie: »Das geht vorüber, Schätzchen. Jeder hat mal schlechte Träume.«

Kommen Sie in Tränen aufgelöst nach Hause, weil Ihre Freundin Josie zu Ihnen gesagt hat, Sie seien fett, erwidert sie: »Du bist nicht dick. Du machst nur gerade eine schwierige Phase durch. Ich konnte diese Josie ohnehin nie leiden.«

Sie betrachtet alles durch eine rosarote Brille – oder sie sieht gar nichts –, und Sie bleiben in einer Leere zurück. Ihre Verweigerung beruht auf dem Bemühen, sich ein idealisiertes Bild von Ihnen, von sich selbst, von ihrem Leben und der Welt an sich zu erhalten.

Die gesunde Mutter und die Studentin oder Berufsanfängerin

Geht eine junge Frau von zu Hause weg aufs College oder beginnt eine Berufsausbildung, dann versucht sie sich auf neuem Terrain und wird mit neuen Ideen konfrontiert. Es fehlt plötzlich die bisher von außen kommende Autorität. Sie befindet sich, was ihre Eltern angeht, in einem sanften Desillusionierungsprozeß und erkennt, was sie für ein Mensch ist, wenn sie von ihnen getrennt lebt, was sie an ihren Eltern schätzt und was sie nicht von ihnen übernehmen möchte. Sie stellt fest, daß sie auch getrennt von der Familie Beziehungen haben, Aufgaben meistern und Erfolg haben kann. Die Tochter merkt, daß es ihr von einem gewissen Punkt an gar nichts mehr bringt, die Mutter weiterhin für ihre eigenen Grenzen verantwortlich zu machen. Die gesunde junge Frau wird mit der Bereitschaft und Fähigkeit, sich in ihre Mutter einzufühlen, erwachsen und kann die Verantwortung für ihr eigenes Leben übernehmen.

Zur Loslösung von Ihrer Mutter gehört jedoch zweierlei. Zum einen müssen Sie sie sehen, wie sie wirklich ist, und zum anderen müssen Sie selbst sich so geben, wie Sie wirklich sind. Das heißt nicht, daß Sie ihr alles das erzählen müssen, was Sie Ihren Freunden erzählen. Es geht um Wichtigeres: ihr zu *zeigen*, wer Sie sind und wer Sie sein möchten, ihr zu demonstrieren, daß Sie kein kleines Mädchen mehr sind. Sobald Ihnen das gelingt, fühlen Sie sich nicht mehr wie jemand, der ständig falsche Tatsachen vortäuscht, und Sie haben sie nicht mehr ständig im Hinterkopf.

»Ich veränderte mich plötzlich, als ich aufs College kam«, erzählt Kelly, Mitte Zwanzig. »Auf der High-School war ich fleißig und nicht sehr gesellig, aber plötzlich wurde ich richtig flatterhaft. Meine Noten wurden schlechter ... nicht dramatisch, aber immerhin. Ich hatte Bio als Hauptfach, weil meine Eltern wollten, daß ich Ärztin werde. Ich

schaffte es nicht; mit Müh' und Not brachte ich ein Befriedigend in den naturwissenschaftlichen Fächern zustande. Eine Zeitlang ging ich auf Partys und ließ alles schleifen, Kurse ausfallen und so. Meine Eltern waren nicht da, also machte ich mir keine Gedanken darüber, ob sie es billigen würden oder nicht. Es war nicht so, daß ich durchgedreht gewesen wäre; nur war das Studium eben nicht meine oberste Priorität. Ich lernte zu leben. Egal, wie viele Partys ich besuchte, meine Wert- und Moralvorstellungen waren die meiner Eltern, und daran hat sich nichts geändert und wird sich auch nichts ändern.

Ich dachte, ich müsse so sein, wie meine Mutter sich das von mir wünschte. Aber ich stellte fest, daß ich einerseits zwar viel von ihr habe, andererseits jedoch auch viele Unterschiede zwischen uns bestehen. Nach dem Examen fühlte ich mich verloren. Es war nicht so, wie ich erwartet hatte. Ich dachte, alles ergibt sich von selbst; man bekommt einen gutbezahlten Job, lernt jemanden kennen, heiratet. Von meinen Eltern habe ich gelernt, daß man ein Leben lang denselben Beruf ausübt und irgendwann in Rente geht. Heutzutage kann man zwanzig Berufe haben, und das ist an sich nichts Schlechtes, aber es steht eben nicht in Einklang mit ihrem Denken und kollidierte deshalb auch mit meinem Leben. Es dauerte lange, bis mir klar wurde, daß ich nicht dem Weg folgen kann, den meine Mutter für mich wollte. Für mich gibt es diese geradlinig verlaufende, vorhersehbare Zukunft nicht.

Zuerst fühlte ich mich schuldig, weil auf dem College in vierundzwanzig Stunden soviel passiert. An Thanksgiving kommt man nach Hause, das sind vier Tage. Meine Mutter sah eine völlig andere Tochter vor sich. Ich hatte eine neue Clique von Freunden, die meine Eltern nie zu Gesicht bekommen hatten. Wie sollte ich in den vier Tagen über Thanksgiving oder auch in dem Monat, den ich über Weihnachten zu Hause war, alles erklären, was ich erlebt hatte?

Für sie war ich noch ihr Baby, das nie etwas Falsches

macht. Ich wollte dieses Bild nicht zerstören. Ich stellte mir ihre Reaktion vor, wenn sie wüßte, wie locker ich mit meinen Freunden umgehe. Sie sagt immer: ›Du bist so schüchtern, du bist so still.‹ ›Mom, du kennst mich nicht‹, widerspreche ich dann, und sie antwortet: ›Also, auf der High-School hast du keinen Mucks von dir gegeben. Du warst furchtbar schüchtern.‹ Ich bin schüchtern, aber andererseits kann ich auch reden wie ein Wasserfall, und diese beiden Seiten von mir muß ich harmonisch miteinander in Einklang bringen, denn das bin ich. Wenn sie nicht zuhört oder etwas von sich gibt, was mich ärgert, hole ich tief Luft und denke, ich weiß ihre Meinung zu schätzen, aber jetzt bin ich an der Reihe. Jetzt rede ich, und sie hört zu. Das war ihr Standpunkt. Jetzt kommt meiner!«

Die gefühlskalte Mutter und die Studentin oder Berufsanfängerin

Die Tochter einer gefühlskalten Mutter hat es als Studentin oder Berufsanfängerin oft schwer, weil man ihr beigebracht hat, ihre Gefühle vor sich selbst zu verstecken. Sie leidet nicht nur unter einer plötzlichen und schmerzlichen Distanz zu den Eltern, sondern kann auch die Person, die sie wirklich ist, nicht mit der Person, die ihre Eltern in ihr sehen, in Einklang bringen. Außerdem hat sie gegen Grenzen anzukämpfen, die die Vergangenheit ihr auferlegt hat.

»Meine Mutter war fehlerlos«, erklärt Maryanne, dreiundfünfzig. »Kam ich von der Schule nach Hause, war das Haus perfekt in Ordnung, sie trug Strümpfe, ihre Haare waren frisiert und ihre Nägel poliert, und sie saß da und las ein Buch. Das Essen war fertig. Aber es hätte sie der Schlag getroffen, wenn ich sie hätte umarmen wollen. Ich brauchte Umarmungen, Küsse, Berührungen, und meine Mutter konnte es einfach nicht. Ich schrie nicht, tobte nicht

*und wurde nicht wütend. Sagte meine Mutter, ich solle
Stiefel anziehen, zog ich Stiefel an. Sagte sie, trag Rot, trug
ich Rot. Ich bin gerne jemandem zu Gefallen. Ich schlage
nicht gerne Wellen. Ich tue, was man mir sagt.*

*Einmal habe ich sie überrascht, da war sie sehr krank,
und ich kam vom College nach Hause. Ich öffnete die Tür
und rief, bekam aber keine Antwort. Ich ging die Treppe
hinauf. Die Tür war geschlossen, aber in diesem Augenblick habe ich mich nicht zurückgezogen. Sie saß in einem
Schaukelstuhl, und sie weinte. Sie erhob sich sofort. ›Mir
geht es gut, mir geht es gut‹, sagte sie. ›Ich habe dich nicht
erwartet.‹ Sie versteckte alles. Sie hatte keine Freunde. Sie
sprach nicht mit meinem Vater. Ich wußte, sie weinte, ich
wußte, sie litt, und ich wußte, sie mußte sterben. Es war so
schwer für sie, aber sie konnte ihren Schmerz mit niemandem teilen. Ich hatte Mitleid mit ihr, aber ich wollte nicht
so sein wie sie.*

*In der Schule versteckte ich meine Gefühle. Aber ich
hatte Talent zum Geigespielen. Die Geige war für mich das
Wichtigste. In der neunten Klasse war ich erste Violine. Ich
spielte an der Oper. Ich erhielt soviel Lob, es war wunderbar. Und es war eine Möglichkeit, mich auszudrücken.
Aber wer am College Musik als Hauptfach hatte, mußte
zweimal im Jahr ein Solo spielen. Mir gefielen die Übungs-
stunden, und ich war gut, aber wenn ich ein Solo spielen
mußte, brachte ich es nicht über mich, mich vor meine
Kommilitonen und Lehrer zu stellen und mich vor ihnen
im Spiel zu offenbaren.*

*In einem Jahr befaßte ich mich mit dem Violinkonzert
von Brahms. Da gibt es am Anfang zwei Noten – ein D
und ein B, ein langer, getragener Ton, den man mit Vibrato
spielen muß. Brahms ist gefühlsbetont, und dieses B ist
besonders stark gefühlsbetont, und romantische Musik
liegt mir ohnehin nicht. Aber Brahms ist emotional, und
mein Lehrer ließ mich diese beiden Töne wochenlang spielen. Schließlich sagte er zu mir, ich solle mal unter Leute*

gehen und eine Affäre haben und erst wiederkommen, wenn ich das geschafft habe. Ich weinte drei Tage lang und konnte meinem Lehrer nicht gegenübertreten, weil er mich durchschaut hatte. Und ich spielte nie wieder Brahms. Diese Unfähigkeit, mich zu offenbaren, habe ich von meiner Mutter, und ich habe fürchterlich gelitten deshalb.

Im Orchester wollte ich nie außen sitzen, weil mich die Leute dann anschauen konnten. Ich bat den Dirigenten immer, mich in die Mitte zu setzen. Aber es ging über solche Dinge hinaus. Ich hatte auch Angst, nach Europa zu gehen. Alle meine Freunde haben Europa besucht. Ich hatte nie einen Freund und hätte so gerne einen gehabt. Ich ging nie zum Arzt, weil meine Mutter das auch nie getan hat. Wenn meine Mutter einkaufen ging, bat sie nie eine Verkäuferin oder einen Verkäufer um Hilfe. Das wäre ein Eingeständnis gewesen, daß sie jemanden brauchte, und das brachte sie nicht über sich. Fand sie nicht, was sie suchte, verließen wir unverrichteterdinge das Geschäft.

Ich wollte nicht so sein wie sie, wußte aber nicht, wie ich das ändern sollte, bis ich einmal bei Macy's Handschuhe kaufen wollte, aber keine finden konnte. Da dachte ich, ich mache es nicht wie sie! Ich ging zu einer Verkäuferin und fragte. Das war der Anfang. Danach nahm ich weitere Dinge in Angriff; ich aß allein in einem Restaurant und las ein Buch dabei. Ich habe gerne dirigiert. Solange ich mit dem Rücken zum Publikum stand, war ich richtig gelöst. Aber ich mußte mich zwingen, mich umzudrehen und mich zu verbeugen, deshalb begann ich zu zählen: verbeugen – zwei, drei, vier, aufrichten – fünf, sechs. Jahrelang zählte ich die Verbeugung aus, aber es blieb mir nichts anderes übrig, ich mußte die Verbeugung hinter mich bringen, wenn ich die Arbeit, die ich so sehr liebte, machen wollte.«

Die gefühlskalte Mutter und Sexualität

Eine Mutter, die Gefühle ignoriert, kann Ihnen beim Umgang mit Ihrer Sexualität nicht im mindesten helfen; mit an Sicherheit grenzender Wahrscheinlichkeit sind sexuelle Ängste für sie so gefährlich, daß sie auf die der Tochter nicht eingehen kann.

»Meiner Mutter gegenüber durfte man das Wort Sex nicht einmal erwähnen«, berichtet Connie, inzwischen in den Fünfzigern. »Man mußte es buchstabieren. Als ich meine Periode bekam, legte sie mir ein Buch aufs Bett. Was hatte diese stumme Botschaft zu bedeuten? Ich dachte, warum können wir nicht darüber reden? Ist es so furchtbar? Mache ich mich der Sündhaftigkeit schuldig, weil ich neugierig bin? Habe ich die Periode, weil ich schlecht bin? Muß ich mich schuldig fühlen, weil Jungs auf mich reagieren? Aber sobald ich eine dieser Fragen an sie richtete, brachte mich meine Mutter sofort zum Schweigen, indem sie sagte: ›Du bist immer noch ein kleines Mädchen.‹ Sie weigerte sich, zur Kenntnis zu nehmen, daß ich mich entwickelte. Es kam ihr nie in den Sinn, mir einen BH zu kaufen. Als ich sie schließlich um ihre Hilfe bat, gab sie mir Geld, damit ich einen BH kaufen konnte, aber kein Wort, daß sie mit mir kommen würde. Was sie mir mit diesem Verhalten vermittelte, war, daß Sexualität so gefährlich ist, daß man gar nicht zur Kenntnis nehmen darf, daß sie existiert. Diese Botschaft von ihr hatte ich auf Jahre hinaus verinnerlicht.«

Die gefühlskalte Mutter hat ein negatives und überholtes Bild von der Beziehung zwischen Jungen und Mädchen. Sie verlangt von ihrer Tochter, immer übertrieben früh nach Hause zu kommen, und erinnert sich wehmütig vergangener Zeiten: »Als ich ein Mädchen war, sind wir immer gruppenweise ausgegangen.« Sie erhebt Einspruch gegen Ihre Kleidung, wenn Sie darin Figur zeigen, und zieht selbst formlose

186

Kittel an. Jedem Versuch Ihrerseits, sie zu irgendeiner Reaktion auf Ihre Gefühle zu bewegen, entzieht sie sich. Entweder verschließt sie sich, indem sie passiv und unnahbar wird, oder sie spricht plötzlich ohne Punkt und Komma über irgendwelche Nebensächlichkeiten. Die gefühlskalte Mutter kann stundenlang darüber schwatzen, was sie zum Abendessen kochen wird, während Sie daneben sitzen und gegen die Tränen ankämpfen.

»Meine Mutter hatte eine gute Eigenschaft«, fährt Connie fort, »ihre Leutseligkeit, ihre Extrovertiertheit. Alle mochten sie gern, aber als Mutter war sie in meinem Leben nur insofern ein Faktor, als sie eben kein Faktor war. Sie war tatsächlich nicht da, nicht, weil sie das so wollte. Ich glaube, sie wußte einfach nicht, wie sie sich verhalten soll. Meine Schwester war hübsch, aber ich war hyperaktiv, gefühlsbetont, mager, ständig in Bewegung und quengelig. Meine Mutter wußte nicht, was sie mit mir anfangen sollte. Sie fand keine hübschen Kleider für mich, weil ich so mager und linkisch war. Sie tat, was von ihr erwartet wurde, ging auf Schulausflüge mit und zum Elternabend, aber es gab keine Wärme. Man fühlte sich einfach nicht wohl.

Ich war klug und sportlich und die erste aus meiner Familie, die aufs College ging, aber ich fühlte mich nie weiblich. Ich hatte erst sexuelle Gefühle, als ich über dreißig war; meine Ehe war in sexueller Hinsicht sehr dürftig. Als ich zum ersten Mal schwanger wurde, benahm sich meine Mutter, als handele es sich um die unbefleckte Empfängnis.

Mit meiner ältesten Tochter, Laila, machte ich alles genauso wie meine Mutter mit mir; machte richtig, was gemacht werden mußte, das richtige Kinderzimmer, die richtigen Freunde, die richtigen Kleider, aber es war kein Gefühl da. Die ersten drei Wochen ging es mir schlecht, deshalb kam meine Schwiegermutter, die in der Nähe wohnte, vorbei und nahm die Sache in die Hand. Ich hatte nie das Gefühl, Laila gehöre mir, aber sie war der Beweis, daß mit Connie alles in Ordnung war. Verwandte, die Freunde meiner Schwester, Freunde meiner Eltern, alle hatten sich immer über mich lustig gemacht, die verrückte Connie, eine irre Type, immer in Bewegung. Jetzt konnte ich sagen: ›Sieh mal, Mutter, sieh mal, Vater. So verrückt bin ich gar nicht.‹ Ich hatte Sex gehabt. Ich hatte ein normales, gesundes, schönes Kind zustande gebracht.

Mein zweites Kind wurde geboren, als wir weit weg von den Großeltern wohnten. Ich erinnere mich, gedacht zu haben, Laila war das Kind ihres Vaters und ihrer Großmutter, Deidre ist meines. Ich fühlte mich von der ersten Minute an wohl mit ihr und sie mit mir; sie war gesund und glücklich, richtig phantastisch. Sie lacht wie ich; sie ist mir charakterlich sehr ähnlich.

Ich war überrascht, daß ich eine gute Mutter sein konnte, aber ich fühlte mich meiner sehr sicher; vielleicht, weil niemand um mich herum war, der alles besser wußte. Laila war sozusagen eine Puppe, ich spielte die Mutter, aber für Deidre übernahm ich die Verantwortung und fühlte mich sicher dabei. Ich hatte mich nie als phantasievolle Frau gesehen, aber plötzlich wurde mir bewußt, was meinem Leben fehlte.

Nach dieser Erkenntnis begannen sich die Dinge zu ändern. Es dauerte Jahre. Ich begann zu laufen und fühlte mich wohler mit meinem Körper, ich mochte mich selbst besser leiden und empfand das auch, wußte aber nicht, was das alles zu bedeuten hatte. Männer sahen mir nach – und mir gefiel das. Urplötzlich, endlich, mit dreißig, nach dieser langen Zeit sexueller Unterdrückung, explodierte ich förmlich. Mein Mann ging nicht darauf ein. Ich versuchte alles mögliche, schlug ihm vor, mit mir zur Eheberatung zu gehen, und wollte, daß er mit mir zum Tennisspielen ging. Er weigerte sich. Er wußte, daß etwas nicht stimmte, und war bereit, sich zum Wohl der Kinder damit abzufinden. Indem er nichts tat!

*Ich war verheiratet und hatte zwei Kinder, aber ich war
wie eine Sechzehnjährige und verhielt mich unvernünftig.*

*Ich ging mit anderen Männern aus. Und dann lernte ich
Hank kennen. Er war Mitte Zwanzig, ein Herumtreiber,
der nichts anderes tat, als Ski zu fahren – aber dieser Typ
liebte mich! Er fand mich schön. Er fand mich sexy. Zum
erstenmal in meinem Leben hatte ich derart intensive
Gefühle. Und der Sex! An den Nachmittagen ging ich zu
ihm in seine Wohnung. Er rief an, ich besorgte sofort einen
Babysitter und rannte zu ihm. Er hatte ein winziges Zimmer und mehrere Mitbewohner, so daß oft jemand in der
Wohnung war und wir aufpassen mußten, nicht zu laut zu
werden. Aber die Dramatik, die Spannung, die fest zusammengebissenen Zähne und die Scham – das machte den Sex
so erregend. Ich hätte alles für ihn getan, wäre überallhin
gegangen. Ich dachte, das würde sich legen, es würde aufhören – doch das war nicht der Fall.*

*Schließlich ging ich mit ihm auf die Jungferninseln. Ich
schnappte beide Mädchen, aber Laila machte ein Riesen-
theater, deshalb ließ ich sie zurück. Deidre war drei und
kam mit uns, aber Hank war zu unbeständig, es war nicht
gut für sie, deshalb habe ich sie schließlich nach Hause
zurückgeschickt.*

*Natürlich fühlte ich mich schuldig und hatte Kummer.
Hank schien das nicht zu verstehen. Solange es ihm gutging, merkte er nie, daß ich fertig war, daß es mir schlecht-
ging. Dann entzog ich mich, und das vermieste ihm die
Laune, also gab er mir die Schuld. Er verwandelte sich in
einen Kontrollfanatiker. Als wir unsere Wohnung neu her-
richteten, verwarf er entweder meine Ideen, oder er gab sie
als seine aus. Schließlich sagte er, ich solle mich raushalten.
Ich versuchte, lachend darüber hinwegzugehen. Wir
benahmen uns genauso wie meine Mutter und mein Vater!*

*Eines Tages, es war so albern, der Maler sollte kommen,
und ich hatte zwei Zimmer ausgeräumt und wollte mich
ausruhen und fernsehen. Ich sagte zu Hank, ich würde die*

Pflanzen am nächsten Tag versorgen. Aber nein, es mußte gleich sein, es mußte so gemacht werden, wie er wollte, er war immer der Boß. Also machte er es, aber ich wußte, er war sauer, weil ich ihm nicht half. Keiner hat gesagt, wie ihm zumute war, und so artete der Streit aus. Damals begann er, mich zu schlagen. Da habe ich die Beziehung beendet.

Ich kam in schlechter Verfassung zurück und mußte mich mit der Scheidung herumschlagen. Es war ein schwerer Kampf um das Sorgerecht. Die Mädchen mußten vor Gericht und dem Richter sagen, daß sie bei ihrem Vater bleiben wollten. Laila war die Wortführerin, und ich vermute, Deidre folgte ihr – aber wer kann einer von beiden einen Vorwurf machen?

Ich war am Ende. Mein Leben lag in Trümmern. Alle wandten sich von mir ab, ich selbst auch. Ich konnte niemandem erklären, was passiert war. Ich brauchte Jahre, bis ich es begriff, aber was geschehen ist, läßt sich nicht ungeschehen machen.«

Was steht der Tochter einer gefühlskalten Mutter bevor?

Sind Sie die Tochter einer gefühlskalten Mutter, besteht eine der großen Gefahren darin, daß Sie sich einen Partner suchen, der so ist wie sie – kalt, gefühllos und ohne Einfühlungsvermögen. Sie hoffen, ihn so zu ändern, daß er dem entspricht, wovon Sie als Kind geträumt haben: einer liebevollen, zärtlichen, offenen und verfügbaren Mutter. Es funktioniert nicht.

Oder aber Sie verlieben sich in einen Menschen des anderen Extrems – einen Mann, der scheinbar auf sie eingeht und extrem emotional ist –, weil Sie selbst, was das Zeigen von Gefühlen angeht, derart blockiert sind. Sie glauben, er werde Ihnen Gefühle geben, die Ihnen bisher gefehlt haben; doch irgendwann kommen Sie dahinter, daß er in Wahrheit ebensowenig auf Sie eingeht wie früher ihre Mutter.

Diese ist eine der gravierendsten Folgen, die das Leben mit einer gefühlskalten Mutter mit sich bringt. Wenn Sie sich die Verzweiflung und Wut nicht eingestehen, unter denen Sie leiden, weil Ihre kindlichen Bedürfnisse nicht erfüllt wurden, dann schwelen diese Gefühle unter der Oberfläche weiter und beeinflussen alle Ihre intimen Beziehungen. Sie glauben, wenn Sie nur besser wären, wenn Sie nur klüger wären, wenn Sie liebevoller wären – dann würde Ihr Partner Ihnen das geben, was Sie brauchen, so, wie Sie als Kind geglaubt haben, daß sie geliebt würden, wenn Sie den Wünschen Ihrer Mutter immer gerecht werden. Unter dem belastenden Wunsch, andere zufriedenzustellen, liegen weitere Gefühle begraben, ebenfalls Relikte aus der Vergangenheit: Sie nahmen es Ihrer Mutter übel, daß sie nicht mit Freuden akzeptierte, wie Sie wirklich waren und was Sie wirklich empfanden. Insgeheim hegten Sie den Verdacht, sie erwarte von Ihnen, in ein Bild zu passen, das in Wirklichkeit gar nichts mit Ihnen zu tun hatte. Sie taten so, als störe ihre Kälte Sie nicht, dabei war das immer der Fall.

Wenn wir nicht gelernt haben, unsere Traumata aus der Kindheit aufzuarbeiten, dann schaffen wir als Erwachsene Situationen, die denen unserer Kindheit nachempfunden sind, nur um zu sehen, ob unsere Bedürfnisse dieses Mal erfüllt werden. Wir sind uns dessen nicht bewußt, erst wenn es zu spät ist und wir – wieder einmal – dumm aus der Wäsche schauen.

Verändert sich unser inneres Gleichgewicht – ob positiv oder negativ – aus irgendeinem Grund, macht uns das angst, was uns zu impulsivem Handeln verleiten kann. Anstatt mit unseren Gefühlen fertig zu werden, anstatt sich ihnen zu stellen, suchen wir das Heil im Aktivismus, denn er verspricht ein Ende der Angst. Wir suchen uns vertraute Situationen und vertraute Beziehungsmuster, denn darin fühlen wir uns sicher.

Wenn Sie sich für minderwertig und dumm halten, verhalten Sie sich so, daß Ihre Annahme bestätigt wird. Wenn Sie das Gefühl haben, Strafe verdient zu haben, verhalten Sie sich entsprechend, damit Sie die Strafe auch sicher bekommen.

Als bei Connie nach der Geburt des zweiten Kindes die Sinnlichkeit erwachte, hatte das einen Ausbruch von Gefühlen zur Folge, der kaum zu bändigen war. Da sie Sexualität für etwas Schlechtes hielt, verhielt sie sich ihrem ersten Impuls folgend so, daß sie mit ihrem Verhalten zwangsläufig den Zorn der Familie und der Gesellschaft auf sich ziehen mußte. Diesem Impuls auf den Grund zu gehen und sich damit vertraut zu machen, hätte erfordert, eine Zeitlang mit den »verbotenen« Regungen zu leben, ohne sie auszuleben. Connie mußte sich erst durch diese Tabus hindurcharbeiten, um zu begreifen, was vor sich ging.

Trennung: Gestehen Sie sich Ihre Gefühle ein

Der Prozeß der Entwicklung, Veränderung und Entdeckung des Selbst erzeugt Angst – nicht anders als in der Pubertät. Hatten Sie eine Mutter, die Ihnen nicht gestattete, Ihren Gefühlen Ausdruck zu verleihen, die nicht auf Sie einging und die in Ihnen Scham und Schuldgefühl erzeugte, dann sind Sie anfällig dafür, das alles durchzuspielen, wann immer Sie sich in einer ähnlichen Situation befinden.

Frauen, die kein starkes Selbstwertgefühl besitzen, sind besonders anfällig für emotionale Verletzungen – Ablehnung, Kritik, Bagatellen, die andere nicht so ernst nehmen. Ein starkes Selbstwertgefühl schützt uns vor derartigen Verletzungen. Frauen, die über innere Stärke verfügen, können sich verlieben – sich mit jemandem physisch und emotional verbinden –, ohne neben dem Telefon zu sitzen und auf einen Anruf warten zu müssen.

Sind Sie aber jedesmal am Boden zerstört, wenn Sie keine

Gehaltserhöhung bekommen oder bei einer Beförderung übergangen werden oder wenn Sie keine Einladung zu eben dieser ganz bestimmten Party bekommen haben, dann muß Ihnen klarwerden, daß Ihre Reaktionen auf einen solchen Vorfall auf Ihrer Vergangenheit basieren.

Eine Veränderung erfordert aktives Handeln, aber ebenso Gespräche und Analysen. Manchmal müssen Sie sich zwingen, etwas zu tun, was Sie immer vermieden haben – wie Maryanne, als sie im Kaufhaus eine Verkäuferin um Hilfe bat. Bis Sie merken, daß dadurch nichts Entsetzliches passiert, fühlen Sie sich vermutlich nicht gerade wohl dabei, aber wenn Sie nicht aufgeben, legen sich Befremden und Befangenheit nach und nach.

Für den Versuch, eine Veränderung einzuleiten, sollten Sie sich einen relativ sicheren Ort wählen, so daß das Risiko nicht allzu groß ist. Haben Sie eine kleine Veränderung herbeigeführt, bekommen Sie das Gefühl, auch größere Veränderungen vornehmen zu können.

Wenn Sie vermuten, daß Sie bei dem Versuch der Selbstbehauptung auf Ablehnung stoßen werden, dann fangen Sie damit zunächst einmal bei einer Freundin an. Achten Sie bewußt auf die Folgen; auf Ihre Angst, auf die Art Ihres Vorgehens, auf die Reaktion der Freundin. Setzt zum Beispiel Ihre Freundin einfach voraus, daß Sie um Theaterkarten für Sie beide anstehen, dann sagen Sie zu ihr, Ihr Terminplan sei zu eng, anstatt sich fast zu zerreißen, nur um ihr einen Gefallen zu tun. Beobachten und beurteilen Sie Ihr Verhalten. Sprechen Sie mit Freunden über das Resultat Ihrer Analyse, damit Sie überprüfen können, in welchem Ausmaß Ihre eigenen Schlußfolgerungen zutreffen – oder ob Sie die Realität anhand von in der Kindheit erlernten Reaktionen betrachten.

Durch vorheriges Nachdenken darüber, was Sie erwartet, was Sie tun und wie Sie sich hinterher fühlen werden, können Sie neue Erfahrungen sammeln, ohne dem Moment auf Gedeih und Verderb ausgeliefert zu sein. Und sobald Sie die erste Herausforderung gemeistert haben, wird es Ihnen leichter fallen, zur nächsten überzugehen.

Zoe, dreißig, ist Komikerin und durch die kleineren Clubs im ganzen Land getingelt. Einmal glaubte sie, ihr großer Durchbruch stünde bevor. Sie hatte einen Auftritt im Kabelfernsehen in einem landesweit gesendeten Programm in Aussicht. »Das erste Vorsprechen lief recht gut«, erzählt sie, »und ich sollte noch einmal vorsprechen, ein gutes Zeichen. Als es dann doch nicht klappte, verkroch ich mich tagelang im Bett – ich aß im Bett, sah mir Talkshows an, versuchte zu schlafen. Das Merkwürdige war, daß ich nicht geweint habe. Erst als ich eines Abends im Fernsehen einen Bericht über psychisch kranke Menschen sah, die bei Katzen Trost fanden, da liefen mir die Tränen über das Gesicht! Und das war der Anfang, von da an konnte ich mich befreien. Diese Tränen und die Erkenntnis, daß ich jemanden brauchte – und sei es eine Katze! –, bei dem ich aus mir herausgehen und traurig sein konnte.«

Zoe entdeckte, daß der erste Schritt zur Überwindung von Schmerz darin besteht, Trauer zuzulassen. Dr. Audrey Amdursky sagt: »Ein solcher Verlust kann einem das Gefühl geben, es sei das Ende der Welt, und es ist auch das Ende von etwas, was man sich ersehnt hat. Man muß sich eine Zeit zugestehen, um dieses Gefühl auszuleben. Man hat dabei vielleicht das Gefühl, es gehe nicht weiter. Aber man wird weitermachen.«

Strategien zur Veränderung

- Machen Sie sich klar, daß ein Klammern an Ihre Mutter ein Verhalten ist, mit dem Sie angstauslösenden Gefühlen aus dem Weg gehen. Haben Sie den Trennungsprozeß erst einmal eingeleitet, haben Sie die früheren Verhaltensmuster im Umgang mit Ihrer Angst abgelegt, dann stehen Sie vor einem furchterregenden schwarzen Loch. Sie haben drei Möglichkeiten: Sie können zu Ihrer Mutter zurückkehren und sich zurückziehen. Sie können die gewohnten Abläufe immer wieder durchspielen, was einem weiteren Ausweichen gleichkommt. Oder Sie können tiefer graben und herausfinden, was in Ihnen begraben liegt. Damit Sie die völlige Trennung vollziehen können, sollten Sie sich für letzteres entscheiden!

- Trauern Sie um Ihre Kindheit. Mit zunehmendem Bewußtwerden der Gefühle, die Sie unterdrückt haben, merken Sie, wie hart Sie mit sich selbst ins Gericht gehen – etwa durch extreme Selbstkritik oder Unversöhnlichkeit Ihren eigenen Fehlern gegenüber. Im Verlauf dieses Prozesses müssen Sie erkennen, in welch destruktivem Klima Sie aufgewachsen sind. Anschließend müssen Sie um die Sensibilität und das Einfühlungsvermögen trauern, die Ihnen nie entgegengebracht wurden.

- Ihren Schmerz zu verleugnen hilft sicher nicht. »Essen besänftigt für den Augenblick«, sagt Dr. Amdursky. »Es läßt vergessen. Zucker erzeugt ein kleines Hoch, so daß man über ein paar Flauten hinwegkommt, aber die Tatsache, daß man einen Verlust erlitten hat, löscht er nicht aus, so daß man sich am Ende nur noch schlechter fühlt. Wenn man nicht ißt, empfindet man die quälenden Gefühle, die es hinzunehmen gilt. Schließlich gehen sie vorüber.«

- Bereiten Sie sich auf Ihre Reaktionen angesichts einer Krise vor. Die gesunde Mutter gibt Ihnen Liebe und Selbstwertgefühl mit, ein Gefühl, das Ihnen durch jede Krise helfen wird. Wenn Ihre Mutter nicht für Sie da war, was auf die Tochter einer gefühlskalten Mutter zutrifft, dann fürchten Sie bei jeder Krise, von ihr verlassen zu werden. Als Kind hatten Sie ein Recht, sich benachteiligt, nicht behütet und verängstigt zu fühlen. Doch das liegt lange zurück. Wenn Sie das nicht unterbinden und sich mit diesen Gefühlen nicht intensiver beschäftigen, sobald sie heute an die Oberfläche kommen, dann kommt die Versuchung, sich in die ersten Arme zu werfen, die Sie an Ihre Mutter erinnern, damit Sie darin bestärkt werden, daß sie nicht plötzlich verschwinden wird. Niemand kann Ihnen die Sicherheit geben, nach der Sie suchen. Sie müssen sie in sich selbst finden.

- Fragen Sie sich jedesmal, wenn Sie Spannung oder Angst empfinden, was vor sich geht, was Sie aus der Fassung gebracht hat und warum. Sobald Sie die Ursache dieser Gefühle erkannt haben, läßt das Bedürfnis davonzulaufen nach. Was Ihnen als Kind erdrückend erschien, ist (in der Gegenwart einer Neubewertung unterzogen) meist keine ganz so große Sache. Wenn Sie versuchen, ein altes Muster zu ändern – oder es sich gegen Ihren Willen ändert –, fragen Sie sich, was Ihnen angst macht. Sich selbst zu verstehen befähigt Sie zu besserer Selbstkontrolle und verringert die vagen Ängste angesichts von Gefühlen. Jeder muß lernen, ein gewisses Maß an Angst und Spannung im Leben hinzunehmen und auszuhalten. Ebenso muß man akzeptieren, hin und wieder auf Ablehnung und Feindseligkeit zu stoßen. Herauszufinden, worauf das beruht, und das Empfinden dieser Gefühle, sofern sie gerechtfertigt sind, zuzulassen, versetzt Sie in die Lage, sie im richtigen Verhältnis zur Situation ausdrücken zu können.

- Angst ist keine Liebe. Sie sind nicht verantwortlich für das, was Ihnen als Kind widerfahren ist – aber Sie sind verantwortlich für die Gegenwart. Glauben Sie nicht länger, daß Sie lediglich mehr dem entsprechen müßten, was Ihre Mutter oder Ihr Partner von Ihnen erwartet, um auf ewig von ihr oder ihm geliebt zu werden. Das ist Angst, nicht Liebe, und Sie haben sie erschaffen, damit in der Kindheit nicht erfüllte Bedürfnisse befriedigt werden. Nur wenn Sie sich dieser frühen Bedürfnisse wieder bewußt werden, können Sie entscheiden, ob Ihr Verhalten zu dem von Ihnen gewünschten Ergebnis führt. Das gelingt Ihnen nicht, solange Sie in der Vergangenheit verhaftet sind.

- Blicken Sie der schmerzlichen Wahrheit ins Gesicht. Sich der Tatsache zu stellen, daß Sie als Kind verletzt worden sind, tut weh. Aber nur, wenn Sie die Wahrheit akzeptieren, können Sie sich mit anderen Augen sehen als mit denen Ihrer Mutter. Nur dann können Sie damit aufhören, nach der mütterlichen Bestätigung zu suchen, die man Ihnen vorenthalten hat, und nur dann finden Sie ein wenig Frieden. Die Wirklichkeit kann schmerzlich sein, aber wenn Sie sich nicht dazu zwingen, sich ihr zu stellen, lösen Sie die eine Illusion durch die nächste ab.

KAPITEL NEUN

Die konkurrierende Mutter

Die berufstätige Frau beginnt ein eigenes Leben

Als Liza Minnelli am Anfang ihrer Karriere stand, sagte ihre Mutter, Superstar Judy Garland, zu einem Reporter über Liza und ihre Schwester Lorna: »Liza geht bereits ihren Weg im Showgeschäft, und wenn es das ist, was sie wirklich möchte, sehr schön. Lorna hat allerdings eine bessere Stimme als Liza und wird vermutlich an ihr vorbeiziehen, wenn sie sich ebenfalls entschließt, ins Showgeschäft einzusteigen.«

Eigenschaften der konkurrierenden Mutter

Unter den konkurrierenden Müttern gibt es verschiedene Kategorien. Da ist einmal die Löwin, die in dem Augenblick, in dem Sie in ihr Revier eindringen, zu fauchen beginnt. Da gibt es keine Finessen, kein Versteckspiel, keine Heuchelei; sie ist auf Beute aus, und sie ist bewaffnet. Sie macht Sie fertig, unter vier Augen und, schlimmer noch, auch öffentlich. Sieht sie ihre Überlegenheit bedroht, hetzt sie Vater gegen Tochter, Schwester gegen Schwester.

Stellen Sie sich die achtzehnjährige Minnelli vor, die gerade eine Karriere zu starten versucht und sich aller Welt, die ihre Mutter als Idol verehrt, beweisen will – stellen Sie sich vor, was es für ein Gefühl gewesen sein muß, diese Bemerkung der Mutter in den Zeitungen lesen zu müssen. Wie hätte sie verstehen sollen, daß dieser Aussage nicht Bösartigkeit, sondern Angst zugrunde liegt?

Dann gibt es einen Typ unter den konkurrierenden Müttern, der weniger direkt vorgeht: Ein nettes Lächeln, ein Auflachen kaschieren das Fauchen. Alle mögen sie. Außer Ihnen merkt niemand, daß sie die Zähne fletscht.

»Wer auch vorbeikam«, berichtet Erica, achtunddreißig, »der Postbote, der Fahrer von UPS, Freunde von der Schule, der Junge, mit dem ich ging – Mom drehte ihren Charme voll auf. Und das Schlimme war, daß sie mich immer in den Schatten stellte. Sie hatte mir schließlich jahrelang Übung voraus. Unterhielt sich jemand mit mir, mischte sie sich unweigerlich ein. Versuchte ich, eine Begebenheit zu erzählen, meldete sie sich zu Wort: ›Nein, es war folgendermaßen …‹ Sie machte das nicht, um mich bloßzustellen, sondern weil sie so dringend Zuneigung und Bestätigung brauchte.

Mein Vater war älter und nicht gerade ein guter Ehemann. Deshalb nutzte meine Mutter jede sich bietende Gelegenheit, um ihre eigenen Bedürfnisse zu befriedigen. Okay, dafür habe ich Verständnis. Was ich ihr aber nicht verzeihen kann, ist, daß ihr meine Bedürfnisse gleichgültig waren. Ich war das Kind, nicht sie! Schrecklich war, daß ich irgendwann glaubte, wenn sie dabei wäre, wäre alles lustiger; wie sie eine Unterhaltung in Gang hielt, war schon toll, sie war der Mittelpunkt jeder Party. Aber sie machte mein Selbstwertgefühl kaputt. Erst als ich von ihr weg war, konnte ich mich erholen und es wieder aufbauen.«

Zum vielleicht am schwersten zu durchschauenden Typ der konkurrierenden Mutter zählt die, die mit romantischer Verklärung vorgeht. Sie erschafft ein märchenhaftes Bild von sich als Mädchen und überhäuft Sie mit Geschichten über ihre Außergewöhnlichkeit und die großartigen Möglichkeiten, die ihr offengestanden hätten. Natürlich können Sie nicht wissen, ob die Geschichten wahr sind oder nicht, aber sie faszinieren fraglos; es ist, als lebe man mit einer leibhaftigen Prinzessin unter einem Dach. Das Problem ist nur, daß Sie mit Ihren Fähigkeiten nicht gegen diese Phantasiegestalt ankommen können; sie wird immer die erste sein, und Sie werden sich immer wieder als die Versagerin fühlen.

Um den Schaden noch größer zu machen, trauert dieser Typ der konkurrierenden Mutter verpaßten Chancen nach, denn ihr Leben ist nicht so geworden, wie es hätte werden sollen – normalerweise gibt sie dafür dem Ehemann die Schuld –, und sie erwartet, daß Sie sie über diese Enttäuschung hinwegtrösten. Deshalb bringt jeder Erfolg, den Sie eventuell für sich verbuchen könnten, ein zweifaches Problem mit sich: Er stellt die Stellung Ihrer Mutter als Beste und Größte in Frage und droht gleichzeitig, sie des Trostes zu berauben, den sie zur Kompensation ihrer unerfüllten Träume gefunden hat.

»Meine Mutter war zu ihrer Zeit die schönste Frau in Brookline, das hat sie mir oft erzählt – sehr oft sogar«, erläutert die neunundvierzigjährige Rosemary mit einem Anflug von Humor, »und ich habe ihr das voll und ganz abgenommen, denn ich hatte ein Foto von ihr, auf dem sie dreiundzwanzig Jahre alt war. Sie war wirklich eine tolle Frau und besaß genug Verstand und Weitblick, um Jura zu studieren. Sie hatte nur Glück im Leben, bis sie den Fehler machte, den Besten aus ihrem Semester zu heiraten, einen brillanten Mann, der sich aber als schrecklicher Ehemann entpuppte. Er gehörte zu diesen Charmeuren, die hinter der oberflächlichen Fassade nicht das geringste Gespür für Menschen haben. Außerdem war er ein Schürzenjäger, der sogar hinter meinen Collegefreundinnen her war! Sie hatte wirklich eine phantastische Ausgangsposition und konnte eigentlich davon ausgehen, auch weiterhin für ihre Schönheit, Klugheit und ihren beruflichen Erfolg bewundert zu werden – und ausgerechnet in ihrer wichtigsten Beziehung wurde sie enttäuscht.

Sie wurde zutiefst verbittert. Drei Jahre vor meiner

*Geburt hatte sie eine Fehlgeburt. Dann kam ich auf die
Welt, und aus war es mit der Juristerei. Für den Rest ihres
Lebens – über vierzig Jahre lang – hatte sie weder einen
Beruf noch ein bestimmtes Interesse, nur diese miese Beziehung, die war der Mittelpunkt ihres Lebens. Die Folge war,
daß sie von den beiden wichtigsten Frauen in ihrem
Leben – von mir und ihrer Schwester – absolute Loyalität
verlangte. Meine Tante war vierundfünfzig Jahre verheiratet gewesen; als meine Mutter starb, war ich neunzehn
Jahre verheiratet. Die beiden Frauen, die ihr am nächsten
standen, führten also eine recht glückliche Ehe mit Männern, die für sie da waren. Und das machte sie wirklich
stocksauer!«*

Sie lacht, aber das Lachen verstummt rasch.

*»Ihr Leben war leer. Sie hatte keinen Beruf, obwohl sie
so klug war. Das war das traurigste, daß sie so klug war. Ihr
hatten alle Möglichkeiten offengestanden. Als Kind spielte
sie so gut Klavier, daß sie als Pianistin hätte Karriere
machen können. Diese begabte Frau endete in einem völlig leeren Leben. Ich weiß nicht, was meine Mutter mit
ihrer Zeit anfing.«*

Wie soll man sich mit einem Geist messen? Wie sollen Sie
versuchen, besser zu sein als Ihre Mutter, wo sie doch in
allem einfach besser war? Wie sollen Sie von Erfolg träumen,
wenn sie ihn hätte haben können, hätte haben sollen, hätte
haben müssen, als die Beste … wenn nur alles anders gekommen wäre?

Die meisten konkurrierenden Mütter sind recht vielseitig.
Die Löwin kann charmant, die Romantikerin bösartig werden. Das Ergebnis ist das gleiche. Die Botschaft lautet: »Du
wirst mich nicht in den Schatten stellen, und du wirst mich
nicht verlassen.«

Aber eine Tochter kann sogar eine konkurrierende Mutter
erster Güte wie Judy Garland in den Griff bekommen, wenn
sie mit einem Auge stets im Blick behält, was sie selbst will,

und mit dem anderen Auge die Forderungen der Mutter kritisch unter die Lupe nimmt.

In der Biographie *Judy & Liza* erzählt der Autor James Spada die Geschichte, die sich am Abend der Eröffnungsvorstellung einer Musicaltournee abspielte, bei der Liza Minnelli ihre erste Hauptrolle hatte. Die Vorstellung hatte begonnen, da läutete hinter den Kulissen das Telefon. Der Inspizient war alarmiert, denn diese Nummer sollte nur im äußersten Notfall angerufen werden, da das Publikum das Läuten hören konnte.

Rasch nahm er den Hörer ab. Der Anruf war für Liza. Der Inspizient erklärte, sie sei gerade auf der Bühne. Der Anrufer bat, eine Nachricht hinterlassen zu dürfen: Judy Garland hatte einen Selbstmordversuch unternommen.

Der Inspizient entschied, Liza erst nach der Vorstellung zu verständigen, aber in der Pause läutete das Telefon wieder. Dieses Mal nahm Liza den Hörer ab. »Kommt sie wieder in Ordnung?« hörte man sie fragen. Die Antwort war offensichtlich positiv. »Dann sagen Sie ihr, ich käme nach der Vorstellung vorbei«, erklärte Liza.

Anschließend ging sie wieder auf die Bühne und legte einen hinreißenden zweiten Akt hin.

Was liegt dem Verhalten der Mutter zugrunde?

Denken Sie darüber nach, wie Ihre Mutter aufgewachsen ist, in welcher Umgebung, mit welchem kulturellen Hintergrund. Wurde sie groß, als man Frauen mit Durchsetzungsvermögen als »männlich« abstempelte? Frauen früherer Generationen hatten es schwer, sich gegen die Passivität und Unterwürfigkeit zur Wehr zu setzen, die als selbstverständlich von ihnen erwartet wurden. Gleichzeitig mußten sie als selbstbewußte Gebieterinnen des Hauses dem Haushalt vorstehen. Aufgrund dieser Widersprüche waren sie selbst durcheinander, und aus der Angst, dem Scham- und Minderwertigkeitsgefühl heraus wurden viele zu konkurrierenden Frauen.

»Meine Mutter stand ihrer Mutter nicht nahe«, sagt Eileen, zweiundzwanzig. »Wir bekamen oft zu hören, niemand habe Großmutter leiden können, nicht einmal Mom. Ich kann mich erinnern, daß wir nie Alkohol im Haus hatten, aber wenn Großmutter kam, mußten wir eine Flasche Whiskey kaufen, die hinauf in ihr Schlafzimmer wanderte und nie mehr gesehen wurde.

Ich glaube nicht, daß meine Großmutter eine glückliche Ehe geführt hat. Das sagten jedenfalls meine Cousinen, die ganze Familie, trotzdem fragte sie mich ständig: ›Hast du einen Freund?‹ Ihrer Überzeugung nach brauchte man einen Mann, um vollwertig zu sein, und damit hatte meine Mutter keine andere Wahl. Meine Großmutter sagte: ›Du heiratest‹, und damit hatte es sich.

Meine Mutter weiß, daß sie auf eine Menge verzichtet hat, weil sie meinen Vater so behandelt hat, wie sie es gelernt hat. Sie verlangte nie, daß er ihr im Haushalt half. Aber sie weiß, daß ich das tun werde. Ich muß arbeiten. Ich brauche einen Beruf. Ich möchte Erfolg haben. Ich habe mich immer bemüht, einen großen Freundeskreis aufzubauen, meine Mutter hatte das nie. Aber zwischen den Generationen besteht Eifersucht, und das war wohl immer so.

Meine Großeltern hatten ein Grundstück am Lake George, und der größte Wunsch meiner Mutter war, daß sie und mein Vater dort auch ein Grundstück bekommen. Als sie das geschafft hatten, wachte ich eines Nachts auf. Meine Mutter weinte, weil ihre Mutter ihr so große Schuldgefühle gemacht hatte. Großmutter hatte meine Mutter angegriffen, weil meinen Eltern alles so »leichtgefallen« sei. Mein Vater hatte eine gute Stellung. Sie fuhren schöne Autos. Und für Großmutter war alles immer so schwer gewesen.«

Die gesunde Mutter und die junge berufstätige Frau

Eine der Aufgaben einer Mutter besteht darin, ihrer Tochter bewußt zu machen, daß sie etwas kann, vielleicht sogar besser, als die Mutter selbst – daß sie endlose Möglichkeiten hat und daß sich die Mutter freut, wenn ihre Tochter es im Leben weiter bringt als sie.

Eine Mutter sollte ihre Tochter ermutigen, sich die Welt anzusehen, sich hohe Ziele zu stecken, zu sondieren und zu experimentieren, Freundschaften zu schließen, zunehmend besser mit dem Leben zurechtzukommen und damit erfolgreich zu sein. Sie sollte sich nicht jedesmal bedroht fühlen, wenn Sie einen Schritt in Richtung Tür machen, sie sollte Ihnen nicht verübeln, wenn Sie Erfolg haben, wo sie versagt hat, sie sollte nicht mit aller Macht versuchen, Sie innerhalb der engen Grenzen ihres eigenen Lebens einzusperren.

»Ich mache mit meiner Vierjährigen ein Spiel, das wir dauernd wiederholen«, erzählt Chloe, die auf die Dreißig zugeht. »Und zwar geht es dabei um dieses alberne Lied vom König der Löwen – ›Aki Mama Tata‹, oder so ähnlich. Ich kann mir nicht mal den Titel merken, und sie kennt das ganze Lied auswendig. Jedesmal, wenn ich es singe, juchzt sie vor Vergnügen. Es bereitet ihr einen Riesenspaß, daß sie sich an den Text erinnern kann und ich nicht. Was sie dabei am meisten genießt, ist, daß sie etwas besser kann als ich. Sie hat ein besseres Gedächtnis als ich – wir haben oft darüber gesprochen –, und das Gefühl, mich zu übertreffen, bereitet ihr eine Riesenfreude.«

Ähnlich erklärt sich Rhoda, fünfzig, warum sie trotz letztendlich erfolgreichem Collegeabschluß als Studentin im ersten Semester nicht so gut war wie ihre Tochter. »Ich bin sogar noch an den Schrank gegangen und habe die alten Unterlagen hervorgekramt, um es ihr zu beweisen!« ruft Rhoda aus.

Die konkurrierende Mutter und die junge berufstätige Frau

Spricht Rhoda über ihre eigene Mutter, ist sie nicht so vergnügt. »Sie behauptet, sie habe nicht gewollt, daß ich mir einbilde, perfekt zu sein. Als ich so drei, vier Jahre alt war, sprach sie deshalb, wenn sie am Telefon etwas Nettes über mich sagen wollte, nur von ›R‹ – weil ich nicht wissen sollte, daß ich gemeint war. Bot ich ihr an aufzuräumen, sagte sie: ›Du willst aufräumen? Das glaube ich nicht.‹ Als ich mal in irgendeinem Ausschuß in der Schule war, bemerkte sie: ›Ich kann gar nicht glauben, daß du so hart arbeitest. So kenne ich dich ja gar nicht. Was ist los, bist du krank?‹ Ihr gefiel es, daß ich ein ängstliches, schüchternes Kind war. Ihr gefiel es, daß ich nicht mit meinen Freunden unterwegs war und sie nicht allein ließ. Das einzige Lob, das ich je bekommen habe, lautete: ›Ist sie nicht wunderbar? Sie ist so lieb und still.‹«

Die konkurrierende Mutter hat Probleme, wenn Sie glücklich verheiratet sind oder Erfolg im Beruf haben. Sie zieht sich zu jugendlich an, flirtet mit Ihrem Freund und zuckt zusammen, wenn sie erfährt, daß Sie befördert wurden. Sie würde es nie zugeben, aber sie ist ausgesprochen eifersüchtig!

Wie können Sie sich eine unabhängige Existenz aufbauen, wenn Ihre Mutter Ihnen so lange stillschweigend – und manchmal auch nicht so ganz stillschweigend – zu verstehen gegeben hat, daß es sie vernichten wird, wenn Sie sie verlassen, daß sie am Boden zerstört sein wird, wenn Sie sie in den Schatten stellen? Auf der einen Seite wird von Ihnen erwartet, die nicht in Erfüllung gegangenen Sehnsüchte der Mutter zu erfüllen. Auf der anderen Seite wissen Sie, daß jeder Ihrer Erfolge den Neid der Mutter weckt. Sie spüren die Feindseligkeit und die von einer derart frustrierten und unglücklichen Frau ausgehende Bedrohung.

Wird ein Kind mit solchen Gefühlen konfrontiert, kehrt es die Gefahr nach innen. Durch Selbstverleugnung, durch Verzicht auf jede Chance auf eigenen Erfolg bewahrt sich die Tochter die Sicherheit ihrer Kindheit. Sie hat solche Angst vor der Mutter, daß sie noch nicht einmal den Wunsch aufkommen lassen kann, sich ihr zu entziehen. Oft neigt diese Tochter als junge Frau zu Depressionen.

>*Als ich aufs College ging*«, erzählt Nell, inzwischen fünfundfünfzig, »*habe ich in meinen Augen meine Mutter verlassen, deshalb bin ich vor lauter Angst und Schuldgefühl ein psychisches Wrack geworden. Ich hatte eine Depression, die Jahre andauerte. Das änderte sich erst, als ich meinen Mann kennenlernte; wir heirateten nach dem Examen. Es schien der einzige Ausweg zu sein. Er war Lehrer, also wurde ich auch Lehrerin. Ich weiß noch, daß ich mir, als ich in der sechsten Klasse gewesen bin, gesagt habe, was immer ich im Leben werden will, Lehrerin ganz bestimmt nicht. Das schien mir so langweilig! Aber es war der beste Beruf, den ich mir vorstellen konnte, wenn man wie ich eine Familie und Kinder und einen Mann haben will und zu versorgen hat, deshalb lief es halt in diese Richtung.*«

Die Depression stellt sich häufig dann ein, wenn sich die Tochter einer konkurrierenden Mutter mit einer Veränderung der Lebensumstände konfrontiert sieht, wenn sich also Alternativen wie von selbst ergeben. Sich vor die Wahl gestellt zu sehen, macht ihr angst, denn jede Entscheidung kann bedeuten, die bisherigen vertrauten und sicheren Grenzen aufgeben zu müssen. Folglich zieht sie sich zurück und verweigert sich einer Veränderung, indem sie sich durch die Depression selbst außer Gefecht setzt.

Die Alternative zur Depression besteht nicht in einem Leben ohne jedes Leid, sondern in der Freiheit, Gefühle ausdrücken zu können. Es werden ganz sicher nicht nur fröhliche, glückliche und angenehme Gefühle sein – auch Wut,

Eifersucht, Neid, Aggression, Hunger, sogar Gier gehören dazu –, einfach alles, was eine Tochter gezwungenermaßen in sich begraben muß, wenn sie jahrelang demütiger Untertan ihrer Mutter gewesen ist.

Was erwartet die Tochter einer konkurrierenden Mutter?

Selbst wenn das Kind einer konkurrierenden Mutter gegen alle Wahrscheinlichkeit gut in der Schule ist, bringt jeder Erfolg die Möglichkeit – vielleicht sogar die Gewißheit – mit sich, daß es die Zuneigung der Mutter verliert. Das Mädchen ist also praktisch zur Erfolglosigkeit gezwungen. Erfolg bedroht die Struktur der Mutter-Tochter-Beziehung. Erfolg beinhaltet die Demütigung der Mutter. Egal, was die Tochter im Leben erreicht, egal, welche Stärken sie erwirbt – sie weigert sich beständig, ihrer Mutter die Macht zu nehmen.

Nell fährt fort: »*Nachdem ich geheiratet hatte und ein eigenes Leben führte, kritisierte mich meine Mutter andauernd. Sie erzählte überall herum, wie schrecklich ich sei. Sechs Monate lang sprachen wir nicht miteinander, dann machten wir abwechselnd mal einen Versuch über eine Mittelsperson. Es war sehr unangenehm, nicht mit ihr zu reden; es war nicht so, daß man nicht mit ihr redete und dann nicht an sie dachte. Man redete nicht mit ihr und dachte die ganze Zeit an sie! Mein Vater rief an und sagte: ›Ich kann nicht mit deiner Mutter leben, wenn du nicht mit ihr redest.‹ Ich bekam Anrufe von entfernten Cousinen und Freunden: ›Es ist schlimm, das sagen zu müssen, Nellie, aber weißt du, du kümmerst dich einfach nicht genug um deine Mutter. So geht man nicht mit seiner Mutter um.‹ Deshalb unternahm ich einen neuen Versuch – und sie wurde prompt wieder ausfallend. Sie wollte der Mittelpunkt meines Lebens sein, und die Tatsache, daß ich einen*

Mann, eine Tochter und einen Beruf hatte, stachelte ihre Wut nur noch an.

Meine Mutter trank sehr viel, als sie älter wurde, weil sie so frustriert und unglücklich war. Um fünf Uhr nachmittags begann sie mit dem Scotch, und je mehr sie trank, desto niederträchtiger wurde sie – aber ich saß nur da, ließ alles über mich ergehen und fürchtete mich zunehmend. Einmal fragte ich meinen Vater: ›Glaubst du, sie brächte es fertig, mit einem Messer auf mich loszugehen, wenn sie getrunken hat?‹ So groß war meine Angst vor ihr. Meine Eltern waren sehr gut situiert, und ich fürchtete, nach dem Tod meines Vaters würde sie mich enterben, mir keinen Cent hinterlassen – was sie mir häufig angedroht hat.

Vor seinem Tod sagte ich zu ihm: ›Wie kannst du Mom alles hinterlassen? Du weißt doch, wie krank sie ist. Du siehst doch, wie sie mich behandelt!‹, und er antwortete: ›Ich habe ihr ein Leben lang soviel Kummer gemacht, ich kann ihr nicht die Hälfte wegnehmen, nicht einmal, um dir deinen Anteil zu geben.‹ Ich hätte aufstehen und schreien sollen: ›Doch, das kannst du!‹ Aber ich tat es nicht. Es war eigentlich nicht die Angst vor Gewalttätigkeiten oder die Angst, sie könnte das Geld jemand anderem vererben. Es gab nur einfach sonst keine Möglichkeit, daß ich hätte weggehen können.«

Was macht eine Frau wie Nell? Sie verwandelt sich in eine fürsorgliche Frau, in die Frau, die hinter der Macht zurücksteht. Sie unterdrückt ihre eigene Aggressivität und ihren Ehrgeiz. Da sie kaum Erfahrung im Umgang mit diesen Gefühlen hat, kann sie nicht zwischen Selbstbehauptung und Feindseligkeit unterscheiden – und das macht ihr angst. Schuldgefühle aufgrund von Konkurrenz umgeht sie, indem sie von der Mutter abhängig bleibt. Sie fühlt sich in der Rolle der zweiten Geige wohl; nicht, weil sie Angst vor Erfolg hat. Beruflich könnte sie zum Beispiel bessere Verwaltungsarbeit leisten als ihr Chef, aber sie traut sich nicht, entsprechend zu handeln. Warum? Als Kind fürchtete sie, wenn sie zu unabhängig werden würde, gelänge die Mutter zu dem Schluß, sie komme allein zurecht, und würde sie verlassen. Folglich verhält sie sich Liebhabern, Ehemännern und Chefs gegenüber unterwürfig.

»Sie kontrollierte mein Leben. Ich wollte nur noch weg von ihr und dachte, eine Heirat sei der einzige Ausweg«, erläutert Nell. »Wenn ich jetzt meine Tochter so ansehe, die bald vierundzwanzig wird, kann ich nur beten. Hoffentlich nimmt sie sich nicht den erstbesten Kerl, der gar nicht zu ihr paßt, nur weil sie glaubt, in einem bestimmten Alter müsse man verheiratet sein. Ich will damit nicht sagen, mein Mann sei unmöglich – das möchte ich wirklich nicht sagen. Ich meine nur, wenn ich nicht so verzweifelt weggewollt hätte ... ich weiß nicht einmal, wie ich diesen Satz beenden soll.

Wir führen eine gute Ehe, neunundzwanzig Jahre werden es jetzt. Wir sind uns überhaupt nicht ähnlich. Ich lege großen Wert auf Freundlichkeit und Liebenswürdigkeit. Er ist genau das Gegenteil. Inzwischen hört er nicht mehr so gut, deshalb haben seine kritischen Bemerkungen, die er mir üblicherweise zubellt, eine Lautstärke angenommen, die mich wahnsinnig macht, weil ich Ruhe und Frieden schätze. Ich versuche, Mitleid zu haben; das Gehör zu verlieren ist tragisch und sicher nichts, was einen wütend machen darf. Aber ich meine schon, wenn ich nicht so unbedingt von meiner Mutter hätte wegkommen wollen, hätte ich vielleicht ein bißchen länger gewartet, bis ich mich für einen Ehemann entschieden hätte. Möglich, daß ich jemanden gefunden hätte, der mehr ...«

Angst vor Selbstbehauptung

In einer von Männern dominierten Gesellschaft werden »brave Mädchen« belohnt, Mädchen, die sich anpassen und nicht konkurrieren. Zurückhaltung und fehlende Unabhängigkeit sind zu lange als ein Zeichen von Weiblichkeit gewertet worden. Man drängte die Frauen in die Rolle der Dienstleistenden, der Vermittlerin, der Unterwürfigen und Einfühlsamen. Schon als Kleinkind lehrte man sie, daß das oberste Ziel ihres Leben darin bestehe, für andere dazusein: zuerst als gute Tochter, dann als gute Ehefrau und schließlich als gute Mutter.

Einen Konflikt auszulösen wurde in unserer Gesellschaft nie als weibliche Eigenschaft betrachtet. Für sich selbst einzustehen (sofern dies eine Frau tat) wurde aufgefaßt, als nehme sie jemand anderem etwas weg oder als wolle sie verletzen. Frauen, die so erzogen worden sind, haben es besonders schwer, ihre Wut zu zeigen – oder eine Gefühlsäußerung, die an Wut erinnert. Doch Durchsetzungsvermögen ist nicht gleichbedeutend mit Wut. Wenn Sie allerdings eine Mutter hatten, die aufgrund eigener Frustrationen wütend auf alle war, die besser zurechtkamen als sie, können Sie es leicht mit Wut verwechseln.

Angst vor Wettbewerb

Sportlerinnen lernen, daß Wettbewerb nichts mit Wut zu tun hat. Sie möchten einen Gegner schlagen, Sie möchten die Beste sein, Sie möchten Ihren eigenen Rekord verbessern – das ist ein schönes, aufregendes Gefühl, das nicht das geringste mit Wut zu tun hat. Tennisspielerinnen können die besten Freundinnen und erfolgreiche Doppelpartnerinnen sein, aber sobald sie einander im Einzel gegenüberstehen, kämpfen sie mit harten Bandagen.

Männer mögen ein Defizit in bezug auf Fürsorglichkeit und Einfühlungsvermögen haben, Eigenschaften, die bei Frauen gefördert werden – doch wenn es gilt, sich durchzusetzen und um die ihnen zustehende Anerkennung zu kämpfen, werden Impulse wirksam, die bei Männern von der Wiege an gutgeheißen werden. Im perfekten Utopia der Feministinnen lehren die Männer die Frauen das, was sie am besten können, und die Frauen bringen den Männern das bei, was sie am besten können.

Sicher, heutzutage, da junge Frauen dazu ermuntert werden, sich im Sport zu engagieren, und Rollenvorbilder wie die Leichtathletin Jackie Joyner-Kersee und das Tennisas Steffi Graf haben – die stark konkurrenzorientiert, in ihrer Sportart ganz oben und stolz darauf sind –, fällt ihnen der Umgang mit Wettbewerb leichter. Sie strengen sich an, um ihr Talent zu fördern, wollen ihre Fähigkeiten nutzen und verlangen Anerkennung dafür. Niemand hat heutzutage etwas daran auszusetzen – außer einer konkurrierenden Mutter, die keinesfalls auf ihren Thron zu verzichten gedenkt.

Darum gestattet sich die Tochter einer konkurrierenden Mutter erst gar nicht, die Fähigkeit zu unabhängigem Verhalten zu entwickeln. Lieber sucht sie fälschlicherweise Schutz bei einem Mann. Weil sie jemanden sucht, der die Mutter, die die Tochter schließlich nie verließ, ersetzen kann, wählt sie einen Mann, der sie wie ein Kind behandelt. Sie glaubt, allein nicht zurechtzukommen; sie ändert ihre Identität nur insofern, als sie von der Tochter ihrer Mutter zur Frau ihres Mannes wird. Oft zieht sie direkt vom Heim der Mutter in die Wohnung des Ehemannes, so daß sie nie Erfahrung im Alleinleben sammelt und tatsächlich fürchtet, allein nicht überleben zu können.

»Liebe« bekommt so die Bedeutung von »umsorgt werden« – nicht, gefördert, bewundert oder herausgefordert werden – und hat nichts mit der Beziehung zwischen zwei unabhängigen gleichberechtigten Partnern zu tun. Schließlich fühlt sich so mancher Mann gelangweilt und wendet sich ab. Die Frau sieht ihn als kalt und lieblos. Sie fühlt sich noch machtloser und ist wieder genau an dem Punkt angelangt, wo sie angefangen hat.

Trennung: Eine Frau als Mentor finden

Die Mutter durch einen Mentor zu ersetzen – durch eine Frau, die Sie bewundern, weil Sie sie für klüger, stärker und unabhängiger als sich selbst halten, durch eine Frau, die Ihnen helfen kann, sich eine bessere Meinung von sich zu bilden – ist ein Mittel, dessen Sie sich noch als erwachsene Frau bedienen können, wenn Sie als Teenager nicht Gebrauch davon gemacht haben. Dieser Mentor, oder diese Ersatzmutter, kann Ihnen bei der Trennung von Ihrer Mutter helfen, weil sie Ihnen andere Maßstäbe vermittelt als Ihre Mutter.

Seit Frauen erkannt haben, daß sie im Berufsleben mehr oder weniger alle die gleichen Probleme haben, seit sie gelernt haben, Netzwerke aufzubauen und sich gegenseitig zu helfen, betrachtet man die Mentorbeziehung zwischen einer älteren und einer jüngeren Frau als akzeptabel und fördert sie sogar.

Eine Frau kann als Mentor positiv auf Sie einwirken, wenn sie anders ist als Ihre Mutter, weil sie Ihnen dann Möglichkeiten zur Entwicklung anderer Eigenschaften und neuer Wertvorstellungen eröffnet. Aber auch eine Frau, die Ihrer Mutter sehr ähnlich ist, kann Sie weiterbringen. Da diese Frau weniger Macht über Sie hat als Ihre Mutter und da das Beziehungsgeflecht längst nicht so unentwirrbar ist, können Sie bei ihr Charakterzüge hinnehmen, mit denen Sie bei Ihrer Mutter nicht umgehen konnten. Die Beziehung ist nicht so eng, Sie sind nicht so verletzlich, sie stellt keine so große Gefahr dar und fühlt sich gleichzeitig weniger durch Sie bedroht, so daß der Beziehung viel Konfliktstoff entzogen wird. Diese Unterschiede sind wesentlich, denn sie schaffen Raum, der es Ihnen ermöglicht, mit dieser Ersatzmutter anders als in den eingefahrenen Verhaltensmustern umzugehen.

Gail, fünfundzwanzig, ist Grundschullehrerin in Winston-Salem, North Carolina. Sie erzählt die folgende Geschichte: »Ich sollte Sechstklässler unterrichten an einer

Schule, in der großer Wert auf Teamarbeit gelegt wurde. Zu meinem Team gehörten zwei Lehrer, und sie hatten entscheidendes Mitspracherecht bei meiner Einstellung. Ehrlich gesagt, ich war erstaunt, daß sie mich genommen haben. Einer war schon älter, stand kurz vor der Pensionierung, und die andere, Pamela, war eine verklemmte Frau, die ein strenges Kostüm trug und mich stark an meine Mutter erinnerte.

Und dann ich, auch beim Vorstellungsgespräch mit weißen Socken und Birkenstockschuhen, weil ich mich nicht verstellen wollte. Ich wollte nicht irgendeine Rolle spielen, darum gab ich mich gleich, wie ich bin. Ich sprach offen von meinem Wunsch, eine kreative Lehrerin zu sein, von meiner Überzeugung, was Ehrlichkeit im Klassenzimmer angeht, und meiner Hoffnung auf aktive Beteiligung der Schüler – eben über den radikal neuen Ansatz.

Später fragte ich Pamela, warum sie meine Einstellung befürwortet hatten, und sie erwiderte, Ben, dem älteren Lehrer, und ihr sei bewußt geworden, wie puritanisch und traditionell ihre Auffassungen seien, deshalb hätten sie das Gefühl gehabt, jemand wie ich sei ein Ausgleich im Team. Ich fühlte mich geschmeichelt und bestärkt und mochte sie, deshalb konnte ich zuhören, als sie anfing, mir gute Ratschläge zu erteilen – etwa, daß ich im Lehrerzimmer besser den Mund halte und lächle, wenn irgendein Blödmann von Lehrer etwas Albernes von sich gibt. Vorher habe ich mich nie diplomatisch verhalten, war immer ganz direkt und stolz auf meinen Widerspruchsgeist – und hatte mir ständig Schwierigkeiten eingehandelt. Mit Pamelas Hilfe konnte ich das ändern.

Mir entging nicht, wie sehr sie mit anderen Lehrern konkurrierte – sie redete zuviel und wollte dauernd im Scheinwerferlicht stehen, genau wie meine Mutter. Aber ich sah auch ihre Verletzlichkeit, ihre Unsicherheit. Sie brauchte mich als Publikum – und bei Pamela machte mir das nichts aus. Sie braucht es, im Mittelpunkt zu stehen, weil sie Angst *hat, und diese Angst versucht sie durch Reden zu bewälti-gen. Ich konnte zwischen ihr und anderen, die sie für ego-zentrisch hielten, vermitteln. Ich schützte und verteidigte sie, weil sie in meinen Augen nicht so stark war.*

Ich habe auch von ihr profitiert, denn ich lernte von ihr, mich an das System anzupassen und somit mehr Erfolg zu haben. Ich bewunderte, wie sie die Dinge anpackte, auf ihre Art war sie eine gute Lehrerin. Aber ich fühlte mich nicht kleiner, nur weil ich ihre guten Eigenschaften anerkannte. Sie lachte über mich, weil ich der komische Kauz im Team war. Ich lachte über sie, weil sie so verklemmt war. Die Beziehung war harmonisch, weil keine die andere bedrohte.

Ich hatte mir für meine Kinder ein tolles Mathema-tikprojekt ausgedacht. Sie mußten ein Heft anlegen, in dem sie illustrieren sollten, wie sie eine Million Dollar aus-geben würden. Sie sollten Anzeigen aus den Zeitungen aus-schneiden, die Steuer auf die jeweiligen Preise ausrechnen, nicht mehr als zwanzig verschiedene Sachen kaufen und die Million bis auf einen Dollar ausgeben. Sie waren begei-stert, ich war begeistert, wir waren alle ganz bei der Sache, und jeder lernte eine Menge.

Als in der Schule Tag der offenen Tür war, ging die Mut-ter eines meiner Kinder auf Pamela zu und schwärmte ihr vor, wie toll ich sei und wie gern mich ihre Tochter habe, und erzählte von dem Eine-Million-Dollar-Projekt. Und die gute alte Pamela sagt zu der Mutter: ›Alles schön und gut, aber können die Kinder auch das Einmaleins?‹

Natürlich erzählte mir das betreffende Kind das, und wissen Sie, was ich tat? Ich sagte: ›Keine Panik, das lernst du schon noch‹, und wir lachten beide herzhaft über Pame-la. Ich konnte tatsächlich lachen! Ich war nicht verletzt, fühlte mich nicht herabgesetzt oder minderwertig. Es war nicht wie bei meiner Mutter. Ich hatte nicht das Bedürfnis, mich zu verteidigen. Es flossen keine Tränen. Ich kann gar nicht sagen, wie sehr ich mich über mich selbst gefreut habe!«

Strategien zur Veränderung

- Machen Sie sich klar, was Sie alles in Ihr Bestreben, machtlos zu bleiben, investiert haben. Als Tochter einer konkurrierenden Mutter dürfte es Ihnen angst machen, sich mit der Tatsache konfrontiert zu sehen, daß Sie durchaus zur Veränderung von Dingen imstande sind. Vielleicht glauben Sie, wenn Sie Durchsetzungsvermögen zeigen und für sich selbst eintreten, würden Sie die einzige Identität, die Sie je gekannt haben, verlieren – Sie wären schließlich nicht mehr länger Anhängsel eines anderen Menschen. Machtlos zu bleiben hilft Ihnen, Ihre Wut zu unterdrücken.

- Machen Sie sich klar, daß Sie kein Opfer sein müssen. Aufgrund der Intimität und Intensität der Mutter-Tochter-Beziehung besitzen konkurrierende Mütter sehr viel Macht. Eine konkurrierende Mutter gibt Ihnen nur dann »bedingungslos« Liebe, wenn sie gewinnt. Spielen Sie dieses Spiel nicht mit!

- Lernen Sie, sich anderen Menschen gegenüber zu öffnen, vielleicht gegenüber einem Therapeuten. Um aus der Beziehung mit Ihrer Mutter, in der Sie nicht gewinnen können, auszubrechen und andere Erfahrungen machen zu können, müssen Sie sich über Scham und Demütigung hinwegsetzen. Der erste (mutige) Schritt besteht darin, sich anderen gegenüber zu öffnen und sich von Ihnen helfen zu lassen. Sie werden sehen, nicht alle reagieren so wie Ihre Mutter. Alternative Ansichten und Möglichkeiten fließen in Ihr Leben ein und beeinflussen Ihr Denken. Der Erfolg Ihrer Bemühungen kann Sie zum nächsten Schritt veranlassen und dazu, unter der Oberfläche zu graben, so daß Sie Ihre Gefühle zu erleben beginnen, anstatt sie zu unterdrücken.

- Suchen Sie sich Freunde, mit denen Sie reden können. Gute Freunde helfen Ihnen, etwas Distanz zu gewinnen, Ihre Gefühle und die Realität auseinanderhalten und alles objektiver sehen zu können. Darin besteht das Geheimnis des Erfolgs von Selbsthilfegruppen wie den Anonymen Alkoholikern. Oft liegt in der Gemeinsamkeit mit anderen der Ausweg aus dem Problem.

- Pflegen Sie die Beziehung zu einer besten Freundin, oder suchen Sie sich eine Frau als Mentor. Die meisten jungen Frauen merken in der Pubertät, wenn die Trennung von der Mutter zur vordringlichen Aufgabe wird, daß eine beste Freundin die Sehnsucht nach Nähe zur Mutter befriedigen kann. Sich mit einer Freundin über Ihre Mutter auszutauschen versetzt Sie in die Lage, die jeweiligen Erfahrungen zu vergleichen, so daß Sie die Realität in der Beziehung zu Ihrer Mutter besser zu beurteilen vermögen. Die Ansichten Ihrer Freundin über Ihre Mutter sorgen zudem dafür, daß sich die um ihre Person rankenden Mythen auflösen. Sie können lernen, wie Ihre Freunde darüber zu lachen.

Beginnen Sie auf der Grundlage dieser revidierten Meinung von Ihrer Mutter mit der Suche nach einer eigenen neuen Identität, und rufen Sie sich dabei auch positive Eigenschaften von Müttern Ihrer Freundinnen und anderen weiblichen Persönlichkeiten, die Sie bewundern, in Erinnerung. Ihre Ambitionen mit Frauen zu teilen, die nicht eifersüchtig sind, versetzt Sie in die Lage, die Angst vor Selbstbehauptung abzubauen. Freundschaften aufzubauen ist nicht nur eine Möglichkeit zur Lockerung der Spannungen in der Mutter-Tochter-Beziehung, sondern kann an sich bereits zu einem Ausweg aus dem unentwirrbaren Beziehungsgeflecht werden.

- Gehen Sie das Risiko ein. Ohne einen Menschen zu finden, mit dem Sie reden können, ohne nachträglich die Erfahrungen zu machen, die Sie eigentlich in der Pubertät hätten hinter sich bringen müssen, können Sie sich nicht auf die Reise begeben. Die Angst, sich direkt mit Ihrer Mutter auseinanderzusetzen, wäre zu groß und zu komplex. Freunde besitzen weniger Macht, deshalb ist die Gefahr geringer, und Sie behalten die Kontrolle und bleiben objektiv. Indem Sie die Fähigkeit, Freunden zu vertrauen, dadurch steigern, daß Sie unrealistische Erwartungen verwerfen, mehr Geduld aufbringen und lernen, Kompromisse zu schließen, und indem Sie das Risiko eingehen, sich anderen gegenüber zu öffnen, lösen Sie die durch die Beziehung zu Ihrer Mutter entstandenen Probleme.

KAPITEL ZEHN

Die Schuldgefühle machende Mutter
Die Tochter wird erwachsen

Letztes Jahr kaufte Doreen, neunundzwanzig Jahre alt, ein teures Flugticket und kämpfte sich durch die Menschenmassen am Flughafen, um an Thanksgiving ihre Eltern zu besuchen. Doch als sie bei ihren Eltern eintraf, herrschte nicht gerade Feiertagsstimmung.

> *»Das Licht war gedämpft, der Tisch nicht gedeckt, meine Mutter lag mit Migräne im Bett«, erzählt Doreen. »Mein Vater hatte bereits angefangen zu trinken. Ich wußte, meine Mutter erwartete, daß ich hinaufgehe, mich an ihr Bett setze, ihr kalte Kompressen auflege und sie in ihrem abgedunkelten Zimmer tröste. Bin ich dafür den ganzen Weg nach Hause geflogen? Ganz zu schweigen davon, daß das jedesmal passiert, wenn ich zu Besuch komme. Aber dieses Mal weigerte ich mich, darauf einzugehen. Ich verfrachtete Dad ins Auto, zog los und kaufte einen vorgegarten Truthahn, Preiselbeersauce in der Dose, Fertigkartoffelbrei – es war nicht gerade ein Feinschmeckeressen, aber es ging schnell. Eine halbe Stunde später rief ich die Treppe hinauf: ›Mom, das Essen steht auf dem Tisch. Komm runter.‹ Natürlich kam sie. Was blieb ihr anderes übrig?«*

Eigenschaften der Schuldgefühle
machenden Mutter

Sie nehmen sie mit nach Florida, und sie fragt: »Warum nicht in die Karibik?« Sie sitzen den ganzen Nachmittag an ihrem Krankenhausbett, und sie fragt: »Und heute abend? Kommst du da nicht?« Sie klammert sich daran, benachteiligt zu sein.

Jackie, zweiundvierzig, berichtet: »Es ist jetzt dreißig Jahre her, seit mein Vater uns verlassen hat, aber die Telefonrechnung lautet immer noch auf seinen Namen. Als meine kleine Schwester sich verlobte, waren Moms erste Worte: ›Wer führt dich denn jetzt zum Altar?‹ Keine Freude. Kein Jubel. Keine Umarmung. Jedesmal, wenn sie von der Hochzeit sprach, kam wieder: ›Wer führt sie denn jetzt zum Altar?‹ Das ganze Fest drehte sich nur um das, was sie nicht mehr hatte.

Bis zum heutigen Tag ruft sie mich an und jammert: ›Ich will dich ja nicht belästigen, aber das Telefon funktioniert nicht richtig, der Staubsauger ist kaputt …‹ Ich gehe rüber. Natürlich handelt es sich um eine absolute Bagatelle, wie einen Knopf am Telefon, der nicht gedrückt ist, den Staubsaugerbeutel, der geleert werden muß, und so weiter. Sie steigt zum Beispiel in mein Auto und kriegt die Tür nicht zu. ›Ma‹, sage ich, ›ich fahr' jetzt los. Du mußt die Tür zumachen.‹ Sie versucht es, aber Sie wissen ja, man muß Autotüren zuschlagen. Schließlich steige ich aus, gehe ums Auto herum und mache es. Sie achtet stets darauf, daß allen ihre Verpflichtung bewußt ist, sich um sie zu kümmern.«

Die Schuldgefühle machende Mutter behauptet, sie sei einsam, niemand kümmere sich um sie, doch in Wahrheit dreht sich alles nur um ihre Bedürfnisse. Sie behauptet, sie sei hilflos, doch sie übt unglaublichen Einfluß aus. Sie erweckt den Anschein, sehr an Ihnen interessiert zu sein, aber wenn Sie sich mit einem Problem an sie wenden, bekommt sie Herzbeschwerden, und alles endet damit, daß Sie sie in die Notaufnahme bringen müssen. Sie setzt sich andauernd selbst herab und verlangt ständig Anteilnahme, bestreitet aber hartnäckig, sich so zu verhalten.

»Das war wirklich das allerletzte«, erzählt die sechsunddreißig Jahre alte Heather, »als ich meiner Mutter mitteilte, daß ich mich von Kevin scheiden lasse – wahrlich kein leichter Moment für mich. Sie nahm es furchtbar auf. Sie fing an zu weinen und ließ sich lang und breit darüber aus, daß es ja nicht anders hatte kommen können. ›Es konnte ja nicht anders sein. Du hattest ein so schlechtes Beispiel als Kind. Dein Vater war schrecklich. Ich bin nur wegen euch Kindern bei ihm geblieben, und was hatte ich davon? Nichts als Kummer ... und nun das noch!‹
Ich fragte mich, wann sie endlich ein paar tröstende Worte sagen würde, da platzt sie heraus: ›Wenn du Kevin verläßt, was bleibt mir da anderes übrig? Dann muß ich deinen Vater verlassen!‹ Sie bricht in Tränen aus, als sei das Ende der Welt gekommen, und streckt die Arme nach mir aus, damit ich sie tröste! Das war typisch für sie! Innerhalb von drei Minuten hatte sie es geschafft, von meinem Schmerz auf ihren umzuschalten, und sie hatte mich damit um alles, was ich brauchte, betrogen. Sie stiehlt nicht nur sämtliche Aufmerksamkeit und Anteilnahme – sie stiehlt sogar meine Gefühle!«

Was liegt dem Verhalten der Mutter zugrunde?

»Selbst mit dreiundzwanzig Jahren, und obwohl ich weit weg von zu Hause lebe, fühle ich mich ständig schuldig«, erklärt Teresa. »Gestern abend war ich aus, und als meine Mutter heute morgen anrief und lediglich sagte: ›Du klingst ein bißchen heiser‹, überschwemmten mich schon

Schuldgefühle. Besuche ich meine Familie und komme um drei Uhr morgens nach Hause, ziehe ich nach wie vor die Schuhe aus und schleiche die Treppe hinauf. Wenn ich dann morgens verkatert aufwache, springe ich ohne Rücksicht auf meinen Zustand aus dem Bett und eile mit einem munteren ›Morgen, Mom‹ die Treppe hinunter. Ich fühle mich schuldig, weil ich Spaß gehabt habe und sie sich Sorgen um mich gemacht hat, und ich sorge mich um sie, weil sie sich um mich sorgt.

Keine Frage, mein Bruder und ich waren ihr Lebensinhalt. Sie war nur für uns da. Sie hatte keine Freundinnen. Ich glaube, sie und mein Vater waren seit neunzehnhundertsiebzig nicht mehr im Kino. Sie scheint damit kein Problem zu haben. Jeder kleinste Streit, den meine Eltern hatten, ging um uns beide.

Sie stritten nie über etwas, was nur sie betraf, außer einmal, da war ich in der vierten Klasse, und ich hörte während einer Auseinandersetzung etwas, was ich nie vergessen werde. Meine Mutter schrie: ›Wenn du mit einer anderen ins Bett willst, dann hau doch ab!‹ Und von da an wußte ich, daß in ihrem Leben eine Leere herrschte.«

Es ist von entscheidender Bedeutung, daß ein junges Mädchen seine Mutter als relativ zufrieden erlebt: daß sie sich für ihre Rolle entschieden hat, diese erfolgreich ausfüllt und sich nicht benachteiligt fühlt. Die Mutter, die unglücklich oder deprimiert ist, die unter einer schlechten Ehe leidet, die sich selbst als Opfer sieht – als Opfer ihres Ehemanns, von Männern im allgemeinen, der Nachbarn, der Gesellschaft –, bürdet der Tochter eine schwere Last auf.

Wurde Ihre Mutter von ihrer eigenen Mutter oder ihrem Ehemann durch Einschüchterung in ein bedauernswertes Los gedrängt, erscheint es sinnvoll, daß sie versucht, ihr Schicksal mit Hilfe der Person, über die sie etwas Kontrolle hat, zu erleichtern – ihrer Tochter. Jedenfalls ihr scheint das vernünftig – Ihnen nicht. Mag sein, sie hat kein schönes

Leben, vielleicht ist sie tatsächlich ein Opfer – aber haben Sie überhaupt eine Möglichkeit, ihren Kummer zu lindern?

Die gesunde erwachsene Frau – nicht mehr in der Verantwortung ihrer Mutter

In der Pubertät macht das Mädchen die schmerzliche Erfahrung, daß sie der Mutter den Vater nicht wegnehmen kann, und lernt, dieses fruchtlose Bemühen durch andere Bestrebungen zu ersetzen. Die gesunde junge Frau ist in der Lage, ihre Energie auf die Weiterentwicklung ihrer Fähigkeiten zu konzentrieren, auf die Steigerung ihrer Kreativität, auf die Befriedigung, die es verschafft, wenn sie etwas gut oder anders macht. Sie wird erwachsen mit dem Wissen, daß die Eltern sie lieben – wenn auch vielleicht nicht mehr auf die gleiche Weise, wie sie als Baby geliebt worden ist. Sie kann alte Wunschvorstellungen durch neue Erfolge ersetzen und findet dadurch Bestätigung.

Sie erkennt, daß sie auf sich gestellt überleben kann, findet Freunde, die sie unterstützen, und lernt Männer kennen, mit denen sie neue und andere Freuden erleben kann. Sie hat einen Beruf, der ihr nicht nur finanzielle Unabhängigkeit verschafft, sondern auch ihr Selbstwertgefühl stärkt. Sie lernt, das Alleinsein zu schätzen, und findet Mittel und Wege, ihr inneres Wesen zum Ausdruck zu bringen

Sie ist in der Lage, unabhängig zu werden und die Unabhängigkeit zu genießen, erfolgreich zu sein und sich darüber zu freuen, sich zu trennen, ohne das Gefühl zu haben, verlassen worden zu sein – oder als habe sie selbst die Mutter verlassen. Sie wird nicht von Schuldgefühlen erdrückt.

Die Tochter der Schuldgefühle
machenden Mutter

Töchter schwieriger Mütter sprechen nicht etwa hauptsächlich von Wut, Benachteiligung oder Konkurrenz, sondern in
erster Linie von Schuld. Die Mutter muß nicht anwesend
sein, um dieses lähmendste und destruktivste Vermächtnis
heraufzubeschwören. Die Töchter haben es ständig im Kopf
und wissen nie, wann die Sirenen losgehen. Sobald sie schrillen, erstickt die Schuld alle anderen Gefühle.

Wenn Sie jedoch jemals Sie selbst sein möchten, müssen Sie
dahinterkommen, warum und wann Sie dieses Schuldgefühl
empfinden, auf welche Weise es Ihnen eingeimpft wurde und
auf welche Weise Sie daran festhalten.

*»Wenn meine Mutter weinte«, erzählt Sharon, siebenund-
dreißig, »weinte sie nicht um mich – sie weinte um sich selbst.
Einmal kam ich nach Hause, als ich mich mitten in einer
Depression befand; ich hatte stark zugenommen, fühlte
mich richtig mies und suchte ein bißchen Trost und Zuwen-
dung. Es endete in einer schrecklichen Szene. Um allem die
Krone aufzusetzen, rief sie mich später an, und sagte: ›Ich
mußte wochenlang weinen, weil du so ausgesehen hast!‹*

*So ging das während meiner ganzen Kindheit. Sie war
früh verwaist und hatte als Hausangestellte arbeiten müssen. Ich wuchs mit diesen Geschichten auf, als seien es Märchen, und dachte: ›Sieh dir diese Frau an, sieh nur, was du
alles hast im Vergleich zu ihr, als sie in deinem Alter war.
Sieh nur, wieviel sie uns gibt.‹ Wenn wir Kleidung brauchten, achtete sie nicht aufs Geld, damit wir ja gut angezogen
waren; aber sie lief in ihrem Fünf-Dollar-Hauskleid herum! Es entbehrt nicht einer gewissen Ironie, wenn eine
Mutter horrende Summen für die Kleidung ihrer Kinder
ausgibt, aber selbst wie eine Putzfrau herumläuft. Falls ich
jetzt wütend klinge, dann, weil ich damals überhaupt nicht
wütend war. Ich fühlte mich nur schuldig.*

*Ich zog nach Chicago, aber zehn Jahre lang war mein
Zuhause immer noch bei meiner Familie in Wisconsin.
Sprach ich meinem Mann gegenüber von zu Hause, meinte
ich Wisconsin. Jeden Sonntagmittag veranstaltete meine
Mutter ein großes Familienessen, und ich weinte jeden
Sonntag, weil ich nicht dabeisein konnte. Ich dachte ständig an sie und machte mir Sorgen um sie. Jedesmal, wenn
sie krank war, fühlte ich mich schuldig. Selbst wenn es mir
richtig gutging, hatte ich sie ständig im Kopf.*

*Ich hatte immer das Gefühl, ich sollte zu Hause sein und
mich um sie kümmern, und sie verzieh mir nie, daß ich
zum Studium weggegangen war. Von da an nannte sie
mich ›Professor‹. Sie sagte immer: ›Wer nicht für mich ist,
ist gegen mich‹, und als ich fortging, war ich zur Feindin
geworden.*

*Als ich das letzte Mal nach Hause fuhr, war ich fix und
fertig. Wegen meiner Depression hatte ich Prozac genommen. Ich hatte so viel Übergewicht, daß ich schiefe Absätze
hatte. Mein Leid lag so offen zutage, daß niemand daran
vorbeisehen konnte. Ich mußte unbedingt wieder mit meiner Familie, mit meinen Schwestern reden. Ich hatte mich
so auf das gemeinsame Sonntagsessen und ein gutes
Gespräch gefreut. Meine Mutter hatte geschuftet, um das
Essen zuzubereiten, und nun wollte sie, daß ihre Bemühungen anerkannt wurden, und mein Gerede hielt den
von ihr geplanten Ablauf auf. Sie kam bereits mit dem
nächsten Gang, als wir noch nicht mit dem vorangehenden
fertig waren. Und schon war sie in dieser emotionalen
Stimmung und sprach mich wieder mit ›Professor‹ an. Von
dem Moment an wurde alles noch schlimmer.*

*Ich bin siebenunddreißig Jahre alt, und meine Mutter
schafft es, mich völlig auszulöschen, wie sie es immer getan
hat, und ich schreie: ›Warum haßt du mich so sehr?‹ Ich
konnte nicht glauben, daß das meine Stimme war; es waren
die Laute eines verwundeten Tieres. All diese Jahre war
mir nie der Gedanke gekommen, meine Mutter könne*

mich hassen, aber in diesem Moment habe ich es genau so empfunden. Meine Schwestern und ich begannen zu weinen. Mein Schwager kam zu mir und legte seinen Arm um mich. Meine Mutter begann zu zetern: ›Warum tust du mir das an? Warum beschimpfst du mich als schlechte Mutter?‹

Leider mußte ich sie ein Jahr später um Geld bitten. Ich rief an und sagte, es sei sehr ernst. Ich war immer noch depressiv und wurde medikamentös behandelt. Ich versuchte, wieder auf die Beine zu kommen, aber ich brauchte Hilfe.

Meine Mutter rastete aus. ›Und du behauptest, dieser Therapeut würde dir helfen? Ich habe dich noch nie in schlechterer Verfassung gesehen als bei deinem letzten Besuch. Du kannst kaum laufen, so schwer bist du. Glaubst du nicht, daß dieser Therapeut nebenbei etwas von diesem Psychiater abkassiert, der dir die Pillen verschreibt?‹ Ich dachte, damit hätte ich alles überstanden, aber sie begann zu weinen. ›Als du hier warst und diese gräßlichen Sachen zu mir gesagt hast, da standest du unter Drogen, nicht wahr?‹ Das war der Moment, in dem mir klar wurde, daß sie immer das Opfer und ich immer der Bösewicht sein würde. Und natürlich trafen mich ihre Worte bis ins Mark, denn ich schämte mich, weil ich ein Antidepressivum nahm, und ich schämte mich meines Verhaltens damals. Schuld als Mittel zum Zweck. Meine Mutter benutzt Schuldgefühle als Waffe.«

Was erwartet die Tochter
einer Schuldgefühle machenden Mutter?

Die Tochter einer Schuldgefühle machenden Mutter ist ausweglos gefangen in Abhängigkeit, denn jeder Schritt in Richtung Erwachsenwerden facht die Schuldgefühle von neuem an. Sie kann sich nicht freuen, wenn sie sich weiterentwickelt, sie spürt nicht, daß ihre Kräfte zunehmen, und sie kann keine

Genugtuung über ihre Unabhängigkeit empfinden. Das bedeutet, daß sich der natürliche Prozeß, die Unterstützung von seiten der Familie durch das erfolgreiche Sichzurechtfinden in der Außenwelt zu ersetzen, nicht vollziehen kann. Die Schuldgefühle machende Mutter – die soviel für ihr Kind geopfert hat – trägt vielmehr nachhaltig dazu bei, daß die Tochter auf ihre Identität als Frau verzichtet und ein geschlechtsloses Kind bleibt.

Vielleicht ist diese Mutter von ihrem Mann verlassen worden und leidet an einem Trauma. Das Kind gerät durcheinander und ist verstört wegen der Seufzer und Tränen der Mutter. Hat aber die Tochter die Trauer über den Verlust des Vaters überwunden, ist sie imstande weiterzumachen. Die Tochter einer Schuldgefühle machenden Mutter dagegen leidet unter ständiger Angst, weil sie mit der deprimierten Mutter nicht in Einklang steht. Besucht sie beispielsweise den Vater, vermittelt ihr die Mutter das Gefühl, zum Feind übergelaufen zu sein. Das Kind glaubt, es müsse die Empfindungen der Mutter ändern können. Aus seiner Verwirrung wird die Überzeugung, es müsse seine Schuld sein. Das erscheint sicherer, als sich völlig hilflos zu fühlen. »Wenn es meine Schuld ist, kann ich es ändern. Wäre ich nicht so böse gewesen, wäre das nie passiert.«

»Ich hatte Angst, meine Mutter würde zerbrechen wie Glas«, erklärt Cynthia, zweiunddreißig. »Als Kind konnte ich nicht einmal weinen, ohne mir bewußt zu sein, daß ich sie unglücklich mache. Von zu Hause wegzuziehen kam nicht in Frage, denn ich war es meiner Mutter schuldig, mich um sie zu kümmern. Heute noch fühle ich mich als mißratene Tochter, wenn ich sie zwei Tage nicht angerufen habe. Ich muß sie besuchen, obwohl sie mich nie bittet zu kommen und mich nie einlädt. Ich weiß nicht, was sie freut, deshalb habe ich immer das Gefühl, ich müsse mehr tun. Ich fühle ihr sozusagen ein Leben lang den Puls und achte gewissenhaft auf jede ihrer Reaktionen.«

Diese Tochter fühlt sich keineswegs vollwertig, es wäre zu bedrohlich für sie, ihre eigenen Stärken überhaupt zur Kenntnis zu nehmen. Sie fürchtet, sie könne ihre Mutter verletzen. Sie fürchtet, daß ihre Mutter zusammenbricht, wenn sie Ärger zum Ausdruck bringt.

»Erst kürzlich«, fährt Cynthia fort, »fügte sich ein neues Teil in das Puzzle, ein winziges bißchen Erkenntnis, das mich veranlaßte, alles zu überdenken. Meine Mutter war immer eine richtige Leseratte gewesen. Als ich ein Kind war, las sie sich durch die ganze Stadtbibliothek und machte dann bei einer anderen weiter. Jetzt sieht sie auf einem Auge nichts mehr, und das andere droht ebenfalls zu erblinden. Sie reagierte mit den Worten, wenn sie nicht mehr lesen könne, wolle sie nicht mehr leben. ›Dann bringe ich mich um.‹ Können Eltern etwas Schlimmeres zu einem Kind sagen?

Sie droht mit Selbstmord, aber holt sie sich Hörbücher? Keine Rede, niemals. Sie engagiert jemanden, der ihr vorliest, aber dann paßt ihr irgend etwas nicht, und sie schickt die Leute wieder weg. Je mehr Leute sie wegschickt, um so häufiger muß ich kommen. Plötzlich sagte ich mir, wenn sie vorhat, ihre Blindheit als Waffe zu benutzen, muß ich nicht mitspielen. Ich kann Mitgefühl aufbringen – aber ich weigere mich, mich schuldig zu fühlen.«

Wenn es Cynthia gelingt, sich von ihren Schuldgefühlen freizumachen, kann sie ihrer Mutter vielleicht dabei helfen, ihre Behinderung anzunehmen, anstatt sich in Selbstmitleid zu ergehen. Aus dieser Übergangsphase könnte sich eine neue Mutter-Tochter-Beziehung entwickeln. Schuldgefühle verursachen Schwäche und blockieren Weiterentwicklung. Sie unterdrücken Wut, Angst, Neid und Furcht – aber auch Beherztheit, Mut und Erfindungsgabe; Schuldgefühle ersticken alles, was Cynthia für sich selbst tun könnte, sowie jede Möglichkeit ihrerseits, ihrer Mutter zu helfen. Erst wenn sie ihre Schuldgefühle überwunden hat, kann sie begreifen, welche Kräfte im Spiel sind, und die Probleme gezielt angehen.

Es kann Ihnen als Tochter einer betroffenen Mutter gelingen, sie auf einen Weg zu führen, durch den sie ein wenig mehr Zufriedenheit in ihr Leben bringen kann. Ihre Unabhängigkeit kann ihr dabei helfen, selbst unabhängig zu werden. Wenn Sie auf Ihrer Unabhängigkeit bestehen, lassen Sie sie weder im Stich, noch verzichten Sie auf Ihre eigenen Bedürfnisse. Dadurch, daß Sie lernen, andersgeartete Beziehungen zu Menschen einzugehen und Verbündete zu gewinnen, die Ihnen Unterstützung bieten, zeigen Sie ihr durch Ihr Beispiel, wie sie das gleiche tun kann. Dadurch, daß Sie eine Möglichkeit finden, über Ihre Begrenzungen hinauszugehen, kann auch sie lernen, über ihre hinauszugehen.

»Nach dem Tod meines Vaters schickte mir meine Mutter jahrelang um die Zeit zu meinem Geburtstag herum fünf Dollar«, erzählt Alexis, inzwischen in den Fünfzigern. »Sie hat ein begrenztes Einkommen, aber sie lebt nicht in Armut. Sie hätte einen Schal für sieben Dollar kaufen können. Es ist einfach schrecklich, einen Scheck über fünf Dollar zu bekommen, schlimmer, als wenn man ganz vergessen würde. Was sie damit zum Ausdruck bringen wollte, ist: ›Du hast einen Mann, der dir Geschenke kaufen kann, und ich nicht.‹ Und das machte mich immer wütender, bis ich irgendwann den Scheck nicht einmal mehr einlöste. Ihren Geburtstag ließ ich verstreichen, ohne ihr eine Karte zu schicken.

Schließlich wurde mir bewußt, daß ich mit dieser wütenden Reaktion nur meinen Schuldgefühlen Vorschub geleistet hatte. Also kaufte ich ihr letztes Jahr ein sehr schönes Geschenk und dachte, jetzt muß sie mir auch etwas kaufen – und sie tat es! Nachdem ich jahrelang unter diesem Fünf-Dollar-Scheck gelitten hatte, war ich endlich an einem Punkt angelangt, wo ich genug Kraft hatte, die

Sache in die Hand zu nehmen. Ich sagte etwas zu ihr in der
Art, es sei jetzt an der Zeit, daß wir uns gegenseitig hüb-
sche Geschenke machten, ich wolle ihr dieses Jahr etwas
wirklich Schönes schenken. Es war wohlüberlegt, was ich
zu ihr sagte, und in freundlichem Ton, und daraufhin
änderte sich tatsächlich etwas.«

Beide Seiten sehen:
ein Mutter-Tochter-Workshop

Die Psychotherapeutin Leah Tolpin und ihre Tochter Ilana
Tolpin Levitt, Berufsberaterin und zuständig für studenti-
sche Angelegenheiten an der Parsons School of Design in
New York City, veranstalten Mutter-Tochter-Workshops,
deren Ziel darin besteht, die »Tür zur Kommunikation zu
öffnen«, die Teilnehmerinnen über die Entwicklung der Frau
zu informieren und die Mutter-Tochter-Beziehung zu definieren. Im Laufe des Workshops lernen die Teilnehmerinnen
zu beurteilen, was zwischen ihnen abläuft, und gewinnen ein
besseres Verständnis dafür, worauf die zwischen ihnen bestehenden Barrieren beruhen. Sowohl Tolpin wie Levitt beto-
nen, der erste Schritt in diesem Prozeß bestehe auf dem
Überwinden von Scham- und Schuldgefühlen.

»Die Beziehungen von Müttern und Töchtern sind von
Schamgefühl durchdrungen«, erläutert Tolpin, »die eine
empfindet sich nicht als gute Mutter, die andere nicht als gute
Tochter.«

»Die Tochter hat das Gefühl, sie habe kein Recht auf ihren
eigenen Schmerz, weil sich die Mutter nie beklagt«, führt
Levitt weiter aus. »Fragt die Tochter die Mutter, wie es ihr
geht, lautet die Antwort stets: ›Gut.‹ Die Tochter sagt: ›Sie
leidet nicht, also kann ich ihr nicht erzählen, daß ich leide.‹
Sie schützen einander, indem sie ihren Schmerz nicht teilen.
Schuldgefühl verhindert die Kommunikation. Aber die
Tochter möchte die Mutter verstehen. ›Ich führe kein erfüll-

tes Leben, weil du kein erfülltes Leben geführt hast‹, würde sie gerne sagen. Oder ›Du lebst durch mich, weil du kein erfülltes Leben hast, und ich fühle mich schuldig, weil ich mir kein erfülltes Leben schaffe‹.«

Zu Beginn des Workshops bekennen die Teilnehmerinnen offen, warum sie gekommen sind. »Die Töchter möchten, daß ihre Mütter ihr eigenes Leben leben«, sagt Tolpin. »Sie möchten wissen, warum die Mutter so ist, wie sie ist. Entweder wollen sie, daß sie sich nicht so ausschließlich auf sie konzentriert, oder die Mutter hat ihnen nicht genug gegeben, so daß sie immer noch wütend sind und verzweifelt versuchen, das zu bekommen, was sie nie bekommen haben. Sie wollen von der Mutter so akzeptiert werden, wie sie sind; sie wollen, daß sie endlich aufhört, sie ständig zu bewerten – und die Mütter wollen in vielen Punkten das gleiche.«

Die Teilnehmerinnen machen eine Übung, die darauf angelegt ist, unterdrückte Gefühle zum Vorschein zu bringen. Mütter und Töchter werden gebeten, das Tier, das Material und die Farbe zu benennen, mit denen sich ihre Beziehung am deutlichsten beschreiben läßt. Oft geben beide die gleichen Antworten.

Als Tier wird am häufigsten die Katze genannt; die Katze braucht Liebe und Streicheleinheiten, aber sobald sie ihre Freiheit will, entzieht sie sich und geht. Auch der Koalabär oder das Känguruh werden genannt wegen des Schutzes, des Beutels, durch den sich die Töchter kurz vorm Ersticken fühlen. Manchmal werden auch wilde Tiere wie zum Beispiel der Löwe angeführt.

»Was das Material angeht«, so Tolpin, »hatten wir einmal eine Tochter, die seit Jahren nicht mehr mit ihrer Mutter gesprochen hatte, und sie gab ein Nagelbrett als typischstes Material an, und die Mutter hat das gehört.«

»Kordstoff kommt häufig vor«, fährt Levitt fort, »weil er dick und weich ist und tiefe Rippen hat. In der Laufrichtung des Stoffes kann man es sich darin richtig gemütlich machen – aber gegen den Strich ist er rauh und ganz anders geartet.

Die Farben implizieren viele Wünsche. Die Mutter verweigert sich und sieht gelb und Sonnenschein, die Tochter dagegen sieht rot vor Wut. ›Das ist das Problem‹, könnte diese Tochter sagen. ›Du glaubst, alles sei sonnig und hell, dabei bin ich wütend!‹«

Mit Hilfe dieser Übung können die Teilnehmerinnen über Gefühle sprechen und, weil sie das Erlebnis in der Gruppe teilen, die Isolation und das Schuldgefühl überwinden.

Anschließend teilt sich die Gruppe; die Mütter bleiben bei Tolpin, die Töchter bei Levitt. Sie werden gebeten, jeweils das aufzuschreiben, was sie vor allem an der anderen verstehen möchten, sowie das, was sie am dringlichsten von sich selbst verstanden sehen wollen.

»Was die Töchter verstehen möchten«, erklärt Levitt, »ist unter anderem: ›Warum setzt sie sich so wenig durch, obwohl sie doch über große Fähigkeiten verfügt? Was erwartet sie für sich selbst vom Leben? Warum ist sie enttäuscht und so oft ängstlich? Warum hat sie meinen Vater geheiratet? Warum ist sie so bedürftig? Warum ist sie so kontrollierend? Warum kann sie nicht loslassen? Warum ist sie nicht zu dem Menschen geworden, der sie hätte werden können? Warum akzeptiert sie mich nicht, wie ich bin? Worunter leidet sie?‹

Was sie ihre Mütter wissen lassen möchten, ist: ›Ich lebe mein eigenes Leben. Ich kann meine Entscheidungen selbst treffen. Ich muß Risiken eingehen und auch scheitern, aber ich werde es überstehen.‹

Dann fragen wir, was sie in der Beziehung zu ihrer Mutter abstellen, was sie beibehalten und gemeinsam mit ihr neu beginnen möchten. Sie möchten weiterhin Zeit mit ihr verbringen, sich mit ihr austauschen und auf einer ehrlichen Ebene mit ihr kommunizieren. Anstatt zu sagen ›Ich muß weg!‹ und den Hörer aufzulegen, wenn sie verärgert sind, möchten sie sagen können: ›Du hast einen wunden Punkt getroffen. Darüber möchte ich nicht mit dir reden.‹ Sie möchten Respekt und Verbundenheit, wissen aber aufgrund von Schuldgefühlen und Wut nicht, wie sie dies erreichen sollen. Sie schämen sich, weil sie wütend sind. ›Wie kann man auf jemanden wütend sein, der einem das Leben geschenkt hat?‹ fragen sie. Töchter sagen sich von der Mutter los, weil sie nicht wissen, wie sie sich sonst von ihr trennen sollen. Sie wissen nicht, wie sie es in Einklang bringen können, Zeit mit ihr zu verbringen und ihr etwas zu geben und gleichzeitig sie selbst zu bleiben.«

Zum Abschluß des Workshops folgt das sogenannte Verhandeln – Mütter und Töchter teilen einander mit, was sie aufgeschrieben haben. Mit dem Rückhalt durch die Gruppe können sie Dinge aussprechen, die sie sich noch nie zuvor gesagt haben. Wenn sie selbst etwas nicht gut zum Ausdruck bringen können, helfen die anderen Frauen, dies zu artikulieren.

Die Mutter sagt zum Beispiel: »Ich mache mir Sorgen um dich, und in diesem Zusammenhang geht mir gerade etwas durch den Kopf, was ich dir sagen möchte.« Die Tochter antwortet: »Sag es mir bitte so, daß ich es auch verstehen kann. Wenn du damit herausplatzt, wenn wir gerade bei einer völlig anderen Sache sind, kann ich das nicht.« Trennung, Grenzen und Macht sind die drei Punkte, die am häufigsten angesprochen werden.

Trennung

Zum Thema Trennung sagt Tolpin: »Jedesmal, wenn die Tochter eine Entscheidung trifft, die nicht dem Bild entspricht, das die Mutter von ihr hat, ist das wie Verrat. Es gefährdet die Identität der Mutter. Die Töchter fühlen sich von der Mutter verraten und umgekehrt. Die Mütter haben das Gefühl, so viel gegeben zu haben. Die Töchter fühlen sich verpflichtet. Die Mütter fühlen sich verlassen. Dann kommt das Schuldgefühl, die Töchter haben das Gefühl, sie müßten mehr tun, aber in Wahrheit sind sie wütend und fühlen sich ausgenutzt.«

Grenzen

»Eine Mutter fuhr an einem Sonntagvormittag mit ihren Freundinnen zu ihrer Tochter, um ihre Enkel vorzuzeigen«, berichtet Tolpin. »Sie sind einfach so vorbeigekommen. Die Tochter war wütend. ›Du kannst nicht einfach so bei mir aufkreuzen‹, sagte sie. ›Ich habe meine eigene Familie.‹ Die Mutter war zutiefst verletzt. ›Ich bin doch so stolz auf meine Enkelkinder. Ich dachte, du freust dich.‹ Die Tochter erwiderte: ›Frag mich vorher, so wie du eine Freundin fragen würdest. Und ergeh dich nicht in Vermutungen darüber, wie ich mich fühle.‹«

»Mütter und Töchter vergessen, sich an die Beziehung einer erwachsenen Frau zu einer anderen erwachsenen Frau anzupassen«, fügt Levitt hinzu. »Es bleibt eine Mutter-Tochter-Beziehung, wenn auch mit definierten Grenzen. Niemand kann die Gedanken eines anderen Menschen lesen, aber die Tochter scheut sich oft, Grenzen zu ziehen, weil das die Mutter verletzen könnte. Und so erweist sich wieder einmal Schuldgefühl als Hindernis.«

Macht

Häufig glauben Mütter, sie würden lediglich einen Vorschlag machen, doch die Töchter fassen es als Kritik auf. »Die Tochter verleiht der Mutter eine Macht, die zu besitzen der Mutter häufig gar nicht bewußt ist«, sagt Tolpin, »und die Mutter wiederum hört in der Stimme ihrer Tochter die ihrer eigenen Mutter. Folglich fühlen sich beide eingeschüchtert und kontrolliert.«

»Am Schluß«, führt Levitt aus, »wenn sie sich gemeinsam darüber austauschen, was sie wollen, reagieren Mütter und Töchter stets ähnlich. Beide möchten so gesehen werden, wie sie sind. Die Mütter möchten mit ihren Fehlern und Vorzügen akzeptiert werden und wünschen sich von den Töchtern Verständnis für ihren Schmerz und dessen Ursache – und die Töchter möchten das gleiche.«

»Indem wir mit Müttern und Töchtern arbeiten«, schließt

Tolpin, »erleben wir tatsächlich das Pathos der Mütter und die Kämpfe der Töchter. Wir sehen beide Seiten.«

Trennung: Aufarbeiten der Vergangenheit

In ihren Memoiren, *Fierce Attachments*, schildert die feministische Autorin Vivian Gornick die schmerzliche Liebe-Haß-Beziehung, die sie an ihre Mutter gekettet hat. Nachfolgend erzählt sie, wie es war, als kleines Mädchen mit ihrer kurz zuvor verwitweten Mutter zusammenzuleben: »Die Luft, die ich atmete, war durchtränkt von ihrer Verzweiflung ... Ihr Schmerz wurde mein Element, das Land, in dem ich lebte ... Ich sehnte mich unendlich danach, von ihr wegzukommen, aber ich konnte das Zimmer nicht verlassen, wenn sie sich darin aufhielt.«

Gornick begann ihr Buch mit der Absicht, ein vollständig in der Vergangenheit angesiedeltes Werk über ihr Leben mit ihrer Mutter zu schreiben, und zwar aus der Perspektive des Mädchens in der Pubertät. Die Arbeit schien gut voranzugehen, aber sie versank mehr und mehr in Erinnerungen, in Gefühlen, in den seelischen Schmerz jener schwierigen Zeit. Mitten in der Arbeit bekam sie eine schwere Schreibhemmung.

> »Jeden Morgen«, erzählt Gornick, »stand ich auf, stolperte zu meinem Schreibtisch und starrte auf die leere Seite. Die Stunden vergingen, ich schrieb nie ein Wort nieder. Es war schrecklich. Am nächsten Tag das gleiche Spiel. Ich konnte nicht aufhören, konnte aber auch nicht weitermachen. Ich wußte nicht, was ich tun sollte.«

Die Vergangenheit hatte die Gegenwart erdrückt; sie gab sich ihren Erinnerungen hin, und ihr erwachsenes, kompetentes, talentiertes Selbst verwandelte sich wieder in das hilflose Kind, das sie gewesen war.

Zu der Zeit, als sie diese kreative Krise durchmachte, sah sie ihre Mutter, inzwischen eine alte Frau, einmal in der Woche. Ihre Mutter war nicht mehr die weinende, gebrochene Witwe, an die sich Gornick erinnerte. Vierzig Jahre waren vergangen, und die alte Frau war sehr munter – eine zähe, laute, eigensinnige, furchtlose Person. Sie lebte allein, hatte mit Erfolg ein eigenes Leben aufgebaut und war sehr stolz auf ihre Unabhängigkeit. Sie hatte tatsächlich einiges Bewundernswertes vollbracht, was im Widerspruch zu Gornicks weit zurückreichenden Erinnerungen zu stehen schien.

»Es gab immer noch viele Empfindlichkeiten in der Beziehung«, erzählt die Autorin, »daran hatte sich nichts geändert. Aber wir hatten einen Burgfrieden geschlossen, mit dem wir leben konnten. Wir sahen einander ungefähr einmal in der Woche und machten dann gemeinsam lange Spaziergänge durch die Stadt. Die Straßen waren neutraler Boden. Sie konnte meine Wohnung nicht kritisieren, ich nicht die ihre. Das trug dabei zu, daß das Gespräch unpersönlich blieb, und bewahrte die zwischen uns stehenden Grenzen. Auf den Straßen gab es viel zu sehen, worüber man reden konnte, auf diese Weise gerieten wir nicht in die üblichen Fallen. Das Spaziergehen war eine angenehme Möglichkeit, mit der Angst fertig zu werden, und verschaffte gleichzeitig körperliche Bewegung. Wir behielten diese Gewohnheit jahrelang bei, und es funktionierte. Auf den Spaziergängen konnte ich ihre Gesellschaft sogar genießen. Sie schwadronierte, phantasierte und kritisierte Passanten, sie hatte zu jedem einen Kommentar. Manchmal sagte sie die merkwürdigsten Sachen. Ich mußte lachen, war oft schockiert und konnte nicht fassen, wie sensibel, arrogant, scharfsinnig und witzig sie sein konnte. Das war nicht die Mutter, an die ich mich erinnerte, und manchmal mochte ich sie sogar. Wie dem auch sei, ich dachte, über diese Spaziergänge mußt du schreiben.
Und eines Tages, mitten in meiner Schreibblockade,

machte sie etwas so Komisches und Erstaunliches, daß ich mich, als ich nach Hause kam, gleich an die Schreibmaschine setzte und exakt niederschrieb, was passiert war. Ohne Beurteilung, ohne meine gefilterte Meinung. Ich sah sie nicht mehr mit den Augen eines zwölfjährigen Mädchens, sondern mit denen einer erwachsenen Frau, die über ihre Mutter berichtet. Die Worte flossen nur so auf das Papier, und ich wußte schlagartig, daß ich die Schwierigkeiten überwunden und mein Buch gefunden hatte.«

In seiner endgültigen Form enthält *Fierce Attachments* Erinnerungen an Gornicks Teenagerjahre mit der verwitweten Mutter sowie die problematischen Fluchtversuche, und daneben scharfsichtige kleine Skizzen über die beiden Frauen in der Gegenwart. Die Mutter der Vergangenheit ist eine Schuldgefühle machende Mutter, die über große Macht verfügt – eine verlorene, unglückliche, selbstsüchtige, sich anklammernde Frau, die ihre Tochter für ihre eigenen Bedürfnisse benutzt –, und die Tochter eine hilflose Komplizin, die Angst hat, von der Seite der Mutter zu weichen und ein eigenes Leben zu beginnen.

In den Passagen, die von der Gegenwart handeln, ist die Mutter ein komisches, kampflustiges Energiebündel. Die Tochter ist eine kompetente, erwachsene Reporterin mit einer im Aufschwung begriffenen Karriere. Obwohl in der wechselseitigen Beziehung nach wie vor viele Elemente aus der Vergangenheit existieren, kann die Leserin die inneren Empfindungen des Kindes von damals mit der Realität von heute in Einklang bringen. Auf diesem Kontrast beruht der künstlerische Erfolg des Buches.

Die Fähigkeit der Autorin, sich aus dem Sumpf der Vergangenheit zu befreien, die Gegenwart objektiv zu sehen, sich von ihrem Leid zu distanzieren und ihre Bilder von der allmächtigen Mutter und der hilflosen Tochter durch zutreffendere Bilder zu ersetzen, ermöglichte es ihr, das Buch zu beenden. Was Gornick während dieses schöpferischen Prozesses gelang, ist das, worüber wir ständig geschrieben haben – es gelang ihr, sich zu trennen. Und das hat sie befreit.

Sie erkannte, inwiefern sie in der Vergangenheit eine Verbündete ihrer Mutter gewesen war – und wann sie sich immer noch wie eine solche verhält. Sie konnte trotz der in der Kindheit verinnerlichten Sichtweise erkennen, wer sie war und wer ihre Mutter war. Es gelang ihr, zwischen sich als dem Kind und der erwachsenen Frau zu unterscheiden und ebenso ihre Mutter von der Frau, die sie damals gewesen war, von der Frau heute zu trennen. Sie konnte ihre Mutter in allen ihren Facetten sehen – sowohl als Opfer wie als Überlebende. Sie grenzte ihre Gefühle nicht aus, erlangte jedoch Objektivität. Sie erkannte und begriff, daß sie selbst ebensoviel dazu beiträgt, wenn sie als erwachsene Frau in einer schwierigen Bindung feststeckt. Aufgrund der neugewonnenen Einsichten gelang es ihr, ihre Energie in kreative Arbeit umzusetzen.

Das Beenden des Buches und der große Beifall, mit dem es nach seinem Erscheinen aufgenommen wurde, halfen bei der Vollendung des Trennungsprozesses. Stück für Stück gelang es Gornick, sich von der Vergangenheit, von ihrer Angst und Verzweiflung zu befreien. Wir wurden Zeugen einer großartigen Demonstration dieses Kampfes.

Auf einer Party anläßlich der Veröffentlichung der Taschenbuchausgabe von Gornicks Buch standen wir am Punschtisch mit einer weißhaarigen Dame zusammen, die deutlich über achtzig war. Wir waren überrascht, als sie sich als Gornicks Mutter vorstellte, denn diese reizende Dame mit den funkelnden Augen schien nichts mit dem im Buch geschilderten zähen alten Mädel gemeinsam zu haben.

Es gab jedoch keinen Zweifel, daß sie es war, denn als wir bemerkten, daß sie sicher stolz auf ihre Tochter sei, zischte die kleine alte Dame in einem Bühnenflüstern, das durch den Raum hallte: »Ich war nie auf dem College, aber wenn ich das Buch geschrieben hätte, wäre es besser geworden.«

Offensichtlich hörte Gornick diese Worte, denn in ihren Augen flammte Wut auf. Aber schon nach einer halben

Sekunde entspannte sich ihr Gesicht. Sie zuckte die Achseln, als wolle sie sagen: »Sie wird sich vermutlich nie ändern!«

Als alle im Raum Versammelten ihr Glas hoben und einen Toast auf ihren Erfolg ausbrachten, lächelte sie.

Strategien zur Veränderung

- Lernen Sie, trotz Ihrer Schuldgefühle Fortschritte zu machen. Im Unterschied zu anderen Gefühlen kann man sich von Schuldgefühlen nicht befreien, indem man sie zum Ausdruck bringt. Darüber zu reden entbindet Sie also nicht davon. Es kann schon sein, daß Ihre Mutter auf die entsprechenden Auslöseknöpfe drückt, aber die notwendigen Leitungen befinden sich in Ihrem Kopf. Dagegen anzukämpfen versetzt Sie in die Lage, Ihre wahren Gefühle zu erkennen, befreit Sie aus der Sackgasse und macht die nächste Begegnung mit Ihrer Mutter leichter.

- Hören Sie auf, Ihre Mutter als Opfer zu betrachten. Erkennen Sie zuerst, wieviel Macht Ihre Mutter ausübt. Dann stellen Sie fest, über wieviel Macht Sie selbst verfügen. Die Schuldgefühle machende Mutter läßt Sie nicht fallen, egal, was Sie tun. Andere Mütter (wie die kritische Mutter) würden eventuell nie wieder mit Ihnen sprechen, wenn Sie den Status quo in Frage stellen, aber nicht die Schuldgefühle machende Mutter. Wenn Sie das nicht glauben, probieren Sie es aus.

- Machen Sie »Übungen«. Konfrontieren Sie sich mit Ihrem Schuldgefühl, indem Sie ihm mit Absicht zuwiderhandeln, und warten Sie ab, was passiert. Versuchen Sie bewußt, Ihre Reaktionen zu ändern. Tut Ihre Mutter etwas, was Sie normalerweise in Rage bringt, dann beißen Sie sich auf die Zunge und gehen Sie nicht in die Falle. Sie werden sehen, ihre Macht beruht auf Ihrer Reaktion. Sobald Sie sich weigern, ewig die Schuldige zu sein, fühlen Sie sich freier.

- Machen Sie sich auf Angst und Ärger gefaßt. Bewußt

damit zu beginnen, das Verhalten Ihrer Mutter zu ändern, ist Ihnen sicher nicht angenehm. Ohne Angst und Ärger, geht das nicht ab. In diesem Fall müssen Sie analysieren, welche Gefühle noch unterdrückt worden sind. Aber so weit kommen Sie nur, wenn das Schuldgefühl einmal unter die Lupe genommen und entschärft worden ist.

- Legen Sie verstärkt Wert auf die Bereiche Ihres Lebens, in denen Sie die Kontrolle haben. Bewahren Sie sich ein Gefühl für Ihren Wert unabhängig von Ihrer Mutter, indem Sie weiterhin Dinge tun, die Sie gut können. Lassen Sie sich Zeit, um Ihre Ziele zu erreichen. Machen Sie sich auf einige Rückschläge gefaßt; nach einem Rückschlag atmen Sie tief durch und versuchen es noch einmal. Sorgen Sie dafür, daß Sie einen Freiraum zur Introspektion haben, damit Sie stets im Auge behalten, was passiert, was in der Vergangenheit passiert ist und warum Sie tun, was Sie tun.

- Nehmen Sie sich täglich etwas vor: regelmäßige Gymnastik, einen Fortbildungskurs. Damit verschaffen Sie sich für einen Moment Luft und können das Problem beiseite schieben und später wieder darauf zurückkommen. Die Vergangenheit belastet Sie emotional, es könnte also notwendig sein, daß Sie sich einmal abwenden und woandershin sehen müssen. In diesem Fall hilft eine Ortsveränderung, schon ein Spaziergang. Finden Sie Mittel und Wege zur Entspannung: Musik, Lesen, Sport. Solange Sie beim Sport nach Luft schnappen, können Sie sich kaum wie besessen mit dem Problem herumschlagen.

- Vergessen Sie nie, daß die Beziehung zu Ihrer Mutter nur ein Teil Ihres Lebens ist; sie ist nicht ihr ganzes Leben. Sie sind eine kompetente Ehefrau und Mutter, eine berufstätige Frau und erwachsen. Die Rolle der Tochter ist nicht der einzige Schlüssel zu Ihrer Identität. Wenn Sie glauben, Ihre Selbstzweifel würden durch Anerkennung von seiten Ihrer Mutter ausgelöscht, dann werden Sie enttäuscht. Das eigene Selbstgefühl kann niemals so abhängig von der Meinung eines anderen Menschen sein.

Danksagung

Dieses Buch hätte ohne den Beitrag der Frauen, die wir interviewt haben, nicht geschrieben werden können. Ihre Namen wurden geändert, aber sie wissen genau, wer gemeint ist – wir danken ihnen dafür, daß sie uns bereitwillig Einblick in ihr Leben gestattet haben. Die von uns befragten Experten, Therapeuten und Psychologen werden im Text namentlich genannt. Wir sind ihnen allen zu großem Dank verpflichtet. Danken möchten wir auch den nachfolgend aufgeführten Freunden und Kollegen, die uns mit wertvollem Rat und Kritik zur Seite standen: Janet Bachant, Ph. D., Linda Cohen; William Finn; Sharon Messitte, C. S. W. und Pauline Pinto, C. S. W. Unser Dank gilt ferner unserem Agenten, Noah Lukeman, für seine Unterstützung, Irwin Cohen, Ph. D., für sein Computer-Know-how und den Mitarbeitern der Bibliothek des Postgraduate Center for Mental Health. Besonderen Dank schulden wir Irene Copeland, der verantwortlichen Redakteurin bei »Cosmopolitan«, die geholfen hat, dieses Projekt zu realisieren. Und schließlich geht unser Dank an unsere Kinder und ihre Ehepartner, Noel und Donna, Joy und Neale und an unseren Enkel, Emory, für all die Liebe und die Freude, die sie in unser Leben bringen.